《思想道德修养与法律基础》学习指导与练习（2018年版）

主　审　黄金双
主　编　李晓平　李　莉
副主编　王　忆　常晓天　杨胜男
参编者　李正男　蔡丽梅　金　宇　王效为　国　实
　　　　孟家辉　盛继前　张　鑫　吴　穹

北京理工大学出版社
BEIJING INSTITUTE OF TECHNOLOGY PRESS

内 容 简 介

本书是《思想道德修养与法律基础》(2018年版)的配套教学用书。

本书按主教材各章的顺序编写。各章"理论学习指导"部分有学习目标要求、理论要点展示、重点难点剖析及学习热点探讨几个栏目,帮助学生理解和消化教材内容。各章"扫码学习平台"部分通过扫码随堂听、扫码随堂看、扫码随堂读几种新媒体形式,助推学生掌握重点知识。各章"知识运用练习"部分由名词解释、填空、选择(单项选择、多项选择)、辨析、简答、论述、案例分析几种类型题构成,形成一定能力梯度的训练。各章"实践活动项目"部分设计主题鲜明的实践项目,提升学生观察问题、思考问题、分析问题和解决问题的实践能力。各章"名言解读背诵"部分提供寓意深刻的经典语句,有助于学生净化心灵、陶冶情操、立志明理。各章"学习实践收获"部分,帮助学生养成良好的思考、总结习惯。

本书内容全面、题型多样、实践性强,不仅有助于学生掌握思想道德修养与法律基础课的基本原理和基本知识,而且能帮助其树立正确的世界观、人生观、价值观、道德观和法治观。

本书可作为高职高专院校的教学用书,也可为自学人员提供参考。

版权专有　侵权必究

图书在版编目(CIP)数据

《思想道德修养与法律基础》学习指导与练习:2018年版/李晓平,李莉主编. —北京:北京理工大学出版社,2018.8(2021.8重印)

ISBN 978-7-5682-6184-5

Ⅰ.①思… Ⅱ.①李…②李… Ⅲ.①思想修养-高等职业教育-教材②法律-中国-高等职业教育-教材 Ⅳ.①G641.6②D920.4

中国版本图书馆CIP数据核字(2018)第192992号

出版发行 /	北京理工大学出版社有限责任公司
社　　址 /	北京市海淀区中关村南大街5号
邮　　编 /	100081
电　　话 /	(010)68914775(总编室)
	(010)82562903(教材售后服务热线)
	(010)68944723(其他图书服务热线)
网　　址 /	http://www.bitpress.com.cn
经　　销 /	全国各地新华书店
印　　刷 /	三河市天利华印刷装订有限公司
开　　本 /	787毫米×1092毫米　1/16
印　　张 /	15.75
字　　数 /	370千字
版　　次 /	2018年8月第1版　2021年8月第4次印刷
定　　价 /	38.00元

责任编辑 / 李慧智
文案编辑 / 李慧智
责任校对 / 周瑞红
责任印制 / 施胜娟

图书出现印装质量问题,请拨打售后服务热线,本社负责调换

前　　言

　　本书是根据《思想道德修养与法律基础》（2018年版）教材编写的，可供高职高专院校教学使用。

　　本书以培养学生能力为中心，以全面提高学生思想道德素质与法治素养为目的。各章均设置了理论学习指导、扫码学习平台、知识运用练习、实践活动项目、名言解读背诵和学习实践收获六部分。

1. 理论学习指导

　　为了帮助学生理解和消化主教材内容，开辟了如下栏目：学习目标要求，即本章学习所要完成的教学任务及程度要求；理论要点展示，即应掌握的基本概念、基本观点和基本原理；重点难点剖析，即明确重点难点，科学分析、启迪思维，提示知识的内涵和外延；学习热点探讨，即联系实际，提出正确的观点。

2. 扫码学习平台

　　充分运用"互联网+"技术，使抽象理论更加具体化、生动化，使教学手段更加多样化、现代化，使学习过程更加轻松化、高效化，增强学习兴趣与实效。

3. 知识运用练习

　　在学习辅导中占重要地位，每章配有一套不同题型的练习题，构成一组有能力梯度的训练。练习题既能体现学习的整体要求，又能突出重点难点，还能拓宽视野。题型多种多样，基本类型有：名词解释、填空、选择（单项选择、多项选择）、辨析、简答、论述、案例分析。

4. 实践活动项目

　　针对教学重点、难点内容，精心设计主题鲜明的实践活动项目，以强化学习效果，体现"学中做、做中学"的教学理念，达到学以致用、知行合一的目的。

5. 名言解读背诵

　　通过对寓意深刻的名言名句的解读与背诵，可以帮助学生明志思辨、勤勉克己、静心养性、拼搏进取，以成德才兼备之人。

6. 学习实践收获

　　从知识、能力、素质三方面，认真总结、思考各章在学习与实践上的收获，帮助学生养成良好的学习习惯，把握科学的学习方法。

本书由吉林铁道职业技术学院李晓平、李莉担任主编，王忆、常晓天、杨胜男担任副主编，黄金双担任主审。参编者有：吉林铁道职业技术学院李正男、蔡丽梅、金宇、王效为、国实、孟家辉、盛继前、张鑫、吴穹，由黄金双修改定稿。

　　本书在编写中，参考了有关教材和教辅的成果，在此说明并向有关作者表示诚挚的谢意。

　　由于时间仓促，水平有限，书中难免有不足之处。欢迎各校师生在使用过程中提出意见，以便不断修改完善。

编　者

2018 年 6 月

目　录

绪　论 · 1
　理论学习指导 · 1
　扫码学习平台 · 6
　知识运用练习 · 6
　实践活动项目 · 14
　名言解读背诵 · 18
　学习实践收获 · 20

第一章　人生的青春之问 · 22
　理论学习指导 · 22
　扫码学习平台 · 28
　知识运用练习 · 29
　实践活动项目 · 41
　名言解读背诵 · 46
　学习实践收获 · 48

第二章　坚定理想信念 · 50
　理论学习指导 · 50
　扫码学习平台 · 58
　知识运用练习 · 59
　实践活动项目 · 70
　名言解读背诵 · 74
　学习实践收获 · 76

第三章　弘扬中国精神 · 78
　理论学习指导 · 78
　扫码学习平台 · 86
　知识运用练习 · 86
　实践活动项目 · 99
　名言解读背诵 · 103
　学习实践收获 · 105

第四章　践行社会主义核心价值观 ··· 106
理论学习指导 ··· 106
扫码学习平台 ··· 112
知识运用练习 ··· 113
实践活动项目 ··· 123
名言解读背诵 ··· 128
学习实践收获 ··· 130

第五章　明大德守公德严私德 ··· 131
理论学习指导 ··· 131
扫码学习平台 ··· 142
知识运用练习 ··· 143
实践活动项目 ··· 158
名言解读背诵 ··· 164
学习实践收获 ··· 166

第六章　尊法学法守法用法 ··· 167
理论学习指导 ··· 167
扫码学习平台 ··· 180
知识运用练习 ··· 181
实践活动项目 ··· 205
名言解读背诵 ··· 210
学习实践收获 ··· 212

参考文献 ··· 213

绪 论

理论学习指导

一、学习目标要求

1. 掌握我们当前所处的历史方位是中国特色社会主义新时代；明确大学生要以民族复兴为己任，做有理想、有本领、有担当的时代新人。
2. 理解良好的思想道德素质和法治素养是新时代大学生必须具备的基本素质。
3. 理解"思想道德修养与法律基础"课的性质，学习该课程的意义及根本任务。
4. 积极实践、主动作为，努力使自己成长为自觉担当民族复兴大任的时代新人。

二、理论要点展示

（一）我们处在中国特色社会主义新时代

大学阶段是人生发展的重要时期，是世界观、人生观、价值观形成的关键时期。步入人生新阶段，确立新目标，开启新征程，需要对新时代有深入的了解和真切的感悟。

中国特色社会主义进入新时代，给世界上那些既希望加快发展又希望保持自身独立性的国家和民族提供了全新选择，为解决人类问题贡献了中国智慧和中国方案。身处新时代，中国特色社会主义道路、理论、制度、文化焕发出强大生机活力，奇迹正在中华大地上不断涌现。

中国梦是历史的、现实的，也是未来的。它昭示着国家富强、民族振兴、人民幸福的美好前景。站在新时代的起点，我们比历史上任何时期都更接近中华民族伟大复兴的目标，比历史上任何时期都更有信心、有能力实现这个目标。中国梦是国家的、民族的，也是每一个中国人的。只有每个人都为美好梦想而奋斗，才能汇聚起实现中国梦的磅礴力量。在实现民族复兴梦想的伟大征程中，青年不懈追求的梦想始终与振兴中华的责任担当紧密相连。新时代为大学生成长成才、勤学报国提供了广阔的舞台和无限的机遇。新时代属于每一个人，每一个人都是新时代的见证者、开创者、建设者，中华民族伟大复兴终将在广大青年的接力奋斗中变为现实。

（二）时代新人要以民族复兴为己任

大学生应当做有理想、有本领、有担当的时代新人，成为中国特色社会主义事业的合格建设者和可靠接班人，成为走在时代前列的奋进者、开拓者、奉献者。青年兴则国家兴，青年强则国家强。青年一代有理想、有本领、有担当，国家就有前途，民族就有希望。

大学生要有崇高的理想信念，牢记使命，自信自励。要坚定中国特色社会主义的道路自信、理论自信、制度自信、文化自信，把实现"两个一百年"奋斗目标、实现中华民族伟大复兴中国梦的历史使命内化为担当的自觉，外化为实际的行动，从容自信、坚定自励。

大学生要有高强的本领才干，勤奋学习，全面发展。大学生要有本领不够、才干不足的紧迫感，自觉加强学习、勤奋探索，在社会实践中全面发展。大学生应把学习作为首要任务，让勤奋学习成为青春远航的动力，让增长本领成为青春搏击的能量。

大学生要有"天下兴亡，匹夫有责"的担当精神，讲求奉献，实干进取。大学生的担当精神体现为奉献祖国、奉献人民、尽心尽力、勇于担责，在尽责集体、服务社会、贡献国家中实现人生理想和人生价值。

有信念、有梦想、有奋斗、有奉献的人生，才是有意义的人生。当代大学生一定要担当起党和人民赋予的历史重任，在激扬青春、开拓人生、奉献社会的进程中书写无愧于时代的壮丽篇章！

（三）提升思想道德素质与法治素养

做有理想、有本领、有担当的时代新人，必须具备良好的思想道德素质和法治素养。

人的本质是一切社会关系的总和。一个人要安身立命、成长成才、贡献社会，需要不断地调整自身与他人的关系，不断实现人的社会化。

在我国，中国特色社会主义思想道德建设和中国特色社会主义法治建设紧密联系、相互促进，为中国特色社会主义事业提供坚实的思想基础、精神支撑和法治保障。坚持和发展中国特色社会主义，既要发挥思想道德的引领和教化作用，又要发挥法律的规范和强制作用。

良好的思想道德素质和法治素养，是在学习中升华、内省中完善、自律中养成、实践中锤炼的结果，同时也是大学生把握发展机遇、创造人生精彩的基础条件和宝贵资源。

思想道德修养与法律基础是一门融思想性、政治性、科学性、理论性、实践性于一体的思想政治理论课。学习本课程，有助于大学生领悟人生真谛，坚定理想信念，践行社会主义核心价值观，做到明大德、守公德、严私德，做到尊法、学法、守法、用法，从而具备优秀的思想道德素质和法治素养。

三、重点难点剖析

（一）学习重点

1. 大学阶段是世界观、人生观、价值观形成的关键时期

因为大学阶段是人生发展的重要时期，要面对一系列的人生重要课题，能否及时解决好将直接影响大学生成长成才，所以必须重视世界观、人生观、价值观的进一步形成，主要处

理好这几方面关系：理想与现实、个人与集体、竞争与合作、权利与义务、自由与纪律、友谊与爱情、学习与工作等方面的关系，做什么样的人，怎样做人，怎样的生活才有意义，怎样的人生追求才有价值等。大学生只有对这些人生课题做出正确回答与科学实践才能在大学阶段形成正确的世界观、人生观、价值观。

2. 大学生要做有理想、有本领、有担当的时代新人

青年兴则国家兴，青年强则国家强。青年一代有理想、有本领、有担当，国家就有前途，民族就有希望。所以，大学生必须做到以下几点：

（1）要有崇高的理想信念，牢记使命，自信自励。从全面建成小康社会到基本实现现代化，再到全面建成社会主义现代化强国，是新时代中国特色社会主义发展的战略安排。大学生要保持对理想信念的激情和执着，将实现"两个一百年"奋斗目标、实现中华民族伟大复兴中国梦的历史使命内化为担当的自觉，外化为实际的行动，从容自信、坚定自励。

（2）要有高强的本领才干，勤奋学习，全面发展。大学生应把学习作为首要任务，树立梦想从学习开始、事业靠本领成就的观念，让勤奋学习成为青春远航的动力，让增长本领成为青春搏击的能量。

（3）要有"天下兴亡，匹夫有责"的担当精神，讲求奉献，实干进取。大学生应把个人前途命运与国家、民族的前途命运紧紧地联系在一起，在尽责集体、服务社会、贡献国家中实现人生理想和人生价值。

3. 大学生必须具备良好的思想道德素质与法治素养

做有理想、有本领、有担当的时代新人，必须具备良好的思想道德素质和法治素养，这是新时代大学生必须具备的基本素质。

大学生应当通过理论学习和实践体验，牢固树立坚定的理想信念和正确的价值观念，陶冶高尚的道德情操，增强尊法、学法、守法、用法的自觉性，不断提高自身的思想道德素质和法治素养。

（二）学习难点

1. 正确认识中国特色社会主义进入新时代

（1）必须正确把握"三个意味着"：进入新时代的意义。

一是意味着近代以来久经磨难的中华民族迎来了从站起来、富起来到强起来的伟大飞跃，迎来了实现中华民族伟大复兴的光明前景；

二是意味着科学社会主义在21世纪的中国焕发出强大生机活力，在世界上高高举起了中国特色社会主义伟大旗帜；

三是意味着中国特色社会主义道路、理论、制度、文化不断发展，拓展了发展中国家走向现代化的途径，给世界上那些既希望加快发展又希望保持自身独立性的国家和民族提供了全新选择，为解决人类问题贡献了中国智慧和中国方案。

这"三个意味着"，深刻阐明了中国特色社会主义进入新时代的历史意义、政治意义、世界意义。

（2）必须正确把握"五个时代"：新时代的本质内涵。

一是承前启后、继往开来、在新的历史条件下继续夺取中国特色社会主义伟大胜利的时代，讲的是新时代的历史脉络；

二是决胜全面建成小康社会、进而全面建设社会主义现代化强国的时代，讲的是新时代的实践主题；

三是全国各族人民团结奋斗、不断创造美好生活、逐步实现全体人民共同富裕的时代，讲的是新时代的人民性；

四是全体中华儿女戮力同心、奋力实现中华民族伟大复兴中国梦的时代，讲的是新时代的民族性；

五是我国日益走近世界舞台中央、不断为人类做出更大贡献的时代，讲的是新时代的世界性。

2. 大学生是实现中国梦的见证者、开创者、建设者

（1）中国梦是历史的、现实的，也是未来的。站在新时代的起点，我们比历史上任何时期都更接近中华民族伟大复兴的目标，比历史上任何时期都更有信心、有能力实现这个目标。

（2）中国梦是国家的、民族的，也是每一个中国人的。只有每个人都为美好梦想而奋斗，才能汇聚起实现中国梦的磅礴力量。当代大学生是民族复兴伟大进程的见证者和参与者，也是社会主义事业的生力军。新时代为大学生成长成才、勤学报国提供了广阔的舞台和无限的机遇。中华民族伟大复兴终将在广大青年的接力奋斗中变为现实。

四、学习热点探讨

大学与人生

大学阶段，大学生要确立科学的世界观、人生观、价值观，处理好理想与现实、权利与义务、个人与集体、竞争与合作、自由与纪律、友谊与爱情、学习与工作等各种关系，明确怎样做人、做什么样的人、怎样的生活才有意义、怎样的人生追求才有价值等一系列重大人生课题，为未来的人生发展奠定坚实的基础，因此，大学是人一生中最为关键的阶段。

因为大学是人生中崭新的阶段，所以要珍惜大学生活，开拓新的境界。大学生在大学阶段应当做好以下五件事：

第一件事：学会立志。2018年五四青年节和北京大学建校120周年校庆前夕，习近平总书记在北京大学师生座谈会上发表重要讲话，围绕励志成才特别强调，广大青年要"立鸿鹄志，做奋斗者"，要"培养奋斗精神，做到理想坚定，信念执着，不怕困难，勇于开拓，顽强拼搏，永不气馁"。谆谆教诲里传递着习近平总书记对一代青年成长的无限关切。一是立志须有情怀。"志不立，则天下无可成之事"。广大青年在选择理想时更应以天下为怀，把握历史之脉，顺应时代之势，响应国家之呼。要笃定共产主义远大理想和社会主义共同理想，主动把个人成才之梦融进"两个一百年"新征程和实现中华民族伟大复兴中国梦的滚滚大潮，做坚定的爱国者和共产主义事业的追随者，用信仰之力书写青春壮志。二是立志必须担当。"青年兴则民族兴，青年强则国家强"，青年勇担当，则国家有希望；青年有责任，则国家有力量。广大青年要树立强烈的使命感和紧迫意识，时刻铭记国家信任与人民重托，时刻不忘一代学子的时代责任，勤学苦练、开拓创新，努力掌握各类文化科学知识，

用心锤炼各项本领技能，让青春在求索与拼搏中收获价值。三是立志务必奋斗。奋斗是青春最闪亮的名片。诚如世上的所有幸福都必须靠奋斗得来，一切鸿鹄壮志也必须靠艰辛奋斗来努力实现。迈向新长征，当代青年既是追梦者，更是圆梦人。对接人民对幸福生活的向往，急需青年一代开启更执着、更精彩的奋斗模式。追梦必须吃苦，梦想之路荆棘丛生，广大青年要向历苦弥坚的老一辈革命先烈们学习，向吃苦耐劳的同时代劳动楷模们学习，主动到艰苦岗位中磨砺自己，淬炼不怕苦、能吃苦的坚强意志。奋斗必须有恒心。一曝十寒不是奋斗，拖延懒散不是奋斗。唯有坚持不言歇、不言弃、不言败的执着精神，才能奋斗有成，梦想成真。新时代属于每一个人，更属于青年一代。广大青年是新时代建设社会主义现代化强国和实现中华民族伟大复兴征程上的生力军，只有汇聚青春壮志，接力奋斗，才能圆梦民族复兴，成就精彩幸福人生。

第二件事：学会学习。进入大学，尽管学习的内容、形式和要求都发生了变化，但是学习仍然是同学们的主要任务，是大学生活的中心内容，因此，同学们不仅要努力学习，而且要学会学习。第一，要了解大学学习特点：学习的选择性、自主性、专业性增强，教学的启发性增强，学习途径多样化。第二，要树立新的学习理念：树立自主学习、全面学习、创新学习、终身学习的理念。第三，要把握大学学习内容：大学里我们除了学习基础知识、专业理论知识外，还要掌握获得知识的能力；不仅要在学业上不断进步，而且要在综合素质上不断提高。第四，要掌握大学学习方法：要会听课、会自学、会动手、能吃苦。第五，要端正学习态度，养成勤奋、严谨、求实、创新的优良学风。第六，要处理好专与博的关系。第七，要处理好课堂与课外的关系。第八，要正确使用网络工具。

第三件事：学会做人。学会做人是立身之本。学做人就要是懂得为什么要学做人，怎样学做人、做什么样的人。要学会做人，就要注意下面几个方面：一是选择好榜样。好榜样可以是老师，也可以是同学。二是以积极心态融入新环境。首先要有集体荣誉感、团队精神、合作意识；其次要学会与人和谐相处。三是要快乐自信。要树立自信、自律、自立、自强的精神，提高独立生活能力，勇于面对社会和生活。四是要倍加珍惜友情。同学友谊弥足珍贵。五是要成为德智体美全面发展的中国特色社会主义事业的建设者和接班人。

第四件事：学会做事。在大学，要学会做事，就要形成几种观念：首先是树立成才观。要树立正确的成才观，一要要克服依赖性，学会真正独立。二要克服脆弱性，学会意志坚强。三要克服虚荣心，学会心态平衡。四要积极科学选择，学会坚持拼搏。其次要确立择业观。转变择业观念，到基层去、到边疆去、到祖国最需要的地方去。最后要培养创新观。创新是一个民族进步的灵魂，是一个国家兴旺发达的不竭动力。要创新就要敢于超越自我，在实践中不断实现创新。

第五件事：学会生存。首先，要注意锻炼身体，增强体魄。这是学会生存的必要条件。其次，要养成全面的健康观。全面的健康不仅是身体上的健康，还包括心理上的健康等。健全的心理将是未来高速度生活节奏和紧张工作的基本条件。最后，要掌握生存本领。要储备知识、提高技能、熟悉业务、强化素质。这是学会生存的关键因素。

经过大学阶段的学习生活，人生理想在这里确立，未来的发展在这里奠基，美好生活在这里开始。所有这些收获，为大学生今后的成长、成才、成功打下了良好基础，迈出了人生道路上坚实的一步。

扫码学习平台

一、扫码随堂听——欣赏并回答：请你谈谈欣赏歌曲后的感悟。

戴玉强、殷秀梅　　谭维维、韩磊　　王丽达－共圆中国梦　　张也－走进新时代　　庄妮－中国梦
共筑中国梦　　　　不忘初心

二、扫码随堂看——观看并回答：请说出你印象深刻的内容及感悟。

人民日报微视频　　　　央视视频－习近平－中国特色　　　　中新网－视频－习近平参观展览时强调
中国进入新时代　　　　社会主义进入了新时代　　　　　　　中华民族伟大复兴的梦想一定会实现

三、扫码随堂读——阅读并回答：请概括习近平总书记讲话的核心思想。

知识运用练习

一、名词解释

1. 中国梦：

2. 思想道德素质：

3. 时代新人：

4. 人的本质：

二、填空题

1. 我们所处的新时代是（　　　　　）。
2. 大学阶段是（　　）、（　　）、（　　）形成的关键时期。
3. 大学生应把（　　）作为首要任务，树立梦想从（　　）开始、事业靠（　　）成就的观念。
4. 有（　　）、有（　　）、有（　　）、有（　　）的人生，才是有意义的人生。
5. 人的本质是一切（　　　　　）的总和。
6. "思想道德修养与法律基础"，是一门融（　　）、政治性、（　　）、理论性、（　　）于一体的思想政治理论课。
7. 本课程针对大学生成长过程中面临的思想道德和法律问题，开展马克思主义的（　　）观、（　　）观、（　　）观、（　　）观、（　　）观教育。

三、单项选择题

1. 关于中国特色社会主义进入新时代的叙述，不正确的是（　　）。
A. 是在新的历史条件下继续夺取中国特色社会主义伟大胜利的时代
B. 是决胜全面建成小康社会、进而全面建设社会主义现代化强国的时代
C. 是逐步实现全体人民共同富裕、进而实现共产主义的时代
D. 是我国日益走近世界舞台中央、不断为人类做出更大贡献的时代
2. 中国特色社会主义进入新时代，意味着中国特色社会主义道路、理论、制度、文化不断发展，拓展了（　　）走向现代化的途径。
A. 发达国家　　　　　　　　　B. 社会主义国家
C. 资本主义国家　　　　　　　D. 发展中国家
3. 到本世纪中叶全面建成（　　）。
A. 小康社会　　　　　　　　　B. 社会主义现代化国家
C. 社会主义现代化强国　　　　D. 共产主义社会
4. 党的十九大提出了"培养担当（　　）大任的时代新人"的战略要求。
A. 国家富强　　　　　　　　　B. 民族复兴
C. 人民幸福　　　　　　　　　D. 振兴中华
5. 人的本质是（　　）。

A. 一切社会关系的总和　　　　　　　B. 社会实践活动的总和
C. 生产实践活动的总和　　　　　　　D. 科学实验活动的总和

四、多项选择题

1. 大学阶段要处理好的一系列人生课题主要有（　　　）。
A. 处理好权利与义务、自由与纪律、友谊与爱情等方面的关系
B. 处理好理想与现实、个人与集体、竞争与合作等方面的关系
C. 怎样的生活才有意义，怎样的人生追求才有价值
D. 做什么样的人，怎样做人

2. 下面关于中国特色社会主义新时代的阐述，正确的是（　　　）。
A. 是承前启后、继往开来、在新的历史条件下继续夺取中国特色社会主义伟大胜利的时代
B. 是决胜全面建成小康社会、进而全面建设社会主义现代化强国的时代
C. 是全国各族人民团结奋斗、不断创造美好生活、逐步实现全体人民共同富裕的时代
D. 是全体中华儿女戮力同心、奋力实现共产主义远大理想的时代

3. 下面关于大学生的叙述，正确的有（　　　）。
A. 大学生应该以有理想、有本领、有担当为根本要求
B. 大学生应着力提升思想道德素质和法治素养
C. 大学生应成为中国特色社会主义事业的合格建设者和可靠接班人
D. 大学生应成为走在时代前列的奋进者、开拓者、奉献者

4. 大学生的担当精神体现为（　　　）。
A. 奉献祖国　　　B. 奉献人民　　　C. 尽心尽力　　　D. 勇于担责

5. 有意义的人生应当是（　　　）。
A. 有信念　　　　B. 有梦想　　　　C. 有奋斗　　　　D. 有奉献

五、辨析题

1. 中国梦是历史的、抽象的，也是未来的。
答：

2. 党的十九大提出了"培养担当改革创新大任的时代新人"的战略要求。
答：

3. 青年的法治理念是决定人生价值的最大砝码，是影响时代发展进程的重要力量。
答：

4. 有信念、有梦想、有奋斗、有奉献的人生，才是有意义的人生。
答：

5. 思想道德素质和职业技能是人应该具有的基本素质。
答：

六、简答题

1. 为什么说大学阶段是人生发展的重要时期？
答：

2. 中国特色社会主义进入新时代的意义是什么？
答：

七、论述题

为什么要学习思想道德修养与法律基础这门课程？
答：

八、案例分析

案例分析1

新时代大学生的执着追求
——山西大学生村官赵俊同志个人事迹

赵俊同志，男，汉族，中共党员，山西介休人，1987年出生，现年29岁，2009年6月毕业于荆楚理工学院药物制剂技术专业。2009年9月，通过选聘，成为介休市连福镇一名大学生村官，现任东圪塔村支部副书记。任职七年来，踏实工作，努力进取，联系实际、注重创新，逐渐由一名大学生锻炼成长为一名农村基层干部，为社会主义新农村建设做出了自己的贡献，赢得了党员干部群众的一致好评。

满怀憧憬的赵俊初到东圪塔村时，才发现原来农村生活并不是想象的那样美好。为尽快实现角色转换，他暗下决心，要用最短的时间融入农村这个大家庭中，先当村民再当"村官"。他从会议记录、整理材料等小事入手，从头做起，虚心向其他村的老文书员学习，规范整理本村的党建、综治资料，使东圪塔村的党建、综治资料整体上有了一个跃升。工作之余，他通过走访村民组长、老党员、致富能人、困难户，对村里的情况进行调查了解，为有困难的群众排忧解难。几个月下来，逐渐熟悉了村里的工作，和群众也走得更近了。

2011年11月，他积极参与到连福镇农村"两委"换届选举中去。从11月初开始核对户口、学习村委换届法律法规，到11月中旬推选了东圪塔村新一届支部班子。从12月初登记选民证、12月底发放选民证，到2012年1月召开东圪塔村村委会换届选举大会，这期间，他始终走到前面、不掉队，在上级领导的指导下，和村干部一起工作在最前线。在第八届村委会换届选举中东圪塔村也做到了快、好、稳；多年来，在农村的日常工作中，他成为镇、村的通信员，及时将镇里要发放给村的文件、材料等带给村干部；同时还将村里要上交的材料，及时地交给镇相关科室。在镇党委、镇政府的统一领导下，在村干部和同事的指导下，他始终严格要求自己，牢固树立全心全意服务农村和为人民服务的宗旨，认真做好镇、村交代的各项工作，努力做到不辜负领导信任，不愧对镇、村干部给予的支持和尊重。在七年的村官生活里，赵俊尝到了农村一线工作的酸甜苦辣。从陌生到熟悉、从束手无策到有条不紊、从嘘寒问暖的简单微笑到一声亲切的"小赵"等，这一切都说明他已经不是一年前刚走出校门的自己，慢慢地适应了农村工作，慢慢地融入了老百姓当中。各级领导对他的无比关心和广大干群对的充分认可使他感到非常欣慰。他勾画着自己的梦想，无论在工作、学习还是生活上都严格要求自己，努力把自己锻炼成一个厚基础、高素质、强能力的大学生村官。发展才是硬道理，为了全村的经济发展，把小康水平推向新的台阶，身为党支部副书记的他心里装的都是群众，他全面分析本村的发展现状，结合全县发展思路，提出了加大招商引资和调整产业结构力度，双管齐下发展东圪塔村经济的发展思路。他组织村民观看各类科技兴农宣传片，还多次到各地学习考察，学习别人的先进经验，在田间尝试种植新品质小米、黑豆等农产品。他多次召开村两委会议研究改善东圪塔村经济问题，还提出成立农村合作社、引进一些先进企业等自己的观点，虽然村民由于思想保守到现在还没有人积极支持，但是他依旧在给大家做思想工作，也相信他会早一天建立东圪塔村的农村经济合作社，早日试验种出优质农产品带领村民早日致富。

东圪塔村离县城约25公里，村里道路崎岖，坑洼不平，原来的水泥路被拉煤的大车轧得破烂不堪，村民外出非常不便，他借助上级农村街巷硬化的有利时机，2010年找县里交通局硬化了全村的主干道路2公里，街巷1公里，并安装了健身器材，村里的老人每天都出来锻炼身体。路修好了，没路灯，他又找村镇里和煤矿筹集资金为村里主要巷道安装了照明路灯20余盏，2011年，他又到水利局申请水利工程，新铺水管800余米，建纯净水处理站一处，彻底解决了群众出行难和吃水难的问题。由于东圪塔村属于山区和煤矿开采沉陷区，房屋裂缝等地质灾害情况严重，每逢雨季，都是地质灾害治理的困难时期，他挨家挨户地走访调查，拍照记录各家的房屋损毁情况，看着村民破烂不堪的房屋和污泥满满的河道，他决心一定要让村民安全度过汛期。他把实际情况向上级部门反映，并亲自带领两委干部清理河道污泥，修缮塌方石堰，悬挂塌方警示标志等，每逢雨季，总是能看到他奔波在村民家中，劝导灾情严重的村民及时搬到应急安全处，让村民安全度过了几年汛期。

赵俊同志才29岁，他刚成家不久，家庭负担也很重。但是他始终坚持先公后私，舍小家、顾大家，为了群众默默奉献，无怨无悔。村里面硬化路，他一个多月没回家，和工作领导小组的同志们早出晚归，解决了群众无数的问题，包括各家各户吃水困难、出门困难、房屋裂缝等问题，他都亲自去解决，可是他顾不上自己家，群众都很满意，可是他却晒黑了、累瘦了。村里的群众、老人在困难的时候，却都能见到他们的"小赵"。2013年，他听说村里的智障青年张鹏家里生活困难，跑到上级民政部门为他申请了五保，争取了一系列生活保障，逢年过节的时候，赵俊同志都要和两委干部慰问五保户、低保户，给他们送钱送物，帮助解决生活困难，带来党和政府的关怀和温暖。

赵俊就是这样，扎根山村、默默奉献，他身上虽然没有什么惊天动地的感人事迹，但是用自己的努力工作，推动了全村的稳步发展；他用开阔的思路带领群众逐步走向富裕；他用那无私的情怀给每一名需要关心的群众带来温暖和慰藉。这，就是我们务实朴实踏实的年轻大学生村官赵俊。作为任职在基层一线的大学生村官，他没有豪言壮语、催人泪下的感人事迹，只有踏踏实实、平凡岗位上的点点滴滴。他用自己的言行展示一名年轻共产党员的执着追求，用青春书写对社会主义新农村深沉的爱与责任！

他将把基层工作作为新的动力、新的起点，以实际行动践行"艰难困苦，玉汝于成"，继续在连福镇东圪塔村这片广阔天地里勤奋学习、刻苦锻炼，在社会主义新农村建设中奉献自己的聪明才智，焕发青春绚丽的光彩。他将用自己的言行践行对党的承诺，展示一名年轻共产党员的执着追求，为新农村建设这个大工程添上最亮丽的一片瓦！

资料来源：http：//www.youth.cn 2016-08-23 15：25：00 中国青年网

思考题

1. 大学生赵俊的选择与追求体现了什么样的时代精神？

答：

2. 当代大学生应该有什么样的使命担当？

答：

案例分析 2

大学生回乡 做新时代农民

"农村太苦，你要认真学习，将来才有更好的出息。"在很多农村人眼里，唯有让孩子离开农村，才能过上更好的生活，这也是黄蛟小时候听到最多的话。在父母的殷切期盼下，大学毕业后，黄蛟在城里有了体面的工作，后又自主创业，收入可观。然而，让人意外的是，2015年，已"跳出农门"的黄蛟却又回到农村，在夹关镇拴马村流转了100多亩土地种植茶叶，做起了一名新农人。

5月底，夹关镇拴马村8组的茶园里，嫩绿肥美的茶树正吐露着新芽，从山坡上望下去，层层叠叠的茶陇似梯田般从高处一路延伸，一抬头，满眼青翠仿佛与半山的云雾融合，美不胜收。2016年第一眼见到这美丽的景色时，黄蛟便毫不犹豫地承包下了这里的一百多亩茶园，开始了自己的"茶农"生活。

对于黄蛟来说，重回农村，是一个偶然。因为从小父母对他的期盼就是"走出农村"。他不负众望，大学毕业后到双流机场上班，后又自主创业，经营汽修厂，在城市扎稳了脚跟。然而，每一次回到家乡黄蛟都发现很难再看到同龄人，曾经那热火朝天的农耕场面没有了，只有年迈的老人还坚守在那里。2015年，黄蛟敏锐地看到了农业发展的新机遇，"国家对农业的扶持力度越来越大，农业前景肯定会越来越好"。他毅然选择回到家乡经营茶园，并成立了邛崃市尚鼎家庭农场。

虽然从小在农村长大，但黄蛟的茶叶种植也走了不少弯路。第一年茶叶收获时，为了方便工人采摘，他将茶树修剪得很低矮，谁知造成第二年茶叶质量下降，损失巨大。"这片茶园是我自己一手创建起来的，我一定要做好。"向有经验的茶农们请教，多次前往名山茶叶旅游基地考察，参加农业职业经理人培训……3年过去了，过去一窍不通的黄蛟已成了当地的茶叶种植专家，茶树管理、施肥、采摘都有自己的一套经验。经过不断摸索改良，他的茶叶品质也越来越好。

2017年，考察市场后，黄蛟又发展种植了柑橘和猕猴桃，"我觉得多元化农业更加符合大型农场和农业合作社的发展需求"。目前，黄蛟的家庭农场占地156亩，茶叶基地120亩，茶叶年产值从第一年的60万元达到了目前的90多万元。"搞农业虽然很辛苦，但心里是快乐的，通过自己的双手创造财富很有意义。"如今黄蛟的茶园每天雇佣的工人都在20人左右，可以解决周边多余的劳动力，也实现了他回乡创业的初衷。

"当时流转这片土地时，我心怀壮志。"站在茶园的制高点，黄蛟充满激情地向记者讲起了他的规划，"未来2~3年内，要将农场打造成可赏花、可采摘、可观光的立体基地，实现一三产业互动。"（记者王亚姣报道）

资料来源：http://www.qionglai.gov.cn/qlsgzxxw/mskx/2018-06/04/content_d08d27f5d7a94b2c93120ef138d9eb83.shtml 邛崃市人民政府网

思考题

1. 黄蛟回乡创业再现了大学生怎样的时代情感？

答：

2. 大学生怎样才能成为担当民族复兴大任的时代新人？

答：

案例分析 3

一时"冲动"当上支教志愿者　被爱感动而改变人生选择
——大学生扎根西部的感人故事

2004 年李伟从徐州师大外语系毕业后，他一时冲动选择到西部贫困地区陕西省三原县的新兴中学支教一年，但这次冲动却最终促成李伟一次人生道路的选择：他选择了长久地留在西部，做一名普通教师。下面是他的自述。

"当志愿者是我一时冲动的选择"

我参加大学生志愿服务西部计划想法很简单，从小学、中学、大学我从来没有离开过父母，毕业前父母在徐州给我联系好了工作，可能是青年人固有的冲动和反叛，当时我就想离父母远点。

报名大学生志愿服务西部计划后，我被分配到陕西三原县新兴镇新兴中学，住进了一间宿办合一的低矮房间里。房间的墙壁有裂缝和剥落的墙皮，但初来乍到的我还是感到很新奇。然而夜里睡觉时，房间里来回蹿动的几只大老鼠，吓得我裹着被子一夜无眠。特别感到不习惯的是饮食的差异，我喜欢吃米饭，这里的人爱吃面食，味道也特别咸，并且每天只吃两顿饭。刚开始时我几乎每周都要到县城的超市去买几大包的零食吃，没多久就变得又黑又瘦，掉了十几斤肉。

生活上的困难和心灵的孤独让我也曾为自己的选择动摇过，我还真有点后悔当初自己冲动的选择。但想想志愿者也不过就一年时间，能挺就挺吧！

但很快，我又找到了喜欢这里的感觉。刚来时，我不会做饭，学生和家长就给我带饭吃，让我首次尝到了吃百家饭的感觉；开始学做饭时，不知是谁在我的窗台悄悄放了一桶菜籽油；我不在宿舍时，总有细心的女学生悄悄地给我打扫干净房间。

"爱与被爱使我舍不得离开"

新兴中学的学生在小学都没有学过英语。开始，我被安排担任初一一个班的班主任，承担两个班级的英语教学。第一次月考，我教的学生成绩很差，我心里很郁闷。懂事的学生们看出我情绪低落，生怕我今后不用心教，竟跑来向我道歉，并对我做出保证，一定要好好学习英语。看到这些淳朴可爱的孩子，我暗下决心，一定要想办法把孩子们教好。通过努力，一年后的期末考试，我带的班获得了全县第九名的好成绩。一年志愿服务期即将结束时，听到我可能要走了，很多家长和学生都来找我。第二天课上，看到孩子们愁眉不展的脸，我递交了延长一年服务期的志愿者申请。

在新兴中学第一个学期结束时，就有学生因上不起学向我道别。看着学生眼里打转转的泪珠，我为之心碎。作为一个老师，最难受的莫过于看着自己的学生辍学。我暗下决心，宁肯自己饿着，自己的学生一个都不能少。我利用双休日和节假日开始对困难的学生逐个家访，说服家长让孩子继续念书，见到家庭实在困难的，就拿出自己的补助金和父母给的生活费,资助孩子们上学。做志愿者两年中,我把国家每月给我的600元补助金和母亲给我的近两万元钱,多数用于资助困难学生。我以前吃穿都要讲名牌,但现在,看到我的学生在寒冬里吃着冰冷的馒头夹咸菜,我难受得禁不住流泪,从此我舍不得乱花钱买零食、买衣服,把省下的钱都用来帮助那些贫困的娃娃……

两年服务期满的时候,学生们哭着挽留我,我脑子里一片空白,心里只有一个念头:留下来。为了自己的良心,也为了爱我的和我爱的学生!

"在西部当老师我真的感到幸福"

当母亲得知我决定留在西部当老师时,马上从徐州赶到新兴中学,非要把我拽回去不可。她在学校的那几天,受到了校领导和师生们的热情接待。我的学生、学生家长和同事们天天围着她,给她讲我在这里的故事,硬是把她感化了。临走,妈妈含着泪同意了我的选择。

从志愿者支教,到扎根西部任教,我实现了自己人生的一个梦想。尽管这里还落后、贫困,但一批又一批学生经过我和同事的培养走向社会。将来他们用知识改变家乡的面貌时,明天的新兴镇、明天的三原县该是什么样子?!我充满了对美好未来的憧憬。

留下就得生根。在热心人的撮合下,2007年5月底,我和家在新兴镇农村的本校教师谢亚娟结了婚。现在,我是一个地道的陕西本地老师了,我的日子过得很充实,很幸福。在西部,我找到自己一生的事业,在事业中,我找到了我自己。

资料来源:荆楚网http://www.cnhubei.com/楚天金报/2007-09-11/第10版

思考题

1. 请结合李伟扎根西部、建设西部,谈从他身上体现出了什么精神?

答:

2. 结合本案例,谈使自己成为有理想、有本领、有担当的时代新人的基本思路。

答:

实践活动项目

实践项目一

品味大学,规划人生
——制定"我的大学规划"

【目的要求】

大学生进入大学所面临的首要问题就是顺利实现从中学到大学的角色转换,尽快适应大学生活。通过开展制定"我的大学规划"实践活动,帮助大学新生学会自理、适应环境、调整学习方法、确定新的大学生活目标、设计职业生涯规划、明确大学生成长成才的目标和途径,切实增强学习的主动性与针对性,激发学习的热情与动力,进而倍加珍惜大学生活。

【实践方案】

1. 任课教师向学生介绍制定大学生活规划的基本要求及注意事项。

2. 要求学生在学完"绪论"后一个月内,结合自己实际,制定出符合自身特点、具有可操作性的"我的大学规划",并把"我的大学规划"方案交给任课教师。

3. 每个同学把"我的大学规划"寄给父母亲,并请父母亲回信反馈意见。

4. 开展"我的大学规划"交流活动,先在小组交流,然后择优在班级或系里交流。

【考核评价】

1. 评价方式:任课教师根据学生提交的"我的大学规划"、小组或班级交流发言及家长的反馈意见,综合评定学生实践教学环节成绩。成绩分为四个等级:优秀、良好、及格、不及格。

2. 教师评语:_____

_____

谈一谈

我的大学规划

姓名		班级		学号		一句话概括初步的未来规划
所学专业		兴趣				
优势			劣势			

政治上的追求:

学习上的合理安排:

人际交往方面:

身体素质的提高:

心理素质的训练:

续表

姓名		班级		学号		一句话概括初步的未来规划
社会活动方面：						
职业生涯设计：						

实践项目二

参加学校社团活动

【目的要求】

社会实践活动增多是大学不同于中学的显著特点之一，同学们可以根据自己的特点和爱好、时间和精力积极参加各种社团活动，合理安排课余生活，锻炼组织管理和社会交往能力，为走向社会奠定基础。

【实践方案】

1. 由班级干部在课前联系好高年级学长2~3名，围绕学院社会团体活动做现场报告。
2. 报告后，以新生提问、老生现身说法的形式进行讨论。
3. 列举学校有哪些类型的学生社团，它们的目标和宗旨是什么？
4. 你对哪些学生社团有兴趣？你期望这些社团为你提供什么有益的锻炼？
5. 为了提高自己的综合能力，请你尝试着参加一个社团。
6. 通过参加一学期学院社团组织活动，有哪些收获和个人体会。

【考核评价】

1. 评价方式：任课教师根据学生提交的参加学院社团组织活动的收获和个人体会，以及参加新老生讨论情况，综合评定学生实践教学环节成绩。成绩分为四个等级：优秀、良好、及格、不及格。

2. 教师评语：_____

想一想

学校社团：_____

请写出你要参加的社团名称：_____

绪　论

实践项目三

组建学习小组
——天下兴亡，人人有责

【目的要求】

党的十九大报告指出，青年一代有理想、有本领、有担当，国家就有前途，民族就有希望。这充分体现了党中央对青年的殷切期盼和殷殷重托。通过以"天下兴亡，人人有责"为主题的实践活动，使同学们在了解当前我国国内国际形势的基础上，站在时代的背景下，认识新时代大学生的社会责任。

【实践方案】

1. 在班级内组建每组10人的学习小组。
2. 通过新闻报道、网络、咨询等途径了解当前国内国际形势。
3. 组内讨论中国特色社会主义新时代与大学生成长成才的关系。
4. 小组上交书面纸质成果（通过课程论文形式，或手写或打印上交小组成果）。
5. 小组代表作出实践汇报。
6. 老师做最后总结。

【考核评价】

1. 评价方式：任课教师根据学生提交的小组书面纸质成果、小组代表的交流发言实践汇报，小组具体讨论情况，综合评定学生实践教学环节成绩。成绩分为四个等级：优秀、良好、及格、不及格。
2. 教师评语：_____
_____

说一说

新时代大学生的社会责任：_____
_____
_____
_____

想一想

如何才能成长成才？_____
_____
_____
_____

实践项目四

电影赏析
——《厉害了，我的国》

【目的要求】

在学习"中国特色社会主义新时代"时，观看电影《厉害了，我的国》，通过《厉害了，我的国》中反映的党的十八大以来中国取得的改革开放和社会主义现代化建设的历史性成就，展现了中国人民在全面建成小康社会征程上的伟大奋斗，凝聚起全党全国人民的磅礴力量，正确认识、充分了解中国特色社会主义新时代。

【实践方案】

1. 观看电影后，学生自主发言，谈谈自己的观后感。
2. 任课教师对学生发言进行评价和总结，帮助学生端正成才目标。
3. 课后学生以"新时代有我"为题撰写心得体会。

【考核评价】

1. 评价方式：任课教师根据学生提交的心得体会、自主发言情况，综合评定学生实践教学环节成绩。成绩分为四个等级：优秀、良好、及格、不及格。
2. 教师评语：_____

写一写

"新时代有我"心得体会

名言解读背诵

1. 敏而好学，不耻下问。——孔子

2. 业精于勤，荒于嬉；行成于思，毁于随。——韩愈
3. 学而不思则罔，思而不学则殆。——孔子
4. 知之者不如好之者，好之者不如乐之者。——孔子
5. 三人行，必有我师焉。择其善者而从之，其不善者而改之。——孔子
6. 读书破万卷，下笔如有神。——杜甫
7. 立身以立学为先，立学以读书为本。——欧阳修
8. 读万卷书，行万里路。——刘彝
9. 黑发不知勤学早，白发方悔读书迟。——颜真卿
10. 少壮不努力，老大徒伤悲——《汉乐府·长歌行》
11. 莫等闲，白了少年头，空悲切。——岳飞
12. 发奋识遍天下字，立志读尽人间书。——苏轼
13. 鸟欲高飞先振翅，人求上进先读书。——李苦禅
14. 书到用时方恨少，事非经过不知难。——陆游
15. 读书百遍，其义自见——《三国志》
16. 饭可以一日不吃，觉可以一日不睡，书不可以一日不读。——毛泽东
17. 读过一本好书，像交了一个益友。——臧克家
18. 聪明在于勤奋，天才在于积累。——华罗庚
19. 为中华之崛起而读书。——周恩来
20. 书是人类进步的阶梯。——高尔基
21. 书籍是造就灵魂的工具。——雨果
22. 读一本好书，就是和许多高尚的人谈话。——歌德
23. 知识就是力量。——培根
24. 情况是在不断地变化，要使自己的思想适应新的情况，就得学习。——毛泽东
25. 千教万教教人求真，千学万学学做真人。——陶行知
26. 学而时习之，温故而知新。——《论语》
27. 不读书的人，思想就会停止。——狄德罗
28. 只要心还在跳，就要努力学习。——张海迪
29. 读书是学习，使用也是学习，而且是更重要的学习。——毛泽东
30. 钉子有两个好处：一个是挤劲，一个是钻劲。我们在学习上要提倡这种"钉子"精神，善于挤和钻。——雷锋
31. 愈学习，愈发现自己的无知。——笛卡儿
32. 学习知识要善于思考、思考、再思考，我就是靠这个方法成为科学家的。——爱因斯坦
33. 任何一个人，都要必须养成自学的习惯，即使是今天在学校的学生，也要养成自学的习惯，因为迟早总要离开学校的！自学，就是一种独立学习、独立思考的能力。行路，还是要靠行路人自己。——华罗庚
34. 倘能生存，我当然仍要学习。——鲁迅
35. 学习要有三心，一信心，二决心，三恒心。——陈景润
36. 学习并不等于就是模仿某些东西，而是掌握技巧和方法。——高尔基

37. 与其用华丽的外衣装饰自己，不如用知识武装自己。——马克思

38. 人生最宝贵的是生命，人生最需要的是学习，人生最愉快的是工作，人生最重要的是友谊。——斯大林

39. 哪里有天才，我是把别人喝咖啡的工夫都用在学习上的。——鲁迅

40. 学习的敌人是自己的满足，要认真学习一点东西，必须从不自满开始。对自己，"学而不厌"，对人家，"诲人不倦"，我们应取这种态度。——毛泽东

41. 思考一切。——马克思

42. 好问的人，只做了五分钟的愚人；耻于发问的人，终身为愚人。——佚名

43. 一寸光阴一寸金，寸金难买寸光阴。——《增广贤文》

44. 书山有路勤为径，学海无涯苦作舟。——韩愈

45. 勤劳一日，可得一夜安眠；勤劳一生，可得幸福长眠。——达·芬奇

46. 形成天才的决定因素应该是勤奋。——郭沫若

47. 天才就是百分之九十九的汗水加百分之一的灵感。——爱迪生

48. 合抱之木，生于毫末；九层之台，起于垒土；千里之行，始于足下。——老子

49. 勤能补拙是良训，一分辛劳一分才。——华罗庚

50. 活着，如同生命中最后一天般活着。学习，如同你会永远活着般学习。——甘地

比一比

看谁解读得好、解读得多，请把你解读好的名言写出来：_____

_____

_____

_____

_____

比一比

看谁背诵得快、背诵得多，请把你知道的其他关于学习的名言写下来：_____

_____

_____

_____

_____

_____

学习实践收获

请从知识、能力、素质方面谈本章学习与实践的收获：_____

_____

绪 论

第一章　人生的青春之问

理论学习指导

一、学习目标要求

1. 掌握人生观的内容、人生观与世界观的关系。树立正确的幸福观、得失观、苦乐观、顺逆观、生死观、荣辱观，反对错误人生观。
2. 理解人的本质、个人与社会的关系，理解世界观、人生观、价值观的含义。
3. 了解人生价值评价的标准、方法，了解错误人生观。
4. 大学生要确立科学高尚的人生追求、积极进取的人生态度，在社会实践中，创造有意义的人生。

二、理论要点展示

（一）人生观是对人生的总看法

大学生思考和规划自己的人生之路，首先要学会科学看待人生的根本问题，认识个人与社会的辩证关系，掌握人生观的基本理论。

人生观就是人们关于人生目的、人生态度、人生价值等问题的总观点和总看法。

思考人生，树立正确的人生观，首先需要对"人是什么"和"人的本质是什么"等问题有科学的认识。人类来源于自然界，但是，人的生命活动不同于动物的生命活动，人的实践活动是有意识的。人的本质是一切社会关系的总和。任何人都是处在一定的社会关系中从事社会实践活动的人。社会属性是人的本质属性。正是在一定的社会历史条件下，人们面对各种各样的境遇，在客观的不断变化的社会关系中实践人生，通过现实的生活逐渐地感悟人生，形成了相应的人生观。

人生观决定着人生道路的方向，也决定着人们行为选择的价值取向和用什么样的方式对待实际生活。因此，有什么样的人生观就会有什么样的人生。

人生观的主要内容包括人生目的、人生态度和人生价值。

人生目的是指生活在一定历史条件下的人在人生实践中关于自身行为的根本指向和人生追求。人生目的是人生观的核心，在人生实践中具有重要的作用。人生目的决定人生道路，规定了人生的方向，对人们所从事的具体活动起着定向的作用；人生目的决定人生态度；人生目的决定人生价值选择。

人生态度是指人们通过生活实践形成的对人生问题的一种稳定的心理倾向和精神状态。人生态度是人生观的重要内容。一个人有什么样的人生观就会有什么样的人生态度。人生态度是人生观的表现和反映。

人生价值是指人的生命及其实践活动对于社会和个人所具有的作用和意义。人生价值内在地包含了人生的自我价值和社会价值两个方面。人生的自我价值，是个体的人生活动对自己的生存和发展所具有的价值，主要表现为对自身物质和精神需要的满足程度。人生的社会价值，是个体的实践活动对社会、他人所具有的价值。人生的自我价值和社会价值，既相互区别，又密切联系、相互依存，共同构成人生价值的矛盾统一体。

大学生只有深刻理解人生目的、人生态度、人生价值三者间的辩证统一关系，才能准确把握人生，树立正确的人生观。

人生观与世界观有密切的关系。世界观是人们对生活在其中的世界以及人与世界的关系的总体看法和根本观点。世界观决定人生观，有什么样的世界观，就会有什么样的人生观。同时，人生观又对世界观的巩固、发展和变化起着重要作用。

人生的内容与复杂多样的社会关系和社会活动密不可分。个人与社会是对立统一的关系，两者相互依存、相互制约、相互促进。个人与社会的关系，最根本的是个人利益与社会利益的关系。在社会主义社会中，个人利益与社会利益在根本上是一致的。社会利益离不开个人利益，个人利益也离不开社会利益。

大学生思考人生问题，应该正确认识和处理个人与社会的关系，把小我和大我更好地统一起来，把自己的人生追求同社会的发展进步紧密结合起来，在为社会做贡献的过程中成长进步，实现自己的人生价值。

（二）正确的人生观

大学生应树立正确的人生观，明确人生目的、端正人生态度、认识人生价值，为创造有意义有价值的人生奠定良好的基础。

大学生只有把自己的人生目的与国家前途、民族命运、人民幸福联系在一起时，才能自觉自愿地把自己的一生奉献于利国利民的事业。"服务人民、奉献社会"的思想以其科学而高尚的品质，代表了人类社会迄今最先进的人生追求。大学生要把为国家和人民事业无私奉献作为人生的最高追求，在服务他人、奉献社会中收获成长和进步。

一个人确立了服务人民、奉献社会的人生追求，才能清楚地把握人的生命历程和奋斗目标，能够在推动社会进步中创造不朽的业绩；才能以正确的人生态度对待人生、解决实际生活中的各种问题，在服务人民、奉献社会中实现自己的人生价值；才能掌握正确的人生价值标准，懂得人生的价值首先在于奉献，自觉用真、善、美来塑造自己，不断培养高尚的操行和纯朴的情感，努力使自己成为一个高尚的人。

走好人生之路，需要大学生保持认真务实、乐观向上、积极进取的人生态度。具体要求是：人生须认真、人生当务实、人生应乐观、人生要进取。

人生的意义，需要从人生价值的角度进行审视和评价。

人的社会性决定了人生的社会价值。评价人生价值的根本尺度，是看一个人的实践活动是否符合社会发展的客观规律，是否促进了历史的进步。客观、公正、准确地评价社会成员人生价值的大小，除了要掌握科学的标准外，还需要掌握恰当的评价方法。主要方法有：坚持能力有大小与贡献须尽力相统一；坚持物质贡献与精神贡献相统一；坚持完善自身与贡献社会相统一。

实现自己的人生价值，必须正确把握人生价值实现的条件。主要有：要从社会客观条件出发；要从个体自身条件出发；不断增强实现人生价值的能力和本领。

（三）创造有意义的人生

美好的人生目标要靠社会实践才能转化为现实。大学生要在科学高尚的人生观指引下，正确对待人生矛盾，自觉抵制错误观念，努力提升人生境界，成就出彩人生。

大学生要科学认识实际生活中的各种问题，勇敢面对和正确处理各种人生矛盾。

树立正确的幸福观。幸福都是奋斗出来的。奋斗本身就是一种幸福。只有奋斗的人生才称得上幸福的人生。

树立正确的得失观。大学生要以积极进取的态度去面对生活中的成败得失，使一时的成败得失成为人生的财富而不是人生的包袱。要做到不要拘泥于个人利益的得失，不要满足于一时的得，不要惧怕一时的失。在失意之际坚持不懈，在坎坷之时不断努力，这样的人生才能更有意义。

树立正确的苦乐观。苦与乐既对立又统一，又在一定条件下可以相互转化。真正的快乐只能由奋斗的艰苦转化而来。大学生在成长过程中，要准确把握苦与乐的辩证关系，努力做迎难而上、艰苦奋斗的开拓者。

树立正确的顺逆观。顺势而快上，乘风而勇进，这是身处顺境的学问，是善于抓住机遇不断丰富与完善自己的途径；处低谷而力争，受磨难而奋进，这是身处逆境的学问，是将压力变成动力之所为。在人生旅途中没有永远的顺境，也没有永远的逆境。只有善于利用顺境，勇于正视逆境和战胜逆境，人生价值才能够实现。

树立正确的生死观。生命的历程是一个从生到死的过程，有生必有死，这是恒常不变的自然现象。人的生命是有限的，而生命的价值却是无限的。大学生应珍惜韶华，在服务人民、投身民族复兴伟大事业中开发出生命所蕴藏的巨大潜能，努力给有限的个体生命赋予更有价值的意义。

树立正确的荣辱观。大学生只有明确是非、对错、善恶、美丑的界限，坚持社会主义荣辱观才会在纷繁复杂的社会生活中明确应当坚持和提倡什么，反对和抵制什么，从而为自身提供基本的价值准则和行为规范。

大学生要学会思考、善于分析、正确抉择，认清错误思想观念的实质，警惕和自觉抵制拜金主义、享乐主义、极端个人主义等错误的人生观的侵蚀，选择并追求高尚的人生目的，在服务人民、奉献社会的人生实践中完善自我、创造人生的美好价值。

当代大学生担当新时代赋予的历史责任，应当与历史同向、与祖国同行、与人民同在，在服务人民、奉献社会的实践中创造有意义的人生。

社会实践是科学理论、创新思维的源泉，是检验真理的试金石，也是青年锻炼成长的有效途径。美好的人生目标要靠社会实践才能转化为现实。在当今中国，最重要的社会实践，就是全面建成小康社会、加快推进社会主义现代化强国、实现中华民族伟大复兴的实践。大学生要坚持理论联系实际，积极投身社会实践，在实践中发现新知、运用真知，在解决实际问题的过程中增长才干，不断提高实践能力、创新能力，实现最大的人生价值，创造无悔的青春。

三、重点难点剖析

（一）学习重点

1. 人生观的主要内容

人生观决定着人生道路的方向，也决定着人们行为选择的价值取向和用什么样的方式对待实际生活。因此，有什么样的人生观就会有什么样的人生。人生观的主要内容包括人生目的、人生态度和人生价值。这三个方面相互联系、相辅相成，统一为一个有机整体。

（1）人生目的是指生活在一定历史条件下的人在人生实践中关于自身行为的根本指向和人生追求。人生目的是对"人为什么活着"这一人生根本问题的认识和回答，是人生观的核心，在人生实践中具有重要的作用。首先，人生目的决定人生道路。其次，人生目的决定人生态度。最后，人生目的决定人生价值选择。

（2）人生态度是指人们通过生活实践形成的对人生问题的一种稳定的心理倾向和精神状态。人生态度是人生观的重要内容。一个人有什么样的人生观就会有什么样的人生态度。人生态度是人生观的表现和反映。

（3）人生价值是指人的生命及其实践活动对于社会和个人所具有的作用和意义。人生价值内在地包含了人生的自我价值和社会价值两个方面。人生的自我价值和社会价值，既相互区别，又密切联系、相互依存，共同构成人生价值的矛盾统一体。

总之，人生目的决定着人们对待实际生活的基本态度和人生价值的评判标准，人生态度影响着人们对人生目的的持守和人生价值的评判，人生价值制约着人生目的和人生态度的选择。大学生只有深刻理解人生目的、人生态度、人生价值三者间的辩证统一关系，才能准确把握人生，树立正确的人生观。

2. 树立正确的人生观

（1）科学高尚的人生追求。"服务人民、奉献社会"的思想以其科学而高尚的品质，代表了人类社会迄今最先进的人生追求。大学生只有把自己的人生目的与国家前途、民族命运、人民幸福联系在一起时，才能自觉自愿地把自己的一生奉献于利国利民的事业。

一个人确立了服务人民、奉献社会的人生追求，才能清楚地把握人的生命历程和奋斗目标，深刻理解人为了什么而活、应走什么样的人生之路等道理；才能以正确的人生态度对待人生、解决实际生活中的各种问题，以人民利益为重，始终对祖国和人民具有高度的责任感，在服务人民、奉献社会中实现自己的人生价值；才能掌握正确的人生价值标准，才能懂得人生的价值首先在于奉献，自觉用真、善、美来塑造自己，不断培养高尚的操行和纯朴的情感，努力使自己成为一个高尚的人。

（2）积极进取的人生态度。没有积极进取的人生态度，再崇高的人生目标也难以真正实现。走好人生之路，需要大学生正确认识、处理生活中各种各样的困难和问题，保持认真务实、乐观向上、积极进取的人生态度。具体要求是：人生须认真、人生当务实、人生应乐观、人生要进取。

（3）人生价值的评价与实现。人生的意义，需要从人生价值的角度进行审视和评价。大学生要坚持理论联系实际，积极投身社会实践，在基层一线砥砺品质，在同人民群众的密切联系中锤炼作风，在实践中发现新知、运用真知，在解决实际问题的过程中增长才干，不断提高实践能力、创新能力，实现最大的人生价值，创造无悔的青春。

3. 辩证对待人生矛盾

大学生要科学认识实际生活中的各种问题，勇敢面对和正确处理各种人生矛盾。

（1）树立正确的幸福观。幸福都是奋斗出来的。奋斗本身就是一种幸福。只有奋斗的人生才称得上幸福的人生。

（2）树立正确的得失观。大学生要以积极进取的态度去面对生活中的成败得失，使一时的成败得失成为人生的财富而不是人生的包袱。要做到不要拘泥于个人利益的得失；不要满足于一时的得，不要惧怕一时的失。在失意之际坚持不懈，在坎坷之时不断努力，这样的人生才能更有意义。

（3）树立正确的苦乐观。大学生在成长过程中，要准确把握苦与乐的辩证关系，努力做迎难而上、艰苦奋斗的开拓者。

（4）树立正确的顺逆观。无论是顺境还是逆境，对人生的作用都是双重的，关键是怎样去认识和对待它们。只有善于利用顺境，勇于正视逆境和战胜逆境，人生价值才能够实现。

（5）树立正确的生死观。生命的历程是一个从生到死的过程，有生必有死，这是恒常不变的自然现象。大学生要牢固树立生命可贵的意识，倍加爱护自己和他人的生命，理性面对生老病死的自然规律，努力使自己的生命绽放人生应有的光彩。

（6）树立正确的荣辱观。荣辱是一对基本道德范畴，荣辱观对个人的思想行为具有鲜明的动力、导向和调节作用。大学生只有具备正确的荣辱观，才会在纷繁复杂的社会生活中明确应当坚持和提倡什么、反对和抵制什么，从而为自身判断行为得失，做出道德选择，确定价值取向，提供基本的价值准则和行为规范。

4. 如何成就出彩人生

首先，大学生要树立正确的人生观。"服务人民、奉献社会"的思想以其科学而高尚的品质，代表了人类社会迄今最先进的人生追求。大学生只有把自己的人生目的与国家前途、民族命运、人民幸福联系在一起时，才能自觉自愿地把自己的一生奉献于利国利民的事业。

其次，一个人确立了服务人民、奉献社会的人生追求，才能清楚地把握人的生命历程和奋斗目标，深刻理解人为了什么而活、应走什么样的人生之路等道理；才能以正确的人生态度对待人生、解决实际生活中的各种问题，以人民利益为重，始终对祖国和人民具有高度的责任感，在服务人民、奉献社会中实现自己的人生价值；才能掌握正确的人生价值标准，才能懂得人生的价值首先在于奉献，自觉用真、善、美来塑造自己，不断培养高尚的操行和纯朴的情感，努力使自己成为一个高尚的人。

最后，当代大学生担当新时代赋予的历史责任，应当与历史同向、与祖国同行、与人民同在，在服务人民、奉献社会的实践中创造有意义的人生。

（1）与历史同向。当代大学生要正确认识世界和中国发展大势，尊重顺应历史的选择和人民的选择，准确把握中国发展的重要战略机遇期，提升民族自信心，增强时代责任感，与历史同步伐，与时代共命运。

（2）与祖国同行。青年只有自觉将人生目标同国家和民族的前途命运紧紧联系在一起，才能最大限度地实现人生价值。当代中国正处于中华民族伟大复兴的关键时期，建设社会主义现代化强国任重道远。当代大学生要正确认识国家和民族赋予的历史责任和使命，自觉与国家和民族共奋进、同发展。

（3）与人民同在。人民群众是历史的创造者，是国家的主人。大学生要在为人民群众服务、实现人民群众利益的过程中实现人生价值。

（二）学习难点

1. 个人与社会的辩证关系

人是社会的人，人生的内容与复杂多样的社会关系和社会活动密不可分。个人与社会的关系问题是认识和处理人生问题的重要着眼点和出发点。

（1）个人与社会是对立统一的关系，两者相互依存、相互制约、相互促进。社会是由一个个具体的人组成的，离开了人就没有社会，社会是人的存在形式。同时，人是社会的人，离开了社会，人也无法生活。

（2）个人与社会的关系，最根本的是个人利益与社会利益的关系。社会需要是个人需要的集中体现，是社会全体成员带有根本性、全局性、长远性需要的反映。社会利益离不开个人利益，个人利益也离不开社会利益。社会利益体现了作为社会成员的个人的根本利益和长远利益，是个人利益得以实现的前提和基础，同时它也保障着个人利益的实现。

（3）人的社会性决定了人只有在推动社会进步的过程中，才能实现自我的发展。大学生思考人生问题，应该正确认识和处理个人与社会的关系，把小我和大我更好地统一起来，把自己的人生追求同社会的发展进步紧密结合起来，在为社会做贡献的过程中成长进步，实现自己的人生价值。

2. 正确评价人生价值

人的社会性决定了人生的社会价值。评价人生价值的根本尺度，是看一个人的实践活动是否符合社会发展的客观规律，是否促进了历史的进步。客观、公正、准确地评价社会成员人生价值的大小，除了要掌握科学的标准外，还需要掌握恰当的评价方法。

（1）坚持能力有大小与贡献须尽力相统一。考察一个人的人生价值，要把个人对社会的贡献同他的能力以及与能力相对应的职责联系起来。任何人只要在自己的岗位上尽职尽责，兢兢业业，就应该对他的人生价值给予积极肯定的评价。

（2）坚持物质贡献与精神贡献相统一。社会的发展与进步是物质文明和精神文明的共同发展与进步。评价人生价值，既要看一个人对社会做出的物质贡献，也要看他对社会做出的精神贡献。

（3）坚持完善自身与贡献社会相统一。人生的社会价值是实现人生自我价值的基础，评价人生价值的大小应主要看一个人对社会所做的贡献，但这并不意味着要否认人生的自我价值。人的自我完善和全面发展、人生自我价值的实现，是社会发展的根本目标；而人生自我价值的实现，又有助于个体为社会创造更大价值。

四、学习热点探讨

人生态度与出彩人生

人生态度事关人生能否出彩。一个人有什么样的人生观就会有什么样人生态度。正确的人生态度可以使人在追求有意义的人生中保持积极进取、乐观向上的精神状态。一个人如果不思考人的生命应有的意义,对什么事都显得无所谓,当一天和尚撞一天钟,这实际上是庸碌无为的人生观的表现。相反,一个人如果满怀希望和激情,热爱生活,珍视生命,勇敢坚强地战胜困难并不断开拓人生新境界,其背后一定有正确的人生观作为精神支柱。

没有积极进取的人生态度,再崇高的人生目标也难以真正实现。走好人生之路,成就出彩人生,需要大学生正确认识、处理生活中各种各样的困难和问题,保持认真务实、乐观向上、积极进取的人生态度。这是成就出彩人生的重要保证。

(1) 人生须认真。大学生要学会对自己负责,对亲人负责,对周围的人和更多的人负责,进而对民族、国家、社会负责,做一个有价值、负责任的人。要正确认识和处理人生中遇到的各种问题,不能得过且过、放纵生活、游戏人生,否则就会虚掷光阴,甚至误入歧途。

(2) 人生当务实。要从人生的实际出发,以科学的态度看待人生,以务实的精神创造人生。要把远大的理想寓于具体的行动中,要坚持实事求是的思想方法和人生态度,正确面对人生目的与现实生活之间的矛盾,遵循客观规律,透过复杂现象把握事物的本质,更好地把人生意愿与个人情况和社会实际结合起来,一步一个脚印地实现人生目标。

(3) 人生应乐观。只有热爱生活的人,才能真正拥有生活。大学生要始终保持乐观向上的人生态度,要相信生活是美好的、前途是光明的,遇事要想得开,做人要心胸豁达,在生活实践中不断调整心态,磨炼意志,形成乐观向上的人生态度。

(4) 人生要进取。人生实践是一个创造的过程。大学生要积极进取,不断丰富人生的意义,不能贪图安逸、满足现状、因循守旧、故步自封,要发扬自强不息、敢为人先、百折不挠、坚忍不拔的精神,始终保持蓬勃朝气、昂扬锐气,充分发挥创造力,在创新创造中不断书写人生的新篇章。

扫码学习平台

一、扫码随堂听——欣赏并回答:请你谈谈欣赏歌曲后的感悟。

韩传忠 - 奋斗兄弟　　经典老歌 - 年轻的朋友来相会　　刘秉义 - 咱们工人有力量　　喜悦 - 奋斗的青春最美丽　　杨培安 - 我相信

二、扫码随堂看——观看并回答：请说出你印象深刻的内容及感悟。

[朝闻天下] 马克思昭示青春信仰——读懂马克思　青年当自强

习近平同各界优秀青年代表座谈——强调在实现中国梦的生动实践中放飞青春梦想

习近平在北京大学考察时强调，抓住培养社会主义建设者和接班人根本任务，努力建设中国特色世界一流大学

习近平在同知识分子劳动模范青年代表座谈时强调，紧跟时代肩负使命锐意进取，为共同理想和目标团结奋斗

中共中央国务院举行春节团拜会，习近平发表重要讲话

《马克思是个九零后》说唱版MV

三、扫码随堂读——阅读并回答：请概括习近平总书记讲话的核心思想。

知识运用练习

一、名词解释

1. 人生观：

2. 人的本质：

3. 人生态度：

4. 人生价值：

5. 荣誉：

6. 正确的幸福观：

7. 耻辱：

8. 拜金主义：

9. 享乐主义：

二、填空题

1. 人生观就是人们关于（   ）、（   ）、（   ）等问题的总观点和总看法。
2. 对人的认识，核心在于认识（   ）。
3. 任何人都是处在一定的（   ）中从事（   ）活动的人。
4. 人的（   ）的总和决定了人的本质。
5. 人生目的决定（   ），人生态度，（   ）选择。
6. （   ）是指人们通过生活实践形成的对人生问题的一种稳定的心理倾向和精神状态。
7. 人生价值内在地包含了人生的（   ）和（   ）两个方面。
8. 世界观是人们对生活在其中的世界以及人与世界的关系的（   ）和（   ）。
9. 辩证唯物主义认为，人的一切认识都是来自于（   ），并在（   ）中不断发展。
10. 人的（   ）决定了人只有在推动社会进步的过程中，才能实现自我的发展。
11. 大学时期是（   ）、（   ）、（   ）形成的关键时期。
12. （   ）是社会历史的主体，是社会物质财富和精神财富的创造者，是社会变革的决定力量。
13. 人生的意义，需要从（   ）的角度进行审视和评价。

14. （　　）和（　　）是人生历程中两种不同的境遇。

15. 当代大学生担当新时代赋予的历史责任，应当与（　　）同向、与（　　）同行、与（　　）同在，在服务人民、奉献社会的实践中创造有意义的人生。

16. 在当今中国，最重要的社会实践，就是全面建成（　　　　）、加快推进社会主义（　　　　）、实现中华民族（　　　　）的实践。

三、单项选择题

1. 人的本质属性是（　　）。
   A. 自然属性　　　B. 社会属性　　　C. 精神属性　　　D. 地缘属性

2. 人们通过生活实践形成的对人生问题的一种稳定的心理倾向和精神状态指的是（　　）。
   A. 人生目的　　　B. 人生态度　　　C. 人生价值　　　D. 人生感悟

3. 人们对生活在其中的世界以及人与世界的关系的总体看法和根本观点，称之为（　　）。
   A. 人生观　　　B. 价值观　　　C. 道德观　　　D. 世界观

4. 人们关于人生目的、人生态度、人生价值等问题的总观点和总看法，称之为（　　）。
   A. 世界观　　　B. 人生观　　　C. 法律观　　　D. 道德观

5. 下面关于人生观的叙述，不正确的是（　　）。
   A. 人生观决定着人生道路的方向
   B. 人生观决定着人们行为选择的价值取向
   C. 有什么样的人生观就会有什么样的人生
   D. 有什么样的人生观就会有什么样的世界观

6. 人生态度说明的是（　　）。
   A. 人应当如何活着　　　B. 人为什么活着
   C. 人生道路问题　　　D. 什么样的人生才有意义

7. 人生价值说明的是（　　）。
   A. 人为什么活着　　　B. 人应当怎样对待生活
   C. 什么样的人生才有意义　　　D. 人生道路问题

8. 个体的人生活动对社会、他人所具有的价值，是指（　　）。
   A. 人生目的　　　B. 人生态度　　　C. 社会价值　　　D. 自我价值

9. 人生价值实现的必由之路是（　　）。
   A. 社会实践　　　B. 主观想象　　　C. 意识活动　　　D. 思维论证

10. 下面关于得失观的叙述，不正确的是（　　）。
    A. 不要满足于一时的得　　　B. 不要惧怕一时的失
    C. 要重视个人利益的得失　　　D. 不要太重视一时一事的得失

四、多项选择题

1. 习近平同青年大学生座谈时强调："掌握了这把总钥匙，再来看看社会万象、人生历程，一切是非、正误、主次，一切真假、善恶、美丑，自然就洞若观火、清澈明了，自然就能做出正确判断、做出正确选择。"其中的"总钥匙"指的是（   ）。

   A. 正确的世界观   B. 正确的人生观   C. 正确的价值观   D. 正确的安全观

2. 关于人生目的在人生实践中的作用的阐述，正确的是（   ）。

   A. 人生目的决定人生道路   B. 人生目的决定人生态度

   C. 人生目的决定人生祸福   D. 人生目的决定人生价值选择

3. 下面关于人生观的阐述，正确的是（   ）。

   A. 人生观的核心是人生目的

   B. 人生观包括人生目的、人生态度和人生价值

   C. 人生观决定世界观

   D. 人生观从属于世界观

4. 下列说法正确的是（   ）。

   A. 个人与社会是对立统一的关系

   B. 社会需要是个人需要的集中体现

   C. 个人利益与社会利益在根本上是一致的

   D. 个人利益与社会利益是根本对立的

5. 积极进取的人生态度的具体要求是（   ）。

   A. 人生须认真   B. 人生当务实   C. 人生应乐观   D. 人生要进取

6. 人生的自我价值和社会价值关系是（   ）。

   A. 二者共同构成人生价值的矛盾统一体

   B. 人生价值就是单一自我价值的实现

   C. 人生的自我价值是实现人生社会价值的前提

   D. 人生的社会价值是实现人生自我价值的保障

7. 比较客观、公正、准确地评价人生价值大小的方法是（   ）。

   A. 坚持能力有大小与贡献须尽力相统一

   B. 坚持物质贡献与精神贡献相统一

   C. 坚持完善自身与贡献社会相统一

   D. 坚持动机与效果相统一

8. 关于幸福观的叙述，正确的是（   ）。

   A. 幸福都是奋斗出来的

   B. 幸福总是相对的，不是尽善尽美的，不同的人有不同的幸福标准

   C. 实现幸福离不开一定的物质条件

   D. 在追求幸福的过程中，我们可以把自己的幸福建立在损害他人利益的基础上

9. 毛泽东在《七律·长征》一诗中的"红军不怕远征难，万水千山只等闲"，"更喜岷山千里雪，三军过后尽开颜"的豪迈诗句，阐明的深刻道理是（   ）。

A. 苦与乐既对立又统一
B. 苦与乐在一定条件下可以相互转化
C. 真正的快乐只能由奋斗的艰苦转化而来
D. 奋斗是艰辛的,艰难困苦、玉汝于成

10. 关于荣辱观的叙述,正确的是（　　）。
A. 荣辱观对个人的思想行为具有鲜明的动力、导向和调节作用
B. 大学生只有具备正确的荣辱观,才会在社会生活中明确应当坚持和提倡什么
C. 大学生只有具备正确的荣辱观,才能为自身判断行为得失,做出道德选择
D. 大学生只有具备正确的荣辱观,才能为自身确定价值取向,提供基本的价值准则

五、辨析题

1. 人生观的主要内容包括人生得失、人生态度和人生价值。
答：

2. 人生观决定世界观。
答：

3. 个人与社会是对立的关系。
答：

4. 人生价值的最基本内容是人生的自我价值。
答：

5. 幸福都是奋斗出来的,奋斗本身就是一种幸福。
答：

六、简答题

1. 人生目的对于人生发展有什么样的重要作用？
答：

2. 为什么要树立正确的人生观？
答：

3. 如何对人生价值进行评价？
答：

4. 人生价值实现的条件是什么？
答：

5. 当代大学生应如何成就出彩人生？
答：

七、论述题

什么是人生价值？谈谈怎样才能创造有价值的人生？
答：

八、案例分析

案例分析 1

吴仁宝为民谋利一面旗

把事业写在华西村的土地上

"没有老书记，就没有今天的华西村。"华西村民如是说。

"没有华西村，也没有今天的吴仁宝。"吴仁宝自己则如是说。

江苏省江阴市华士镇华西村，被誉为"天下第一村"的"明星村庄"。华西村原党支部书记吴仁宝，无数次被聚焦的"明星村官"。——1961年建村至今，吴仁宝与华西村共同走过。从20世纪70年代建设农业样板村、80年代实现农村工业化、90年代实现农村城市化，直到21世纪拥有八个上市公司、进入资本经营新阶段，华西村在自己的土地上、也在共和国的农村史上写下了一个又一个传奇。

只是一个村庄，只是一个农民，党的最基层的干部，何以长盛不衰、始终保持蓬勃活力？带着这样的疑问，记者来到华西村，走近吴仁宝，探询华西村和吴仁宝几十年"红旗不倒"、始终引领农村发展新潮流的奥秘。

把"富"字写出广度来

"华西村真富。"这大概是每个初进华西村的人发出的第一声感慨。

"富"，这个字简单又不简单。说它简单，是因为单从字面上看，"一房一口还有田"，这大概是千百年来中国人对富字的最原始的理解。说它不简单，是因为华西村突破了农耕社会对"富"字的理解，赋予了它远为广泛的含义：富口袋，富脑袋，个人富，集体富，全国富，怎样实现富，怎样持续富……吴仁宝和华西人，愣是把"富"字写出了花样来。

华西村曾经很穷。"高的像斗笠帽，低的像浴锅塘。半月不雨苗枯黄，一场大雨白茫茫。"这是1961年刚刚组建的华西村的真实写照。村民朱善达至今仍记得当年吴仁宝"三顾茅庐"都请不来一个木匠的辛酸往事："第一次去，他外出挣钱去了；第二次去，他让老婆挡驾；第三次去，他干脆说：若要我为集体出力，除非集体收入超过我单干。""穷够了！穷透了！"33岁的吴仁宝由此开始了对华西村前途的思考，制定了《华西大队学大寨十五年发展远景规划图》，率领华西人走上了奋斗之路。"大发展，小困难；小发展，大困难；不发展，最困难。"这番吴仁宝常说的话，实在是切肤之痛后的肺腑之言。

苦干8年改造土地、兴修水利，提前实现15年规划；从小磨坊、小五金厂起家，实现工业化……40多年过去，华西村换了人间。如今，户户住别墅，家家有轿车，"华西""仁宝"成了名牌产品，2004年，全村销售收入260亿元，2005年，全村销售收入突破300亿元。——华西村人富起来了。

但吴仁宝的理想显然不止如此。在华西村的中心广场上，一抬头就能看见硕大的标语牌："个人富了不算富，集体富了才算富；一村富了不算富，全国富了才算富。"这正是吴仁宝对"富"字的理解。于是，"大华西"的设想出炉了：从2001年6月至今，华西村先后将周边16个村纳入"大华西"的范畴，共同发展致富。如今在大华西，青年人得到就业，老年人按月领保养金，尝到了"基本生活包，老残有依靠，就业促勤劳，小康步步高"的甜头。

不仅如此。华西村人奔赴塞上荒漠，投入300多万资金建立了宁夏"华西村"，帮助西海固地区一万多农民走出荒山；华西村人奔赴白山黑水，在黑龙江建立了"肇东华西村"，把一个人均年收入不足千元的逃荒村建成了人均收入超过3500元的新村。"村帮村，户帮户，最终实现全国富。"这是吴仁宝的理想。

老百姓富了。可是，吴仁宝却还是那么"穷"。对于财富，他有自己的看法："家有黄金数吨，一天也只能吃三顿；豪华别墅独占鳌头，一人也只占一个床位。"这句话也被写在村口的大牌子上，令每一个走进华西村的人深思。老百姓都搬进了村里分配的别墅，他还和老伴住在20世纪70年代的旧房里，木地板朽烂成洞，连电话都还是古老的转盘式。老百姓都有几十万、上百万的资产了，可吴仁宝先后把近5000万元的奖金留给了集体。村里家家分了轿车，可吴仁宝老伴还是蹬上三轮车去卖自己纺的线。老百姓的餐桌上鸡鸭鱼肉、琳琅满目，可两个素菜、一碗面条仍是吴仁宝每天的菜谱。"有难官先当，有福民先享。我不搬家，比讲一百句话，开一百个会还有意义。"吴仁宝说得很实在。

把"幸福"写出深度来

富裕是人民幸福的前提。可是,富裕不等于幸福。吴仁宝,这位农民思想家深知这一点:"啥叫社会主义?人民幸福就是社会主义。""人民幸福怎么理解?有三句话:生活富裕、精神愉快、身体健康。"

华西人的幸福写在脸上。走在华西村,鸟语花香,别墅泳池,高档轿车,万米长廊,无不显示着新农村的风貌;更让人温暖的,是这里人与人的和谐。在华西村,许多人家的门是敞开的,路人可以看到客厅的布置和主人的身影。"在华西村居然没有看见养狗的!我到过很多富裕的农村,但很多人家都养了狼狗看家护院,让人望而生畏。"一位游客表达了自己的惊讶。

华西人的幸福写在舞台上。去过华西村的人都被邀请看一场演出:《华西人》《要看稀奇到华西》,由吴仁宝亲自编写的《十富赞歌》《十穷诫词》《华西村村歌》……华西人在舞台上演绎了自己的精神。

华西人的幸福还写在心里。一进华西村,就能看见树立在村口的巨幅"华西规划图":从1992年华西村航拍图、大华西现状图到大华西远景规划图,华西村的过去与未来一目了然。华西人都有一种主人翁的荣誉感,张口"我们华西村"、闭口"我们老书记"。"我的很多朋友都不理解,说你们那么有钱,还使劲工作为啥呀?我说,我知道我们厂里、村里的目标是什么,就是觉得工作起来带劲。有次大年初一放假,我还是忍不住跑到厂里去看看。不过,和我们老书记每天工作十几个小时比,我们还是不如他。"在华西汽修厂上班的小伙子杨铜安说。

这种情绪也强烈地感染了外人。杨永平是随着"大华西"的建设成为华西村民的。他以前游手好闲,没少打架惹事,但并到华西村没多久,他坐不住了:周围的人都各有事干、各有目标,他感到了一种压力。杨永平后来"浪子回头",成了村里旅行社的副总经理。黑龙江华西村的群众有"猫冬"的习惯,可现在,打工的、装修的、搞运输的,冬天也忙得不亦乐乎。

"这里真的好像有什么魔力。"从外地来华西发展、现任江阴信协贸易有限公司常务副总经理的钱建华说,"其实,要说赚钱,在这里和我原来差不多,但我就是喜欢这里的氛围。"大概也正是因为这个原因,华西村人才济济:单是村里的领导班子,就有大学生、有研究生,还有留学生。

资料来源:光明日报 2006-01-13/第3版

思考题

1. 吴仁宝坚持的是一种什么样的富裕观、幸福观、人生观?

答:

2. 结合本案例,谈大学生应当树立什么样的人生观?

答:

案例分析2

"他像一座灯塔,照亮很多人的前路"
——追忆"时代楷模"钟扬

他曾经辞去副厅级职务,立志重建复旦大学生态学科;他曾走遍青藏高原,为国家和上海的种子库收集了上千种植物的四千万颗种子;他曾经驻扎西藏十余年,帮助西藏大学昔日一片空白的植物学专业创造出无数个"第一"……他是复旦大学党委委员、研究生院院长、著名植物学家钟扬教授。

2017年9月25日,他在鄂尔多斯出差途中遭遇车祸,突然离世。3月29日,中宣部授予钟扬"时代楷模"称号的发布活动在中央广播电视总台播出。离世半年之后,那些昔日熟悉并敬佩钟扬的人,再一次追忆起与他有关的往事。

一个停不下来的人

从事植物学、生物信息学科学研究和教学工作30多年,钟扬在生物信息学、进化生物学等生命科学前沿领域都取得了较长期的积累和独创性成果。"他是一个全方位的人,这次被追授为'时代楷模',可以说是实至名归。"西藏大学教师拉琼是钟扬援藏期间的同事,也是他的众多学生之一。他告诉澎湃新闻,在西藏的15年,钟扬教授为西藏大学争取到了第一个国家自然科学基金项目,培育出了第一位植物学博士,带出了西藏自治区第一个生物学教育部创新团队。

斐然成绩的背后,是多年持之以恒的勤奋。复旦大学生命科学学院教师赵佳媛从2003年就加入了钟扬的课题组,参与科普工作,"钟老师是一个停不下来的人,什么事都亲力亲为。"

赵佳媛回忆,有一次,她和团队正就一个科普项目在一间小会议室开会,钟扬正在对面的大会议室开研究生培养计划的会议,他就趁着大会的空隙,"见缝插针"地过来小会议室和大家讨论科普项目。"钟老师就是这样把自己所有的零散时间都利用起来,统统投入工作中去。"回忆起与恩师在一起的往事,赵佳媛无比感慨,"我们都觉得,他有用不完的精力,而且非常能感染身边的人。"

一座灯塔

作为导师,钟扬不光指导学生的科研进度,对学生的生活也十分关心,在很多小事上,也能表现出令人赞叹的细致和周到。赵佳媛向澎湃新闻回忆,有一年她要出国交流,走之前她去见了钟老师,令人意外的是,他并没有问其他的事情,而是告诉她,美国有很多地方不能刷卡,要用现金,问她有没有换好美金。"签证下来得匆忙,我又是第一次出国,从没想过这些事情,见我犯了难,他就把自己手里的一点美金交给了我,让我先用。"

钟扬的许多同事都曾是他的学生,复旦大学生命科学学院副教授南蓬就是其中一位。相识三十多年,对于南蓬而言,钟扬一直是亦师亦友的存在。来到复旦之前,钟扬曾在中科院武汉植物所担任副所长,当时南蓬在科研处,她回忆:"有一天我跟他说,我想继续深造,其实当时只是想考个研究生就够了,但他却劝我,要继续去读博士。于是我就去读了博士,之后又去复旦做了他的博士后,再之后又到复旦任职,这一步一步,都是钟老师鼓励我的。在我迷茫不知方向的时候,钟老师总能给我很好的建议和帮助。当我觉得特别无助时,他总能给我提供力量。"南蓬说，这不只是于她而言，从某种意义上讲，钟扬像一座灯塔，照亮了很多人的前路。

时代楷模

钟扬罹难之后，复旦大学新闻网发布了悼文，细数了他在53岁的人生中所获得的荣誉：国家杰出青年基金、全国对口支援西藏先进个人、国家发明二等奖、全国先进工作者……如今，他被追授为"时代楷模"，然而，熟悉他的人却知道，他原本从来没想过要成为英雄，一心只想在科研和教学领域贡献自己的力量。

赵佳媛回忆，钟扬刚刚被评上全国劳模的那一年，作为他带的最久的学生，学院领导问赵佳媛愿不愿意和钟老师一起参加一个全国劳模事迹的宣讲会，因为一些个人原因，她未能成行。在她心目中，成为全国劳模是一件非常大的事，就打电话给钟扬解释自己未能参加宣讲的原因，并表示歉意，没想到钟扬只是轻描淡写，让她不用太在意这种事。"对于种种荣誉，他并不在意，相比于给他这些荣誉，或许他更希望多做一些科研项目，多收一些想来学习的学生。"

在西藏大学原副校长、与钟扬教授同为中组部第七批援藏干部的谭欣心中，钟扬教授是一位在青藏高原留下了足迹的科学家、一位永远印刻在西藏大学学生心中的好老师。（澎湃新闻记者　赵实　实习生　张紫微）

资料来源：https://www.thepaper.cn/newsDetail_forward_2047483 澎湃新闻

思考题

1. 怎样评价钟扬教授的人生价值？
答：

2. 结合本案例，谈谈如何实现自己的人生价值？
答：

案例分析3

张海迪：人生的真正意义在于贡献，而不是索取

人物简介

张海迪，生于济南，中国著名残疾人作家，哲学硕士。现任全国政协常委，中国残疾人联合会主席，中国作家协会委员，山东省作家协会副主席。1960年张海迪五岁时因患脊髓血管瘤导致高位截瘫，1970年又随父母下放至山东聊城莘县，自学完成了小学、中学和大学的学习，并学习针灸，在当地行医。1982年7月23日同王佐良结婚。1983年中国共产党决定将张海迪树立为宣传偶像。张海迪得到了两个赞誉：一个是"八十年代新雷锋"，一个是"当代保尔"。张海迪历任第九、第十届全国政协委员。2008年11月当选中国残联第五

届主席团主席。

活着就要做个对社会有益的人

张海迪说:"我像颗流星,要把光留给人间。"她怀着这样的理想,以非凡的毅力学习和工作,唱出了一首生命的赞歌。

"活着,就要为人民做事。"张海迪是这样说的,也是这样做的。1970年,她15岁的时候,跟着父母到农村生活。在农村,她处处为别人着想,为人民做事。她发现小学校没有音乐教师,就主动到学校教唱歌。课余还帮助学生组织自学小组,给学生理发、钉扣子、补衣服。她发现村里缺医少药,就决心学习医疗常识和技术,用零花钱买医学书、体温表、听诊器和常用药物。她先后读完了《针灸学》《人体解剖学》《内科学》《实用儿科学》等医学书籍。学针灸时,为了体验针感,她在自己身上反复练习扎针。短短的几年,她居然成了当地的一个年轻的"名医"。只要有人求医,她就热情接待。重病号不能行动,她就坐着轮椅,登门给病人扎针、送药。有一位姓耿的老大爷,因患脑血栓后遗症,6年不能说话,并瘫痪了3年,一直没治好。张海迪一面在精神上鼓励耿大爷增强战胜疾病的信心,一面翻阅大量书籍,精心为耿大爷治疗。后来,耿大爷终于能说话了,也能走路了。这时张海迪深深体会到为人民服务的幸福。

即使翅膀断了心也要飞翔

我是一个有理想的人,不愿意一生无所作为,做一个无聊的人。不多学些东西,我就不舒服。我愿把我的一生献给我喜爱的事业。我的腿虽然不好,可是多年我一直是那样的乐观,对美好的生活充满激情。

快乐是很难的,我们常常为了短暂的快乐,愁苦经年,张海迪更难。张海迪看上去很快乐,哪怕是在最痛的时候,她也能做出一副灿烂的笑脸。但张海迪说,她从来没有一件让她真正快乐的事。

张海迪现在的身份是作家,但写作是痛苦的,她得了大面积的褥疮,骨头都露出来了,但她还在写。她又做过几次手术,手术是痛苦的,她的鼻癌是在没有麻醉的情况下实施手术的,她清晰地感觉到刀把自己的鼻腔打开,针从自己皮肤穿过。第一次听说自己得了癌症,她甚至感到欣喜——终于可以解脱了。张海迪说:我最大的快乐是死亡。但是,她却活了下来。

她写小说,画油画,跳芭蕾,拍电视,唱歌,读硕士……甚至,她很喜欢香水,她活得有滋有味。有人问她,你这样坐着是不是很难受,她说,是的,非常难受,可我已经这样坐了40年了。作为政协委员,她的提案是在高校推行无障碍设施。"我很痛苦,但我一样可以让别人快乐",张海迪说这话的时候,诗意从她身边弥漫开来。

"还有一个脆弱的海迪。像我这样一个残疾女性,身上被弄脏后又无能为力的那种懊恼是你们根本无法想象的。有时我甚至想,没有我多好。有时出差住在高楼,我就去那里往下看一看,我常想,假如我真的这么掉下去了,就什么都结束了,再也不用承受什么痛苦了,我甚至盼望可以安乐死。"

"回过头来想,我的确是个非常顽强的海迪,残疾对于人类来说是个大痛苦,但总是需要有人来咀嚼,我感谢生活给了我一支能说话的笔,它让我去倾诉,去抗争,我不仅活着,而且在写作中放飞了心灵。"

人生的真正意义在于贡献,而不是索取

张海迪同志把为社会、为人民做事,当成最大的幸福。她的崇高精神,闪烁着共产主义的光芒。

有人说,人生在世,吃好、穿好、玩好是最幸福的。我觉得人生在世,只有勤劳,发愤图强,用自己的双手创造财富,为人类的解放事业——共产主义贡献自己的一切,这才是最幸福。

她无法上学,便在家自学完中学课程。15岁时,海迪跟随父母,下放山东聊城农村,给孩子当起教书先生。她还自学针灸医术,为乡亲们无偿治疗。后来,张海迪自学多门外语,还当过无线电修理工。

在残酷的命运挑战面前,张海迪没有沮丧和沉沦,她以顽强的毅力和恒心与疾病做斗争,经受了严峻的考验,对人生充满了信心。她虽然没有机会走进校门,却发愤学习,学完了小学、中学全部课程,自学了大学英语、日语、德语和世界语,并攻读了大学和硕士研究生的课程。1983年张海迪开始从事文学创作,先后翻译了《海边诊所》等数十万字的英语小说,编著了《向天空敞开的窗口》《生命的追问》《轮椅上的梦》等书籍。其中《轮椅上的梦》在日本和韩国出版,而《生命的追问》出版不到半年,已重印3次,获得了全国"五个一工程"图书奖。在《生命的追问》之前,这个奖项还从没颁发给散文作品。最近,一部长达30万字的长篇小说《绝顶》,即将问世。从1983年开始,张海迪创作和翻译的作品超过100万字。

为了对社会做出更大的贡献,她先后自学了十几种医学专著,同时向有经验的医生请教,学会了针灸等医术,为群众无偿治疗达1万多人次。

1983年,《中国青年报》发表《是颗流星,就要把光留给人间》,张海迪名噪中华,获得两个美誉:一个是"八十年代新雷锋",一个是"当代保尔"。

张海迪怀着"活着就要做个对社会有益的人"的信念,以保尔为榜样,勇于把自己的光和热献给人民。她以自己的言行,回答了亿万青年非常关心的人生观、价值观问题。邓小平亲笔题词:"学习张海迪,做有理想、有道德、有文化、守纪律的共产主义新人!"

1991年张海迪在做过癌症手术后,继续以不屈的精神与命运抗争,她开始学习哲学专业研究生课程。经过不懈的努力她写出了论文《文化哲学视野里的残疾人问题》。1993年,她在吉林大学哲学系通过了研究生课程考试,并通过了论文答辩,被授予硕士学位。张海迪以自身的勇气证实着生命的力量,正像她所说的"像所有矢志不渝的人一样,我把艰苦的探询本身当作真正的幸福。"她以克服自身障碍的精神为残疾人进入知识的海洋开拓了一条道路。

张海迪多年来还做了大量的社会工作,她以自己的演讲和歌声鼓舞着无数青少年奋发向上。她也经常去福利院,特教学校,残疾人家庭,看望孤寡老人和残疾儿童,给他们送去礼物和温暖。近年来,她为下乡的村里建了一所小学,帮助贫困和残疾儿童治病读书,还为灾区和孩子们捐款,捐献自己的稿酬六万余元。她还积极参加残疾人事业的各项工作和活动,呼吁全社会都来支持残疾人事业,关心帮助残疾人,激励他们自强自立,为残疾人事业的各项工作和活动,为残疾人事业的发展做出了突出的贡献。

张海迪曾三次应邀出访过日本、韩国,举办演讲音乐会,她的自强不息的奋斗历程也鼓舞着不同民族的人民。1995年，她曾作为中国政府代表团成员参加了第四次世界妇女大会。1997年被日本NHK电视台评为世界五大杰出残疾人。

1983年5月，中共中央发出《向张海迪同志学习的决定》，党和国家领导人邓小平、叶剑英、李先念等八位老一辈无产阶级革命家先后为张海迪题词，表彰她积极进取，无私奉献的精神。

海迪在本职岗位和社会工作中自强不息，以满腔的热忱和高尚的品格服务社会，奉献人民，在广大人民群众中有很高的声誉和威望，是一个经得起时间考验的好典型。她是中国一代青年的骄傲，也是中国残疾人的杰出代表。

张海迪身患高位截瘫，而她在病床上，用镜子反射来看书，最后张海迪以惊人的毅力学会了4国语言，并成功地翻译了16本海外著作。她具有一种积极乐观的人生态度，我们要学习她的顽强的精神！

资料来源： 人民网http：//www.people.com.cn/2010-03-11

思考题

1. 怎样评价张海迪的人生目的和人生态度？
答：

2. 结合本案例，谈谈大学生应当确立什么样的人生目的和人生态度？
答：

实践活动项目

实践项目一

人生应进取，成功属于你
——与名人"面对面"

【目的要求】

为进一步加强学风建设，更好地提高学生的思想道德修养和创新能力，促进大学生的全面发展，通过了解当代各行各业成功人士、知名学者的成功经历和研究成果，以此来完善学生的知识结构，激励学生树立远大理想，奋发图强，让学生在潜移默化中学会做人、学会做事、学会学习、学会与人共处，在实践中创造有价值的人生。

【实践方案】

1. 充分利用网络资源，开设与名人"面对面"——视频大讲堂活动，精选出国内外各行各业的成功人士若干人，每周推出一位名人的精彩视频讲座，要求全体同学参加观看。

2. 视频讲座内容涉及学习、人际交往、励志、管理、沟通、心理健康、做人处事、礼仪、文化修养等。

3. 每次视频讲座都要在学校宣传栏海报或网站上公告。观看名人视频讲座后要写一篇心得体会。

4. 把每班同学分成若干小组，每组6~8人，进行讨论、发言，互相交流。

5. 每组选出1~2名代表在全班发言。

【考核评价】

1. 评价方式：任课教师根据学生观看视频讲座和学生的课堂讨论交流情况以及上交的观后体会的质量等方面，综合评定学生实践教学环节成绩。成绩分为四个等级：优秀、良好、及格和不及格。

2. 教师评语：_____

记一记

名人视频大讲堂

序号	主讲人	主讲内容

实践项目二

保护环境，从我做起
——环保卫士在行动

【目的要求】

通过环保活动，帮助学生树立和巩固绿色环保意识。优化、美化校园环境，为生态文明建设做出自己的努力；并大力倡导低碳生活，明确环保不仅是一种社会责任，更应该成为当代人的科学生活方式。

【实践方案】

1. 明确本次实践活动的重要性，要求每一个参与实践活动的同学，要做到保护环境，过低碳生活，从我做起。

2. 教师在班级内部划分若干小组，每一小组推选出一名负责人，负责协调本小组内部人员的分工情况。

3. 每一个小组都需要设计一条环保宣传标语。标语字数以10~12个字为宜，言简意赅、醒目且使人印象深刻。将标语制成条幅，并进行环保倡议的签名活动。还需准备大垃圾袋及纸箱等。

4. 在活动开始时，需要小组负责人明确小组成员分工。有负责播放环保标语、音乐的；

有负责组织签名的;有负责回收废旧电池;有负责整理同学捐出的饮料瓶;有负责统计卖废旧物品收入的。

5. 活动结束后,为废旧物品回收所得的收入建立"绿色存折",用于日后的帮扶贫困、班级活动的支出等。

6. 学生参与活动后,以小组为单位提交活动总结,字数1500字左右。

7. 教师对此次活动进行评选。根据每小组的倡议活动的组织情况、废旧物品回收情况、提交活动总结的情况,评选出"优秀环保小分队";对于表现突出的同学,授予"环保之星"或"优秀环保卫士"称号。

【考核评价】

1. 评价方式:任课教师根据此次倡议活动中学生在各个环节的表现情况以及最后提交的活动总结,综合评定学生实践教学环节成绩。成绩分为四个等级:优秀、良好、及格和不及格。

2. 教师评语:_____

写一写

环保宣传标语:_____

环保倡议书:_____

我的环保计划书:_____

实践项目三

课堂辩论
——物质条件是人生追求的第一目标

【目的要求】

解决人生目的的问题。人生目的是人在实践中关于自身行为的根本指向和人生追求。人生目的在人的整个生命中具有重要的作用。让学生了解人生中的物质需求和精神需求的辩证关系，避免学生因对物质条件的过度追求而形成拜金主义、享乐主义、极端个人主义等错误的人生观。同时帮助学生选择和追求高尚的人生目的，在服务人民、奉献社会的人生实践中完善自我、创造人生的美好价值。

【实践方案】

1. 将学生分成两组，正方观点为"物质条件是人生追求的第一目标"，反方观点为"物质条件不是人生追求的第一目标"。
2. 请同学们针对辩题做充分的准备工作。
3. 确定双方辩手。
4. 任课教师组织辩论。
5. 请同学们针对双方辩手的辩论发表自己的看法。
6. 任课教师做最后总结，并对学生进行正确积极的引导。

【考核评价】

1. 评价方式：任课教师根据辩论中学生在各个环节的表现情况以及最后辩论结果，综合评定学生实践教学环节成绩。成绩分为四个等级：优秀、良好、及格和不及格。
2. 教师评语：_____

写一写

正方	辩手	阐释内容
	一辩	
	二辩	
	三辩	
	四辩	
反方	辩手	阐释内容
	一辩	
	二辩	
	三辩	
	四辩	

实践项目四

班荣我荣，班衰我耻
——创建"和谐班集体"

【目的要求】

和谐班集体是大学生成长成才不可缺少的重要人生环境，和谐班集体创建是和谐校园建设的基础,广大同学是和谐班集体创建的参与者与创建者。通过和谐班集体创建活动,引导学生明确和谐班集体创建的目的意义、内容和途径,正确把握个人与他人、个人与集体的关系,增强集体主义荣誉感,积极营造有利于大学生成长成才的优良环境。

【实践方案】

1. 创建和谐班集体活动以征集创建和谐班集体方案设计和主题词为主要形式,任课教师向学生讲清创建和谐班集体的目的意义,提出创建活动的具体要求,即主题鲜明突出,具有本班特色,具有可操作性。

2. 将学生分成若干个小组,每小组4~6人,每组指定一名负责人。利用业余时间,围绕和谐班集体创建主题,走访本院系的有关老师和高年级的学生干部。

3. 根据访谈取得的成果,结合本班实际明确创建和谐班集体的要求,提出创建方案和主题词。

4. 每个小组由一名学生用多媒体演示和谐班集体创建方案和主题词,并简要说明。

5. 由全班同学评选和谐班集体最佳创建方案和最佳主题词,并根据此方案和主题词开展创建活动。

6. 每名学生以"我与和谐班集体"为题写出心得体会。

【考核评价】

1. 评价方式:任课教师根据各小组参与征集活动的表现及每名学生以"我与和谐班集体"为题的心得体会,综合评定学生实践教学环节成绩。成绩为四个等级:优秀、良好、及格和不及格。

2. 教师评语:_____

议一议

创建和谐班集体方案和主题词征集登记表

组长姓名		成员姓名	
创建主题词			
创建方案	目标内容		
	实施步骤		
	考核办法		
备注			

名言解读背诵

1. 人生的价值，应当看他贡献什么，而不应当看他取得什么。——爱因斯坦
2. 生命的长短以时间来计算，生命的价值以贡献来计算。——裴多菲
3. 我们的人生随我们花费多少努力而具有多少价值。——莫利亚克
4. 人生只有在斗争中才有价值。——赫尔岑
5. 人生应该如蜡烛一样，从顶燃到底，一直都是光明的。——萧楚女
6. 人是寻求意义的动物。——柏拉图
7. 一个人对社会的价值首先取决于他的感情、思想和行动，对增进人类利益起多大作用。——爱因斯坦
8. 衡量人生的标准是看其是否有意义，而不是看其有多长。——普鲁塔克
9. 每个人的一生都应该给后代留下一些高尚有益的东西。——徐悲鸿
10. 对于我来说，生命的意义在于设身处地替别人着想，忧他人之忧，乐他人之乐。——爱因斯坦
11. 人固有一死，或重于泰山，或轻于鸿毛。——司马迁
12. 人生最美好的，就是在你停止生存时，也还能以你所创造的一切为人民服务。——奥斯特洛夫斯基
13. 人生只有一生一死，要生得有意义，死得有价值。——邓中夏
14. 人的生命是有限的，可是，为人民服务是无限的，我要把有限的生命，投入到无限的为人民服务之中去。——雷锋
15. 经验证明能使大多数人得到幸福的人，他本身也是最幸福的。——马克思
16. 生活的价值在于创造。——高尔基
17. 白活等于早死。——歌德
18. 一个人的价值，全决定于他自己。——高尔基
19. 天生我材必有用。——李白
20. 谁为时代的伟大目标服务，并把自己的一生献给了人类兄弟而进行的斗争，谁才是不朽的。——涅克拉索夫
21. 如果我们选择了最能为人类福利而劳动的职业，那么，重担就不能把我们压倒，因为这是为大家而献身；那时我们所感到的就不是可怜的、有限的、自私的乐趣，我们的幸福将属于千百万人，我们的事业将默默地，但是永恒发挥作用地存在下去，而面对我们的骨灰，高尚的人们将洒下热泪。——马克思
22. 自己活着，就是为了使别人过得更美好。——雷锋
23. 世界如一面镜子：皱眉视之，它也皱眉看你；笑着对它，它也笑着看你。——塞缪尔
24. 差不多任何一种处境（无论是好是坏）都受到我们对待处境的态度的影响。——西尼加
25. 没有播种，何来收获；没有辛劳，何来成功；没有磨难，何来荣耀；没有挫折，何

来辉煌。——佩恩

26. 路是脚踏出来的,历史是人写出来的,人的每一步行动都在书写自己的历史。——吉鸿昌

27. 自信人生二百年,会当击水三千里。——毛泽东

28. 态度决定成败,无论情况好坏,都要抱着积极的态度,莫让沮丧取代热心。生命可以价值极高,也可以一无是处,随你怎么去选择。——吉格斯

29. 成功是一种态度!——皮尔

30. 心态若改变,态度跟着改变;态度改变,习惯跟着改变;习惯改变,性格跟着改变;性格改变,人生就跟着改变。——马斯洛

31. 生活不是苦难,也不是享乐,而是我们应当为之奋斗并坚持到底的事业。——托克维尔

32. 人活着要有生活的目标:一辈子的目标,一段时间的目标,一个阶段的目标,一年的目标,一个月的目标,一个星期的目标,一天、一小时、一分钟的目标。——列夫·托尔斯泰

33. 一个没有理想与目标的人,在思想上往往偏于保守;在行动上,常常想维持现状。——土光敏夫

34. 人生至关重要的事是有远大的目标和达到这个目标的雄心壮志。——歌德

35. 在人生的道路上,谁都会遇到困难和挫折,就看你能不能战胜它。战胜了,你就是英雄,就是生活的强者。——张海迪

36. 即使跌倒一百次,也要一百次地站起来。——张海迪

37. 我不能碌碌无为地活着,活着就要学习,就要多为群众做些事情。既然是颗流星,就要把光留给人们,把一切奉献给人民。——张海迪

38. 活着就要做个对社会有益的人。——张海迪

39. 我是一个有理想的人,不愿意一生无所作为,做一个无聊的人。不多学些东西,我就不舒服。我愿把我的一生献给我喜爱的事业。我的腿虽然不好,可是多年我一直是那样的乐观,对美好的生活充满激情。——张海迪

40. 如果人只是为了自己而劳动,他也许能成为有名的学者、绝顶的聪明人、出色的诗人,但他绝不可能成为真正的完人和伟人。——马克思

41. 我们应该成为历史的开创者,只有这样,才是真正有作为的人。——昂山

42. 生活赋予我们一种巨大的和无限高贵的礼品,这就是青春:充满着力量,充满着期待、志愿,充满着求知和斗争的志向,充满着希望、信心和青春。——奥斯特洛夫斯基

43. 一个人的真正伟大之处就在于他能够认识到自己的渺小。——保罗

44. 确定了人生目标的人,比那些彷徨失措的人,起步时便已领先几十步。有目标的生活,远比彷徨的生活幸福。没有人生目标的人,人生本身就是乏味无聊的。——卡耐基

45. 人生最宝贵的是生命,生命属于人只有一次。一个人的生命应当这样度过:当他回首往事的时候,不因虚度年华而悔恨,也不因碌碌无为而羞愧;这样在他临死的时候,他就能够说:"我的整个生命和全部精力,都已献给了世界上最壮丽的事业——为人类的解放而斗争。"——奥斯特洛夫斯基

46. 人人都管事,世上无难事。也许,以我个人的力量,难以从根本上改变那些贫困家庭的生活,但至少可以让他们感觉到有人在惦记着他们、感受到社会大家庭的温暖。——郭

明义

47. 对工作对社会有怎样的态度，就会有怎样的行动和付出。我始终觉得自己能回报的还是太少，必须尽心尽力、不留遗憾。——郭明义

48. 我选择为社会、为企业、为他人多做一些力所能及的事，从而使自己被党组织所信任、被群众所信赖、被社会所需要，每天生活在有理想、有信念、有追求，讲诚信、讲奉献、讲团队的氛围中，大家一起去做一些高尚的事，我感到很充实、很快乐、很幸福。——郭明义

49. 人只要有了积极正确的态度，有了高尚的精神追求，就一定会迸发出无穷力量，执着地朝着远大的目标走下去。——郭明义

50. 有怎样的人生追求，就会选择怎样的人生道路。成为一名党员是我毕生的光荣，我会一辈子按照党指引的道路走下去。——郭明义

比一比

看谁解读得好、解读得多，请把你解读好的名言写出来：_____

_____

_____

_____

看谁背诵得快、背诵得多，请把你知道的其他关于青春的名言写下来：_____

_____

_____

_____

学习实践收获

请从知识、能力、素质方面谈本章学习与实践的收获：_____

_____

_____

_____

_____

_____

_____

_____

_____

第二章　坚定理想信念

理论学习指导

一、学习目标要求

1. 掌握理想信念的内涵与特征，理解理想信念对大学生人生发展的重要作用。
2. 理解大学生为什么要信仰马克思主义，理解中国特色社会主义是我们的共同理想，树立科学高尚的理想信念，胸怀共产主义远大理想。
3. 了解大学生的历史使命，了解理想与现实的关系，认清实现理想的长期性、艰巨性和曲折性，理解个人理想与社会理想的统一性，在实现中国梦的实践中成就自己的青春梦想。
4. 能客观认识和评价自己，合理而科学地确定自己的人生理想，追求理想人格，抵制社会各种不良诱惑，努力追求共产主义远大理想。

二、理论要点展示

（一）理想信念的内涵及重要性

理想信念是人的精神世界的核心，是人精神上的"钙"。一个人精神上"缺钙"，就容易精神空虚甚至陷入精神荒漠，既不可能感受精神生活的丰满充实，更不可能承担时代所赋予的历史重任。追求远大理想、坚定崇高信念，是大学生健康成长、成就事业、开创未来的精神支柱和前进动力。

理想是人们在实践中形成的、有实现可能性的、对未来社会和自身发展目标的向往与追求，是人们的世界观、人生观和价值观在奋斗目标上的集中体现。它具有超越性、实践性和时代性。信念是人们在一定的认识基础上确立的对某种思想或事物坚信不疑并身体力行的精神状态。它具有执着性和多样性。

理想指引方向，信念决定成败。理想信念是人生发展的内在动力。在大学期间，大学生不仅要提高知识水平，增强实践才干，更要坚定崇高的理想信念。

理想信念昭示奋斗目标。人生是一个在实践中奋斗的过程。要使生命富有意义，就必须在科学的理想信念指引下，沿着正确的人生道路前进。只有树立起崇高的理想信念，才能够解答好人生的意义、奋斗的价值以及做什么样的人等重要的人生课题。

理想信念提供前进动力。大学时期确立的理想信念，对今后的人生之路将产生重大影响，甚至会影响终身。因此，大学生应当重视理想信念的选择和确立，努力树立科学崇高的理想信念，使人生道路越走越宽广，使宝贵的人生富有价值。

理想信念提高精神境界。追求理想和实现理想的过程就是人的精神世界从狭隘走向高远、从空虚走向充实、从犹疑走向执着的过程，也是一个人沿着自我成长和完善的阶梯不断攀登、逐步提升精神境界的过程。

大学生只有树立崇高的理想信念，才能激发起为民族复兴和人民幸福而发愤学习的强烈责任感与使命感，掌握建设祖国、服务人民的本领。要把个人的奋斗志向同国家和民族的前途命运紧紧联系在一起，把个人的学习进步同祖国的繁荣昌盛紧紧联系在一起，使理想信念之花结出丰硕的成长成才之果。

（二）崇高的理想信念

新时代大学生应当确立马克思主义的科学信仰，树立共产主义的远大理想和中国特色社会主义共同理想。

马克思主义体现了科学性和革命性的统一。马克思主义深刻揭示了自然界、人类社会、人类思维发展的普遍规律，为人类社会发展进步指明了方向；马克思主义坚持实现人民解放、维护人民利益的立场，以实现人的自由而全面的发展和全人类解放为己任，反映了人类对理想社会的美好憧憬；马克思主义揭示了事物的本质、内在联系及发展规律，是"伟大的认识工具"，是人们观察世界、分析问题的有力思想武器。时代在变化，社会在发展，但马克思主义基本原理依然是科学真理。

马克思主义具有鲜明的实践品格。马克思主义不仅致力于科学解释世界，而且致力于积极改变世界。特别是中国特色社会主义的成功实践，无可辩驳地证明马克思主义是认识世界和改造世界的强大思想武器，社会主义具有光明的未来。在人类思想史上，还没有一种理论像马克思主义那样对人类文明进步产生如此广泛而巨大的影响。

马克思主义具有持久生命力。马克思主义具有与时俱进的理论品格和持久生命力。实践证明，马克思主义只要与本国国情相结合、与时代发展同进步、与人民群众共命运，就能焕发出强大的生命力、创造力和感召力。

大学生坚定马克思主义信仰，最重要的是学习和掌握马克思主义的立场、观点、方法，确立正确的世界观和历史观，准确把握时代发展潮流，以科学的理想信念指引人生前进的道路和方向。

在中国共产党领导下，坚持和发展中国特色社会主义，实现中华民族伟大复兴，必须树立中国特色社会主义共同理想。历史和现实都告诉我们，只有社会主义才能救中国，只有中国特色社会主义才能发展中国。新时代坚持和发展中国特色社会主义，总任务是实现社会主义现代化和中华民族伟大复兴，在全面建成小康社会的基础上，分两步走在本世纪中叶建成富强、民主、文明、和谐、美丽的社会主义现代化强国。在当代中国，坚持中国特色社会主义，就是真正坚持科学社会主义。

改革开放以来我们取得一切成绩和进步的根本原因，归结起来就是：开辟了中国特色社会主义道路，形成了中国特色社会主义理论体系，确立了中国特色社会主义制度，发展了中国特色社会主义文化。中国特色社会主义，既是我们必须不断推进的伟大事业，又是我们开辟未来的根本保证。

中国共产党自诞生之日起，就把为中国人民谋幸福、为中华民族谋复兴作为自己的初心和使命，并团结带领全国各族人民不懈奋斗，战胜各种艰难险阻，不断取得革命、建设、改革的伟大胜利。党政军民学，东西南北中，党是领导一切的。当今中国，只有中国共产党，才能领导中国人民坚持和发展中国特色社会主义，才能担当起带领中国人民创造幸福生活、实现中华民族伟大复兴的历史使命。

中国共产党从成立之日起，就确立了共产主义的远大理想，始终团结带领中国人民朝着这个伟大理想前行。共产主义远大理想的最终实现是一个漫长、艰辛的历史过程，需要一代又一代人付出艰苦的努力。走好新时代的长征路，大学生要不断增强中国特色社会主义道路自信、理论自信、制度自信、文化自信，自觉做共产主义远大理想和中国特色社会主义共同理想的坚定信仰者、忠实实践者，为崇高理想信念而矢志奋斗。

（三）在实现中国梦的实践中放飞青春梦想

理想不等于现实，理想的实现往往要通过一条并不平坦的曲折之路，有赖于脚踏实地、持之以恒的奋斗。实践，只有实践，才是通往理想彼岸的桥梁。在追求理想的过程中人们常常会感受到理想与现实之间的矛盾。对于思想活跃的青年大学生来说，也容易对理想与现实的矛盾产生困惑，这就需要正确认识理想与现实的关系。

要辩证看待理想与现实的矛盾。理想与现实是对立统一的。既不能用理想来否定现实，也不能用现实来否定理想，现实中包含着理想，理想中也包含着现实，在一定的条件下，理想就可以转化为未来的现实。要认识实现理想的长期性、艰巨性和曲折性，懂得艰苦奋斗是实现理想的重要条件。

坚持个人奋斗目标与国家、民族的奋斗目标相统一，把个人理想融入社会理想之中，在为实现社会理想而奋斗的过程中实现个人理想，这是大学生成长成才的必由之路。

个人理想以社会理想为指引。个人理想只有同国家的前途、民族的命运相结合，个人的向往和追求只有同社会的需要和人民的利益相一致，才可能变为现实。社会理想是对个人理想的凝练和升华。当社会理想同个人理想有矛盾冲突的时候，有志气、有抱负的人可以做出最大的自我牺牲，使个人的理想服从于全社会的共同理想。坚持和发展中国特色社会主义，实现中华民族的伟大复兴，是当代中国最大的现实，也是全体中国人民共同的社会理想。

为实现中国梦注入青春能量。大学生肩负实现中华民族伟大复兴中国梦的历史重任，只有把实现理想的道路建立在脚踏实地的奋斗上，才能放飞青春梦想，实现人生理想。大学生立志当高远；立志做大事；立志须躬行。青春只有在为祖国和人民的真诚奉献中才能更加绚丽多彩，人生只有融入国家和民族的伟大事业才能闪闪发光。

三、重点难点剖析

（一）学习重点

1. 理想信念是精神之"钙"

理想指引方向，信念决定成败。没有理想信念的人生，就像失去了方向和动力的小船，在生活的波浪中随处漂泊，甚至会沉没于急流之中。理想信念是人生发展的内在动力。在大学期间，大学生不仅要提高知识水平，增强实践才干，更要坚定崇高的理想信念。主要从以下几方面掌握：

（1）理想信念昭示奋斗目标。人生是一个在实践中奋斗的过程。要使生命富有意义，就必须在科学的理想信念指引下，沿着正确的人生道路前进。只有树立起崇高的理想信念，才能够解答好人生的意义、奋斗的价值以及做什么样的人等重要的人生课题。

（2）理想信念提供前进动力。一个人有了崇高坚定的理想信念，才会以惊人的毅力和不懈的努力成就事业。与此相反，一个人如果没有崇高坚定的理想信念，就有可能浑浑噩噩、庸庸碌碌、虚度一生，甚至腐化堕落、走上邪路。大学生应当重视理想信念的选择和确立，努力树立科学崇高的理想信念，使人生道路越走越宽广，使宝贵的人生富有价值。

（3）理想信念提高精神境界。理想信念是衡量一个人精神境界高下的重要标尺。理想信念作为人的精神世界的核心，一方面能使人的精神生活的各个方面统一起来，使人的精神世界成为一个健康有序的系统，避免精神空虚和迷茫；另一面又能引导人们不断地追求更高的人生目标，并在追求和实现理想目标的过程中提升精神境界、塑造高尚人格。

不论今后从事什么职业，大学生都要把个人的奋斗志向同国家和民族的前途命运紧紧联系在一起，把个人的学习进步同祖国的繁荣昌盛紧紧联系在一起，使理想信念之花结出丰硕的成长成才之果。

2. 中国特色社会主义是我们的共同理想

在中国共产党领导下，坚持和发展中国特色社会主义，实现中华民族伟大复兴，必须树立中国特色社会主义共同理想。大学生要牢固确立在中国共产党领导下走中国特色社会主义道路、为实现中华民族伟大复兴而奋斗的共同理想和坚定信念，需要把握以下三方面：

（1）中国特色社会主义是科学社会主义，不是别的什么主义。历史和现实都告诉我们，只有社会主义才能救中国，只有中国特色社会主义才能发展中国。新时代坚持和发展中国特色社会主义，总任务是实现社会主义现代化和中华民族伟大复兴，在全面建成小康社会的基础上，分两步走在本世纪中叶建成富强、民主、文明、和谐、美丽的社会主义现代化强国。在当代中国，坚持中国特色社会主义，就是真正坚持科学社会主义。

（2）中国特色社会主义不是从天上掉下来的，而是中国共产党带领人民历经千辛万苦找到的实现中国梦的正确道路。改革开放以来我们取得一切成绩和进步的根本原因，归结起来就是：开辟了中国特色社会主义道路，形成了中国特色社会主义理论体系，确立了中国特色社会主义制度，发展了中国特色社会主义文化。中国特色社会主义，既是我们必须不断推进的伟大事业，又是我们开辟未来的根本保证。

（3）中国共产党的领导是中国特色社会主义最本质的特征。中国共产党是中国工人阶级的先锋队，同时是中国人民和中华民族的先锋队，是中国特色社会主义事业的领导核心。当今中国，只有中国共产党，才能领导中国人民坚持和发展中国特色社会主义，才能担当起带领中国人民创造幸福生活、实现中华民族伟大复兴的历史使命。

3. 在实现中国梦的实践中放飞青春梦想

如果说,现实是此岸,理想是彼岸,那么,唯有实践才是联系二者的桥梁。当代大学生必须牢固树立实践意识,在实践中化理想为现实。主要掌握以下几方面:

(1) 正确认识理想与现实的关系。辩证看待理想与现实的矛盾。明确实现理想的长期性、艰巨性和曲折性。懂得艰苦奋斗是实现理想的重要条件。大学生要把敢于吃苦、勇于奋斗的精神落实到日常的学习、生活和工作中。在学习上,刻苦钻研、不畏艰难,孜孜不倦地学习理论和专业知识,不断提高思想道德和专业知识水平;在生活上,艰苦朴素、勤俭节约,抵制和反对铺张奢华的思想和生活作风;在工作上,奋发图强、不怕困难、不避艰险,努力完成各项任务。

(2) 个人理想与社会理想的统一。坚持个人奋斗目标与国家、民族的奋斗目标相统一,把个人理想融入社会理想之中,在为实现社会理想而奋斗的过程中实现个人理想,这是大学生成长成才的必由之路。个人理想要以社会理想为指引;社会理想是对个人理想的凝练和升华。坚持和发展中国特色社会主义,实现中华民族的伟大复兴,是当代中国最大的现实,也是全体中国人民共同的社会理想。大学生要在社会理想的指引下,珍惜韶华、奋发有为,勇于追求个人理想,在实现社会理想的过程中努力实现个人理想。

(3) 为实现中国梦注入青春能量。大学生肩负实现中华民族伟大复兴中国梦的历史重任,只有把实现理想的道路建立在脚踏实地的奋斗上,才能放飞青春梦想,实现人生理想。大学生立志当高远;要立志做大事,深知立志须躬行。青春只有在为祖国和人民的真诚奉献中才能更加绚丽多彩,人生只有融入国家和民族的伟大事业才能闪闪发光。

(二) 学习难点

1. 新时代大学生应当确立马克思主义的科学信仰

马克思主义作为我们立党立国的根本指导思想,是近代以来中国历史发展的必然结果,是中国人民长期探索的历史选择,也是由马克思主义严密的科学体系、鲜明的阶级立场和巨大的实践指导作用决定的。大学生只有确立马克思主义的科学信仰,才能真正确立崇高的理想信念,在错综复杂的社会现象中看清本质、明确方向,为服务人民、奉献社会,做出更大的贡献。对马克思主义的认识应该从以下几方面把握:

(1) 马克思主义体现了科学性和革命性的统一。马克思主义深刻揭示了自然界、人类社会、人类思维发展的普遍规律,为人类社会发展进步指明了方向;马克思主义坚持实现人民解放、维护人民利益的立场,以实现人的自由而全面的发展和全人类解放为己任,反映了人类对理想社会的美好憧憬;马克思主义揭示了事物的本质、内在联系及发展规律,是"伟大的认识工具",是人们观察世界、分析问题的有力思想武器。时代在变化,社会在发展,但马克思主义基本原理依然是科学真理。

(2) 马克思主义具有鲜明的实践品格。马克思主义不仅致力于科学解释世界,而且致力于积极改变世界。特别是中国特色社会主义的成功实践,无可辩驳地证明马克思主义是认识世界和改造世界的强大思想武器,社会主义具有光明的未来。在人类思想史上,还没有一种理论像马克思主义那样对人类文明进步产生如此广泛而巨大的影响。

(3) 马克思主义具有持久生命力。马克思主义具有与时俱进的理论品格和持久生命力。实践证明,马克思主义只要与本国国情相结合、与时代发展同进步、与人民群众共命运,就能焕发出强大的生命力、创造力和感召力。

大学生坚定马克思主义信仰，最重要的是学习和掌握马克思主义的立场、观点、方法，确立正确的世界观和历史观，准确把握时代发展潮流，以科学的理想信念指引人生前进的道路和方向。

2. 艰苦奋斗是实现理想的重要条件

艰苦奋斗是我们的传家宝。我们的国家，我们的民族，从积贫积弱一步一步走到今天的发展繁荣，靠的就是一代又一代人的顽强拼搏，靠的就是中华民族自强不息的奋斗精神。那种认为"艰苦奋斗是老一辈的事，当代青年不需要艰苦奋斗"的观点，在理论上是错误的，在实践中是有害的。该知识点学习掌握有一定难度，是本章的难点。主要应从以下几方面把握：

（1）物质生活条件的改善，社会观念的变化，只是赋予艰苦奋斗以新的时代内涵和实践要求，但艰苦奋斗的精神是永远不会过时的；讲艰苦奋斗，也并不是不讲物质利益，而是为了实现既定的理想，不怕吃大苦、耐大劳，不惜献出自己的一切。当代中国既面临着重要的发展机遇，也面临着前所未有的困难和挑战。梦在前方，路在脚下。自胜者强，自强者胜。实现我们的发展目标，需要广大青年锲而不舍、驰而不息的奋斗，不断书写奉献青春的时代篇章。

（2）理想信念不是拿来说、拿来唱的，更不是用来装点门面的，只有见诸行动才有说服力。大学生要把敢于吃苦、勇于奋斗的精神落实到日常的学习、生活和工作中。在学习上，刻苦钻研、不畏艰难，孜孜不倦地学习理论和专业知识，不断提高思想道德和专业知识水平；在生活上，艰苦朴素、勤俭节约，抵制和反对铺张奢华的思想和生活作风；在工作上，奋发图强、不怕困难、不避艰险，努力完成各项任务。

四、学习热点探讨

理想信念与人生发展

1. 大学生应当树立理想信念

只有胸怀理想信念，才能对学习充满激情、全力以赴；只有胸怀理想信念，才能对未来坚定信心、共克时难；只有胸怀理想信念，才能对名利淡然处之、不为所累；只有胸怀理想信念，才能对成绩一分为二、不图虚荣；只有胸怀理想信念，才能对现实客观看待、积极应变；只有胸怀理想信念，才能对挫折勇敢面对、无所畏惧；只有胸怀理想信念，才能对同学宽宏包容、紧密团结；只有胸怀理想信念，才能对人生深刻领悟、奋发图强。

2. 大学生应当确立科学的理想信念

大学生应当确立马克思主义的科学信仰，树立在中国共产党领导下走中国特色社会主义道路、为实现中华民族伟大复兴而奋斗的共同理想。同时，大学生中的共产党员和先进分子，还应追求更高的目标，树立共产主义的远大理想。

3. 大学生树立远大理想、坚定崇高信念的具体要求

大学生要努力掌握和运用辩证唯物主义和历史唯物主义的世界观和方法论，用丰富的知识武装自己，不断提高自己观察问题、分析问题和解决问题的能力，将坚定的理想信念转化

为推动学习、做好工作、服务人民、奉献社会的不竭动力。

一是要刻苦学习理论。不断发展着的马克思主义，不仅告诉我们长期、中期、近期奋斗的目标是什么，更重要的，它清楚地告诉我们，为什么是这样的目标，怎样才能达到这样的目标。我们一定要自觉地学习科学理论，把理想建立在理性的基础上，把信念建立在科学的基础上。

二是要积极投身实践。人的认识只有在实践中才能得到验证和强化，理想信念只有在实践中才能真正牢固地树立起来、才能真正地得以实现。要立足岗位职责，坚持真抓实干，以求真务实的精神和任劳任怨的态度，勤勤恳恳地做好每一项工作，一步一个脚印地促进学习进步、推进事业发展，在具体的工作实践中不断加深对理想的认识，不断坚定实现理想的信念，在实践中化理想为现实。

三是要不断提高能力。将理想化为现实，必须以相应的能力为支撑。能力的主体是方法，统领方法的是方法论。必须努力掌握马克思主义的世界观和方法论，刻苦学习人类社会优秀的文明成果，在学习和实践中不断地丰富自己，提高自己为理想而奋斗的本领。

四是要积极促进和谐。社会和谐是中国特色社会主义的本质属性。要积极促进人与自然的和谐，努力建设高度的物质文明、生态文明；要积极促进人与社会的和谐，努力建设高度的政治文明；要积极促进人自己身心的和谐、身心的健康，建设高度的精神文明。

4. 树立远大理想、坚定崇高信念是人生发展的基石

理想信念是人的心灵世界的核心。有无理想信念，有什么样的理想信念，决定了人生是高尚充实，还是庸俗空虚。科学的理想信念，正是大学生乘风破浪、搏击沧海的灯塔和动力之源。追求远大理想、坚定崇高信念，是大学生健康成长、成就事业、开创未来的精神支柱和前进动力。作为一名大学生，要努力追求远大理想，坚定崇高信念，做共产主义远大理想和中国特色社会主义共同理想的坚定信仰者。只有牢固树立了这样的理想和信念，我们才能立得高、看得远，才能胸怀大志、心胸开阔、坦荡大气，才能有高境界、有高智慧，才能成为一个高尚的人、一个纯粹的人、一个有道德的人、一个脱离了低级趣味的人、一个有益于人民的人，才能勇于奉献、顽强奋斗，才能有良好的心理状态、工作状态，创造最佳业绩，实现幸福人生。

习近平"致青春"

2018年5月2日，在"五四"青年节和北京大学建校120周年校庆日即将来临之际，习近平总书记来到北京大学考察，与北大师生座谈并发表重要讲话。他强调，坚持好、发展好中国特色社会主义，把我国建设成为社会主义现代化强国，是一项长期任务，需要一代又一代人接续奋斗。广大青年要成为实现中华民族伟大复兴的生力军，肩负起国家和民族的希望。

让我们一起学习习近平总书记讲话中的15个"金句"，一起感受总书记对教育、对青年的殷切希望和谆谆教导。

（1）青春理想，青春活力，青春奋斗，是中国精神和中国力量的生命力所在。五四运动源于北大，爱国、进步、民主、科学的"五四"精神始终激励着北大师生同人民一起开拓、同祖国一起奋进。青春理想，青春活力，青春奋斗，是中国精神和中国力量的生命力所在。

（2）广大青年生逢其时，也重任在肩。我说过，中华民族伟大复兴，绝不是轻轻松松、敲锣打鼓就能实现的，我们必须准备付出更为艰巨、更为艰苦的努力。广大青年要成为实现中华民族伟大复兴的生力军，肩负起国家和民族的希望。

（3）广大青年既是追梦者，也是圆梦人。追梦需要激情和理想，圆梦需要奋斗和奉献。广大青年应该在奋斗中释放青春激情、追逐青春理想，以青春之我、奋斗之我，为民族复兴铺路架桥，为祖国建设添砖加瓦。

（4）我们的明天需要青年人接着奋斗下去。坚持好、发展好中国特色社会主义，把我国建设成为社会主义现代化强国，是一项长期任务，需要一代又一代人接续奋斗。我们的今天就是这样走过来的，我们的明天需要青年人接着奋斗下去，一代接着一代不断前进。

（5）教育兴则国家兴，教育强则国家强。高等教育是一个国家发展水平和发展潜力的重要标志。今天，党和国家事业发展对高等教育的需要，对科学知识和优秀人才的需要，比以往任何时候都更为迫切。

（6）国势之强由于人，人才之成出于学。培养社会主义建设者和接班人，是我们党的教育方针，是我国各级各类学校的共同使命。大学对青年成长成才发挥着重要作用。

（7）马克思主义是我们立党立国的根本指导思想，也是我国大学最鲜亮的底色。2018年是马克思诞辰200周年，在世界人民心目中马克思至今依然是最伟大的思想家。

（8）育人的根本在于立德。人才培养一定是育人和育才相统一的过程，而育人是本。人无德不立，育人的根本在于立德。这是人才培养的辩证法。

（9）人才培养，关键在教师。教师队伍素质直接决定着大学办学能力和水平。建设社会主义现代化强国，需要一大批各方面各领域的优秀人才。

（10）形成高水平人才培养体系。人才培养体系必须立足于培养什么人、怎样培养人这个根本问题来建设，可以借鉴国外有益做法，但必须扎根中国大地办大学。

（11）当代青年是同新时代共同前进的一代。我们面临的新时代，既是近代以来中华民族发展的最好时代，也是实现中华民族伟大复兴的最关键时代。广大青年既拥有广阔发展空间，也承载着伟大时代使命。

（12）要爱国，忠于祖国，忠于人民。爱国，是人世间最深层、最持久的情感，是一个人立德之源、立功之本。

（13）要励志，立鸿鹄志，做奋斗者。广大青年要培养奋斗精神，做到理想坚定，信念执着，不怕困难，勇于开拓，顽强拼搏，永不气馁。幸福都是奋斗出来的，奋斗本身就是一种幸福。

（14）要求真，求真学问，练真本领。知识是每个人成才的基石，在学习阶段一定要把基石打深、打牢。学习就必须求真学问，求真理、悟道理、明事理，不能满足于碎片化的信息、快餐化的知识。

（15）要力行，知行合一，做实干家。"纸上得来终觉浅，绝知此事要躬行。"学到的东西，不能停留在书本上，不能只装在脑袋里，而应该落实到行动上，做到知行合一、以知促行、以行求知，正所谓"知者行之始，行者知之成"。

扫码学习平台

一、扫码随堂听——欣赏并回答：请你谈谈欣赏歌曲后的感悟。

韩磊 – 信仰的光芒　　霍勇 – 中国中国鲜红的太阳永不落　　蒋大为 – 沿着社会主义大道奔前方　　陆毅 – 壮志雄心　　中央乐团合唱队 – 国际歌

二、扫码随堂看——观看并回答：请说出你印象深刻的内容及感悟。

[央视新闻] 习近平三句话概括马克思一生　　《共产党宣言》的味道　　《马克思是对的》第四集《解放全人类的胸怀》　　《马克思是对的》第五集《千年思想家》

《马克思是对的》第一集《你好，马克思》　　《马克思是对的》第二集《洞悉世界的眼睛》　　《马克思是对的》第三集《不朽的〈资本论〉》　　视频｜真理的光芒

习近平等十八届中共中央政治局常委同中外记者见面　　一生奋斗，只为幸福千万人　　有一种友谊叫"马恩"

三、扫码随堂读——阅读并回答：请概括习近平总书记讲话的核心思想。

知识运用练习

一、名词解释

1. 理想：

2. 信念：

3. 共产主义：

4. 个人理想：

二、填空题

1. 理想是多方面和多类型的，根据不同的标准，可分为个人理想和（　　），近期理想和远期理想，生活理想、（　　）、（　　）和政治理想等。
2. 理想之所以能够成为一种推动人们创造美好生活的巨大力量，就在于它不仅源于（　　），而且超越（　　）。
3. 科学的理想是人的主观能动性与（　　）的一致性的反映，是在正确把握社会历史发展客观规律的基础上形成的合乎（　　）要求、合乎（　　）的理想。
4. （　　）是最高层次的信念，具有最大的统摄力。
5. （　　）是人生发展的内在动力。
6. 加强思想修养、提高精神境界，必须牢牢把握（　　）这个核心。
7. 新时代大学生应当确立（　　）的科学信仰，树立（　　）的远大理想和（　　）

共同理想。

8. （　　）作为我们立党立国的根本指导思想,是近代以来中国历史发展的必然结果,是中国人民长期探索的历史选择。

9. 马克思主义具有鲜明的（　　）品格。

10. 大学生坚定马克思主义信仰,最重要的是学习和掌握马克思主义的（　　）、（　　）、（　　）,确立正确的世界观和历史观,准确把握时代发展潮流,以（　　）指引人生前进的道路和方向。

11. 共产主义是现实运动和（　　）相统一的过程。

12. 走好新时代的长征路,大学生要不断增强中国特色社会主义（　　）自信、（　　）自信、（　　）自信、（　　）自信。

13. （　　）是实现理想的重要条件。

三、单项选择题

1. 当教师,要当一个模范教师;当科学家,要当一个对国家有突出贡献的科学家;当解放军战士,要当一个最英勇的解放军战士;当工人,要当一个新时代的劳动模范;当农民,要当一个对改变农村面貌有贡献的农民。这些都是人生理想中（　　）。

A. 生活理想的表现　　　　　　　　B. 社会理想的表现

C. 道德理想的表现　　　　　　　　D. 职业理想的表现

2. （　　）是最高层次的信念,它具有最大的统摄力。

A. 宗教　　　　B. 哲学　　　　C. 信仰　　　　D. 理想

3. 新时代大学生应当确立的科学信仰是（　　）。

A. 利己主义　　B. 马克思主义　　C. 拜金主义　　D. 共产主义

4. 在伦敦海格特公墓的马克思墓碑上,镌刻着马克思的一句名言:"哲学家们只是用不同的方式解释世界,而问题在于改变世界。"这鲜明地表明了马克思主义（　　）的基本特征。

A. 重视实践、以改造世界为己任　　B. 科学性、先进性

C. 科学正确地解释了世界　　　　　D. 历史唯物主义

5. 在中国共产党领导下,坚持和发展中国特色社会主义,实现中华民族伟大复兴,必须树立（　　）共同理想。

A. 共同富裕　　　　　　　　　　　B. 中国特色社会主义

C. 世界和平　　　　　　　　　　　D. 全面建成小康社会

6. 关于中国特色社会主义制度,以下说法错误的是（　　）。

A. 是当代中国发展进步的根本制度保障　　B. 具有鲜明中国特色、明显制度优势

C. 具有强大自我完善能力的先进制度　　　D. 是有历史局限性的制度

7. 中国特色社会主义最本质的特征是（　　）。

A. 共同富裕　　B. 生产资料公有制　　C. 人民当家作主　　D. 中国共产党的领导

8. 如果说,现实是此岸,理想是彼岸,那么联系二者的桥梁是（　　）。

A. 立志　　　　B. 学习　　　　C. 修身　　　　D. 实践

9. （   ）是当代中国最大的现实，也是全体中国人民共同的社会理想。
A. 坚持和发展中国特色社会主义，实现中华民族的伟大复兴
B. 坚持四项基本原则，坚持改革开放
C. 坚持和平发展道路，建立人类命运共同体
D. 坚持中华文化自信，实现共产主义远大目标

10. 大学生肩负的历史重任是（   ）。
A. 坚持和发展中国特色社会主义　　　B. 实现中华民族伟大复兴中国梦
C. 实现国家富强、人民幸福　　　　　D. 推动世界和平发展

11. 大学生要立志做大事，在今天，做大事就是（   ）。
A. 努力赚钱
B. 当大官
C. 献身于新时代中国特色社会主义伟大事业
D. 享受生活

12. 古人说："合抱之木，生于毫末；九层之台，起于累土；千里之行，始于足下。"这说明（   ）。
A. 立志当高远　　B. 立志做大事　　C. 立志须躬行　　D. 立志要实际

四、多项选择题

1. 关于理想的时代性，以下说法正确的是（   ）。
A. 理想一旦形成是不会改变的
B. 理想带着特定历史时代的烙印
C. 理想不仅受时代条件的制约，而且随着时代的发展而发展
D. 随着社会的发展进步，人们也会不断地调整、丰富和发展自己的理想

2. 以下说法正确的是（   ）。
A. 信仰是最高层次的信念，具有最大的统摄力
B. 信仰有盲目和科学之分
C. 盲目的信仰就是对虚幻的世界、不切实际的观念等的迷信和狂热崇拜
D. 科学的信仰则来自人们对自然界和人类社会发展规律的正确认识

3. 马克思主义作为我们立党立国的根本指导思想，是由马克思主义（   ）决定的。
A. 严密的科学体系　　　　　　　　　B. 鲜明的阶级立场
C. 巨大的实践指导作用　　　　　　　D. 悠久的历史

4. 马克思主义深刻揭示了（   ）的普遍规律，为人类社会发展进步指明了方向。
A. 自然界　　　　　　　　　　　　　B. 人类社会
C. 宇宙形成　　　　　　　　　　　　D. 人类思维发展

5. 实践证明，马克思主义只要（   ），就能焕发出强大的生命力、创造力和感召力。
A. 与物质利益相统一　　　　　　　　B. 与本国国情相结合
C. 与时代发展同进步　　　　　　　　D. 与人民群众共命运

6. 改革开放以来我们取得一切成绩和进步的根本原因，归结起来就是（   ）。

A. 开辟了中国特色社会主义道路

B. 形成了中国特色社会主义理论体系

C. 确立了中国特色社会主义制度

D. 发展了中国特色社会主义文化

7. 关于中国特色社会主义文化，以下说法正确的是（   ）。

A. 源自中华民族5000多年文明历史所孕育的中华优秀传统文化

B. 熔铸于党领导人民在革命、建设、改革中创造的革命文化和社会主义先进文化

C. 植根于中国特色社会主义伟大实践

D. 是中国人民胜利前行的强大精神力量

8. 走好新时代的长征路，大学生要不断增强中国特色社会主义（   ），自觉做共产主义远大理想和中国特色社会主义共同理想的坚定信仰者、忠实实践者，为崇高理想信念而矢志奋斗。

  A. 道路自信 B. 理论自信 C. 制度自信 D. 文化自信

9. 关于实现理想的长期性、艰巨性和曲折性，以下说法正确的是（   ）。

A. 一般来说，理想越是远大，它的实现过程就越复杂，需要的时间也就越漫长

B. 任何一种理想的实现都不是轻而易举的，必然会遇到各种各样的困难和波折，充满着艰险和坎坷

C. 实现理想、创造未来，必须有战胜种种艰难险阻的坚定不移的信心和坚忍不拔的毅力

D. 理想变为现实不是一帆风顺的，往往会遭遇波澜和坎坷

10. 个人理想要有实现的可能，必须（   ）。

A. 同自己的出身、家里的经济状况相符合

B. 同国家的前途、民族的命运相结合

C. 同自己的天赋、遗传因素相一致

D. 同社会的需要和人民的利益相一致

11. 大学生要想实现人生理想，应当做到（   ）。

  A. 立志当高远   B. 立志做大事

  C. 立志须躬行   D. 立志做大官

12. 墨子说"志不强者智不达"，诸葛亮说"志当存高远"。这里的"志"具有双重含义是（   ）。

  A. 理想超越于现实   B. 实现理想的艰巨性

  C. 对未来目标的向往   D. 实现奋斗目标的顽强意志

13. 新时代的大学生应该把个人的命运与国家和人民的命运联系在一起，做到（   ）。

A. 立为国奉献之志

B. 立为民服务之志

C. 为祖国和人民的利益而奋斗

D. 在为实现社会理想而奋斗的过程中实现个人理想

14. 以下说法正确的有（   ）。

A. 中国梦是中华民族的振兴之梦，也是每一个大学生的成才之梦

B. "空谈误国、实干兴邦",用勤劳的双手成就属于自己的人生精彩
C. 只有把实现理想的道路建立在脚踏实地的奋斗上,才能实现人生理想
D. 大学生要把人生理想融入国家和民族的事业中,才能最终成就一番事业

五、辨析题

1. 理想信念是衡量一个人精神境界高下的重要标尺。
答:

2. 马克思主义主要致力于科学地解释世界。
答:

3. 在当代中国,坚持中国特色社会主义,就是真正坚持科学社会主义。
答:

4. 共产主义理想离现实太遥远,是无法实现的。
答:

5. 艰苦奋斗是老一辈的事,当代青年不需要艰苦奋斗。
答:

六、简答题

1. 理想的内涵与特征是什么?
答:

2. 信念的内涵与特征是什么?
答:

3. 大学生为什么要信仰马克思主义？
答：

4. 新时代坚持和发展中国特色社会主义的总任务是什么？
答：

5. 如何认识中国特色社会主义共同理想与共产主义远大理想的关系？
答：

6. 大学生为什么"要立志做大事，不要立志做大官"？
答：

七、论述题

谈谈理想信念对大学生成长成才的重要意义。
答：

八、案例分析

案例分析 1

实现一个绿色的梦想
——记回乡创业的大学生师智敏

走进果园，你能看到不同时令的水果在同一季节挂果。那紫色的葡萄、绿色的梨子、暗红色的李子、白里透红的桃子都洋溢着丰收的喜悦，也仿佛在向人们讲述果园的主人师智敏——一位农业大学毕业生不平凡的创业故事。

师智敏生长在湖北省咸宁市咸安区桂花镇明星村，从小就对家乡的青山绿水、鸟语花香有着一种特殊的感情。有一年暑假，教师组织他们搞社会调查。在一位果农家里，师智敏看到了这样的一幕：梨子丰收了，而果农却望着家里堆积如山的梨子发愁，因为梨子品种不优卖不出去，只得眼睁睁地望着梨子烂掉。这位果农茫然无助的眼神深深刺痛了师智敏的心。他暗暗发誓，要用知识点燃乡亲们脱贫致富的希望。

高考结束后，他要求填报农业大学，可家里人都强烈反对。苦日子让一家人穷怕了，他们希望师智敏跳出"农"门。压力之下，师智敏玩了一个"小花招"，第一志愿填报了华中科技大学，第二志愿填报了华中农业大学。他以为自己的考分第一志愿录不上，没想到，等来的却是华中科技大学的录取通知书。

在华中科技大学，师智敏学的是热门的机械专业，但他的内心却无法热起来，每当他经过一片果林或看到一片花草的时候，都会入迷地驻足沉思，眼前总也抹不去那个果农的眼神，一种自责油然而生：师智敏啊，师智敏，那个绿色的梦想怎样去实现啊！他内心非常苦闷。有一次学校上思想品德课，讲到有关理想和兴趣的话题，老师讲得十分动情，师智敏听得极为投入。当老师讲到"人生没有理想，就像走进蒙蒙雨夜"时，他再也按捺不住内心澎湃的激情，毅然要求转学到华中农业大学。

一石激起千层浪。师智敏的转学行为在学校引起了轩然大波："这人是不是脑子有问题？放着好好的热门专业不读，非要去当什么农民。""恐怕是想出名吧？现在的大学生，不好好学习，只想自己出名。"回到家里，奶奶气得晕了过去，母亲以泪洗面，父亲则坐在一旁唉声叹气……

风言风语和家庭的阻力没有让师智敏退缩。第二个学期，顶着巨大压力的他转到了华中农大。在华中农大，师智敏如鱼得水，学习起来得心应手，他学的是果树专业，别的同学注重课本上的知识，而他将大部分业余时间用在学校的植物园里，帮助老师参与果苗和花卉的实践管理，对学校生物园里的每一株果木、花卉的生长特性、栽培技术等各种因素他都悉心观察、了解，仅日记就密密麻麻地记下了厚厚的一沓。

四年的大学生涯一晃而过，在面临毕业分配的时候，师智敏由于成绩优异，被学校推荐到省城某家农科所从事农业科研工作。

如果说四年前那次转学让家里人伤透了心的话，那么这次毕业分配总算可以抚慰父母那颗伤痛的心。是啊，留在省城是许多同学梦寐以求的事，毕竟师家终于出了一个国家干部。可是，师智敏再次做出了一个令人不可理解的决定：回乡创业。家乡人都认为师智敏"傻到家"了，有的甚至说："即使在外扫厕所，也不要回来丢丑。"但师智敏铁了心，他要实现自己的绿色梦想。

现实并没有师智敏想象得那么美好，要创业就得有起码的物质基础——土地和资金，可师智敏一无所有，他在村前屋后徘徊了几天后，便决定先到外地的果树基地做个技术工，等时机成熟后再回家创业。

1999年12月，在外打工的师智敏听说咸安区桂花镇计划大规模发展桂花苗木，认为自己回家创业时机到了，便辞去工作毅然回到家乡。

然而事实给了他无情的一棒。桂花育苗技术看起来并不复杂，但由于他在保温技术这个环节出了问题，致使辛辛苦苦插下的8万株桂花苗存活不到3万株。望着枯死的桂花苗，师智敏欲哭无泪，他感到羞耻：这就是一个农业大学高才生向家乡人民交的答卷吗？

2000年8月，再次外出学艺的师智敏来到四川攀枝花市的一个枇杷示范基地，在海拔1000多米的大山上，他静下心来，利用自己在大学中所学的知识，逐渐摸索并解决了枇杷生产的多种技术难题，为公司带来了几十万元的效益。很快，他就成为公司的技术专家，并升任公司副总经理，月收入涨到4000余元。一次，公司一位老专家在定植大会上激动地说："人生要有追求，我已经80多岁了，但活着一天，就要为民众做点贡献。"听到这些话，师智敏心中那个绿色的梦想再次燃烧起来。

2002年元月，正是栽种果树的季节，师智敏再次回乡了。面对那熟悉的土地，在对果业发展前景作了认真分析后，他把创业的目标定位在果树新品种引进、选育和推广项目上。经过一年多艰苦创业，一个十余亩的果树示范园终于建成，如今大部分品种已经挂果。随后，他就将这一成功经验向周边村推广，在桂花镇毛坪村建成示范园50亩。2006年，他计划投资1000万元，在马桥镇潜山村租地200亩，将它建成别具一格的旅游观光果园，目前果苗已全部定植到位。

置身师智敏的果园里，感受着果实的芳香，蜂蝶飞舞，流水潺潺，这不正是师智敏梦想中的世界吗？

然而，他已不满足这种梦想了，他还有一个更大的梦想，就是建成一个更大的苗圃示范基地，以满足当地农民的需求，帮助家乡的农民都通过种植果树，脱贫致富，他计划每年将果树栽培面积推广扩大一倍，力争5年后建果园10 000亩，另外，每年无偿支持10户以上贫困农户建一至两亩优质果园，使其尽快脱贫。

资料来源：《中国教育报》2006年1月18日第8版

思考题

1. 师智敏是怎样实现自己的绿色梦想的？他为实现理想做了哪些准备？

答：

2. 你的理想是什么？你计划如何实现？

答：

案例分析2

执着的信念
——记独臂英雄丁晓兵

丁晓兵，男，汉族，1965年9月出生，1983年10月从安徽省合肥市入伍，1984年10月入党，大学文化。历任战士、排长、学员、连指导员、干事、营教导员、团政治处主任，现任武警驻江苏某团政治委员，上校警衔，二等甲级伤残。1984年在一次重大军事行事中，荣立一等功，荣获为他特设的第101枚"全国边陲优秀儿女"金质奖章。如今，20年过去了，时代发生了深刻变化，丁晓兵始终保持着共产党人的英雄本色，续写了更加辉煌的人生篇章，因工作成绩突出，他被国家人事部和中国残联授予"全国自强模范"称号，被武警总部和江苏省委、省政府评为"拥政爱民模范"，3次当选南京军区和武警部队党代表会议代表，被武警总部树为学习贯彻"三个代表"重要思想标兵、优秀共产党员和优秀干部标兵，多次受到党和国家领导人的亲切接见，是一面永不褪色的旗帜。

他始终把对党的庄严承诺视为共产党人的最高追求，五次抉择见证了他对党忠贞不渝的执着信念。信仰是人类最高的情感。丁晓兵对党爱得深，信得真，在一次次重大的人生抉择面前，始终把追求的坐标定格在党的事业上。

面对后方，他选择战场。1984年，他所在的侦察大队赴边作战。为了争取到最艰巨的任务，接受党的考验，他用匕首扎破手指，用鲜血写下对党的誓言："敬爱的党组织，我坚决要求参加战斗，打头阵、当尖兵，请党在战斗中考验我！"他先后出色地完成了20多次侦察和作战任务。入伍整一年那天，他作为"第一捕俘手"，在敌人的阵地上生擒了一名俘虏。撤退时，为掩护战友和俘虏，他一把抓起敌人投来的手雷向外扔去，手雷在出手的瞬间爆炸。他的一条右臂被炸得只连着一点皮肉，血流如注。为行动方便，他拔出匕首，割下断臂别在腰间，想着到后方接上。经过简单的包扎，丁晓兵以惊人的毅力，和战友们扛着俘虏，冒着敌人的炮火翻山越岭近4个小时才撤回来，身后留下了一条3公里长的血路。当丁晓兵把俘虏交给接应小分队的一瞬间，他一头栽倒在地上。准备送到烈士陵园的丁晓兵，经过3天2夜的抢救，切开小腿静脉，强行注入2600毫升血浆，才从死神手里挣脱出来。两个月后，失去右臂的丁晓兵本可以留在后方，但他又义无反顾地回到一线阵地。

面对待遇，他选择奉献。战后，丁晓兵入了党，提了干，荣立了一等功，获得全国"为边陲优秀儿女挂奖章"活动为他专设的第101枚金质奖章，受到党和国家领导人的接见。家乡安徽省、合肥市相继做出了《关于开展向丁晓兵同志学习活动的决定》。当时安徽省正在筹备省残疾人福利基金会，省政府已决定丁晓兵担任基金会常务副理事长。还有很多公司、单位和个体老板找上门来，请他去担任要职，并许诺给他解决房子、车子和优厚的薪金。这时的丁晓兵被鲜花和掌声包围着，部队领导也派人征求他对今后工作的意见。不少人对他说："你现在只有一条左臂，留在部队很难有更好的发展，还是趁着现在名气大、影响大，赶紧给自己找条好的后路吧。"还有的劝他："你已经为部队做出了很大牺牲，对得起国家了，该是享受的时候了，机会难得呀！"当有的人选择位置、房子、票子时，丁晓兵经过冷静思考，郑重地表示："一要学习，二要工作，不离开部队。"他想的是，待遇诚可贵，奉献价更高，只有把自己的人生追求融入党的事业和部队建设，才能在追求中升华自己的人生理想。在奉献中实现最大的人生价值。就这样，丁晓兵放弃了鲜花铺就的大道，毅然选择继续留在部队与艰辛奉献为伍。

面对机关，他选择基层。组织上满足了丁晓兵的愿望，送他到解放军南京政治学院深造。从战场到教室，丁晓兵以笔作刀枪，战胜伤残战胜自我，努力把自己打造成合格的新型军事人才。1988年年初，他以全优的成绩完成学业，并被评为"优秀学员"。这时的丁晓兵面临着人生的又一次选择。学院领导非常欣赏他的才能和精神，又考虑到他的身体情况，准备让他留校担任教员或者进机关工作。他却向院党委要求到最基层、最艰苦的地方去。对此，许多人感到不可思议，纷纷劝他：到基层去摸爬滚打，你就一只手怎么干？丁晓兵当然清楚，留在条件优越的大城市、大机关可以享清福，自己作为二等甲级伤残，按规定可以得到照顾，但基层需要高素质的人才，自己缺少基层艰苦工作的摔打磨，就必须补好这一课。

于是，丁晓兵来到太湖边凤凰山窝里的一个连队当指导员。

面对指责，他选择坚强。一上任，丁晓兵很快就克服身体、工作上的不适应，与连队党支部"一班人"带领全连官兵取得优异成绩，连队年年被评为先进集体立功受奖，在南京军区成为与"硬骨头六连"齐名的标兵连队。此时的丁晓兵当指导员已经4年，年底可望被破格提升。正当军区和集团军准备组织力量总结宣扬他时，连队一名新战士因患精神抑郁症自杀。丁晓兵坦荡地承担起全部责任。一下子各种指责让他抬不起头来，自己也被平职调到团政治处任宣传干事。这次打击对丁晓兵不亚于当头一棒。是躺倒退缩，还是挺立奋起？无锡几家公司的老总以为机会来了，找上门来要他加盟，劝他别再错过机会。这时家乡也传来讯息：回家吧，可以官"复"原职。正当大家为他惋惜，担心他挺不住的时候，丁晓兵还是像战场上那样坚定地向党委表示："是党给了我人生的支撑和力量，是军装给了我勇气和坚强，献身部队的决心不变！"没有叹息、没有眼泪，从没有搞过新闻报道的他苦练写作本领，扎实深入采访，1年时间内就在中央和军区级报刊发表报道100多篇，成为军区"新闻工作先进个人"。

面对安稳，他选择艰险。2001年，丁晓兵所在的团赴上海、江苏、浙江等地执行协助海关监管任务。浙江方向拒腐防变形势严峻，需要加强一线领导，当时任政治主任的丁晓兵主动向团党委请缨。有人劝他，那个地方艰苦，风险又大，你当主任已经四年多，处在关键时候，万一有点闪失，会影响提升，前车之鉴不能忘啊。其实，丁晓兵完全可以不去担这个风险，他一不是团主官，二来胸膜积水在上海住院治疗才几天。丁晓兵却认为：党员干部，不能一事当前先想自己保险，应该越是艰险越向前，让党的事业保险。于是，他坚决要求到了打击走私的风口浪尖上把好国门。

人生关口的这一次次选择，丁晓兵失去了很多，但他痴心不改，无怨无悔。2004年10月1日国庆节，作为武警部队学习贯彻"三个代表"重要思想先进事迹报告团的成员，丁晓兵一大早就来到他朝思暮想的天安门广场，庄严地用左手向共和国国旗敬了一个军礼，表达自己对党的忠贞信念。

资料来源：光明网http：//www.gmw.cn/2006-01-16

思考题

1. 独臂英雄丁晓兵是如何践行对党忠贞不渝的执着信念的？

答：

2. 大学生应当如何确立中国特色社会主义共同理想？

答：

案例分析3

有梦想，谁都了不起
——江苏宿豫区大学生村官张力赞创业事迹

为了寻找梦想，他选择了农村；
为了实现梦想，他选择了创业。

"一直以来，我都有一个梦想，就是依靠自己的智慧、能力和拼搏来开创一份事业。"这就是江苏宿迁宿豫区大学生村官张力赞的梦想。怀揣梦想，2007年7月张力赞如愿当上了大学生村官，来到了宿豫区蔡集镇田洼村，希望能够在农村这片广阔的天地里施展自己的才华，实现自己的梦想。

一到村里，他就开始了调研工作，经过一段时间了解，了解到当地产业主要以种植、养殖为主，种植的主要有水稻、小麦、玉米、荷仁豆等，养殖的主要有鸡、鸭、猪、牛等，另外还有一家针织厂。

根据本村产业结构的实际情况，经过思考，他初步确定大棚蔬菜种植、传统养殖、特种养殖、创办"三来一加"企业四种创业目标。然后，他开始有针对性地搜集资料，分析对比优势项目。通过网络、电视、报刊、实地调研等方式来获取项目信息，又综合村情、市场、资金、技术、销售等因素，最终确立创办养殖场。

做任何事情都要有详细的规划、周密的计划，于是他开始拟定创业计划书，以便以后项目实施能有条不紊地进行。考虑到场地、资金、技术等诸多因素，张力赞需要寻找合作伙伴。在调研过程中，他了解到有两个养殖户有扩大养殖规模的想法，于是他主动找他们谈合作事宜。起初，养殖户并不完全相信他，通过他们多次交流，张力赞又给他们送去养殖技术资料、药品、借钱给他们用，帮助他们到信用社做贷款，帮他们喂鸡、喂鸭、添加饲料、联系销售渠道，经过一段时间相处，凭借张力赞的真诚、务实、能力，最终取得养殖户的信任，决定共同筹办养殖场。

对创办养殖场来讲，首先要解决的就是资金问题，他们通过自筹资金和信用社贷款两种方式来筹得资金。为此，张力赞把想法和家人商量，家人非常支持，父母当即拿出多年来积攒的2万元，又把家里面能卖的水稻、麦子等都卖了，再加上他自己的工资和从亲戚朋友那借来的钱，共筹集5万元资金。同时，张力赞还帮助合伙人去信用社争取贷款，最终他们一共筹集35万元启动资金，基本解决了当前的资金问题。

在资金到位后，他们又开始了厂房建设、机器购买，同时，还新添了竹耙、饮水壶、水管等用具。在基础设施完备之后，养殖场引进了牛犊、鸡苗、鸭苗。接下来，张力赞也面临着一个新的问题，就是养殖技术。尤其，养牛对他来说是一个新的项目。他们从山东济宁嘉祥县的嘉祥养殖场引进24头牛犊，刚到养殖场几天，大部分牛犊出现了痢疾症状，不吃不喝，张力赞当时一下子就懵了，不知所措。但是，他马上镇定下来，随即到镇里请畜牧技术人员给牛看病。逐渐地，牛渐渐好起来。通过这次事件，张力赞对养牛技术也有了一定的了解。目前，牛长势良好，销售渠道也早已联系，并与厂家签订了收购协议，稳固了销售渠道。

养殖场成立以来，在各级领导的关怀、指导下，加上他们自身的努力奋斗，养殖场已小有成就。目前,"优越"养殖场总投资35万元,厂房占地面积约13亩,主要从事肉牛、肉鸡养殖,共安排6名劳动力就业。其中,养肉牛32头,年出栏肉鸡3万羽,实现年利润8万左右。

由于创业实绩突出,张力赞先后被市、区及镇党委多次表彰,他的犇小康肉牛养殖基地被评为2008年度宿迁市大学生村官创业示范点,他本人也由刚到村的村委会副主任的岗位上被群众推选为村党支部副书记、村委会主任,挑起了重担。

"下一步,我们将在现有的基础上,发起成立'宿迁市犇小康肉牛养殖专业合作社',进一步扩大养殖规模,建立养殖基地,采用'基地+农户'模式,带领更多的村民从事养殖,共同致富。"展望前景,张力赞侃侃而谈,因为他坚信"有梦想谁都了不起!"

资料来源:中国共产党新闻网 http://cpc.people.com.cn/2009-08-19/

思考题

1. 对张力赞在农村这片广阔的天地里实现自己创业梦想的选择,谈谈你的看法。

答:

2. 结合本案例,谈谈大学生为什么必须树立科学的理想信念?怎样才能实现自己的理想信念?

答:

实践活动项目

实践项目一

重温入团誓词,牢记时代使命
——坚定信念,追求梦想

【目的要求】

针对部分大学生理想不明确、信念不坚定的情况,重温入团誓词,使广大团员更加坚定马克思主义的科学信仰,坚定中国特色社会主义共同理想,自觉承担建设和发展中国特色社会主义、实现中华民族伟大复兴的历史使命。引导大学生中的共产党员和先进分子树立共产主义的远大理想。

【实践方案】

1. 确定主持人,准备团旗、熟悉入团誓词。

2. 以班级或系为单位组织学生集体进行。

3. 主持人带领全班或系共青团员重温入团誓词。

4. 邀请院系团组织负责人或关工委老同志做"认清使命，全面发展"的讲座或报告，使同学们重温共青团的发展史，明确当代团员青年的历史使命。

5. 安排共青团员和报告人交流互动。

6. 每一位团员写出重温入团誓词的心得体会，选出较好的心得体会，上课时进行交流。

7. 讲完第二章后，利用团日活动时间进行。

【考核评价】

1. 评价方式：任课教师根据学生参加活动情况和写出的重温入团誓词的心得体会，综合评定学生实践教学环节成绩。成绩分为四个等级：优秀、良好、及格、不及格。

2. 教师评语：_____

_____

想一想

团旗、团徽象征意义：_____

_____

_____

重温入团誓词：_____

_____

_____

实践项目二

"感悟青春、放飞理想"主题演讲赛

【目的要求】

大学是人生发展的关键阶段。通过回忆自己人生发展不同阶段的理想信念，使同学们明确理想信念对人的激励与鼓舞作用，从而更加坚定科学的、崇高的理想信念，为大学生成长成才提供不竭的精神动力。

【实践方案】

1. 活动方式采用主题演讲比赛方式。

2. 以班级为单位，比赛分预赛和决赛两个阶段。预赛阶段全体学生参加，然后从中选出 20 名学生参加决赛。

3. 邀请几位教师当评委，决赛阶段采取当场打出分数、公布成绩的方式。

4. 时间限制：每位选手的演讲时间限时 7~10 分钟。

5. 演讲作品要主题鲜明，观点新颖，语言简洁，具有较强的创新性、欣赏性和时代性，有一定的理论高度，能反映当代大学生的理想信念。

6. 演讲者必须脱稿，语言流畅，具有较强的感染力。选手可以根据自己的需要在演讲过程中播放一些背景音乐。

【考核评价】

1. 评价方式：参加决赛的选手，评出一等奖 1 名、二等奖 2 名、三等奖 3 名、优秀奖若干名，并颁发荣誉证书。参加预赛的同学，根据其演讲的现场情况评定实践教学环节成绩。成绩为四个等级：优秀、良好、及格、不及格。

2. 教师评语：_____

_____

想一想

你曾有过哪些"理想"？_____

_____

_____

你已经实现或未实现的理想是什么？_____

_____

_____

_____

实践项目三

优秀人物访谈

【目的要求】

在市场经济环境下，社会主义核心价值观正经历着其他社会思潮的激烈冲击与碰撞，使一些人的理想信念开始动摇，甚至出现理想信念"缺失"的现象。所以让大学生通过"面对面"访谈身边的优秀人物，感受他们带给我们的感动与感悟，使理想信念更加具体化、鲜活化，让科学的理想信念内化为自己的行动准则，以提升自己的精神境界。

【实践方案】

1. 任课教师就优秀人物访谈活动提出具体要求：

一是确定访谈对象。历年来被评为"师德标兵""优秀共产党员""优秀教师""学生最喜爱的老师"的在校教师、杰出校友；在改革创新等方面荣获国家级、省部级奖励的师生员工。二是介绍访谈具体准备要求。首先了解访谈对象背景资料，其次准备一份详细的访谈大纲，最后与访谈对象联系，商定访谈时间、地点等。

2. 学生开展访谈活动要做好访谈记录、录音、摄影等相关资料积累工作。

3. 利用访谈收集的相关资料，制作一个长约 5 分钟的 PPT 汇报文稿。

4. 全班同学开一次优秀人物访谈分享会。

【考核评价】

1. 评价方式：任课教师根据学生拟定的访谈大纲和制作的 5 分钟 PPT 汇报文稿，综合评定学生实践教学环节成绩。成绩分为四个等级：优秀、良好、及格、不及格。

2. 教师评语：_____

填一填

优秀人物信息				
姓名		性别	出生年月	
家庭住址			邮政编码	
联系电话			政治面貌	
访谈开始时间			访谈结束时间	
寄语：				
签名			时间	
访谈学生信息				
姓名		性别	院系	
班级		联系电话	电子邮箱	
访谈记录				

实践项目四

诗歌朗诵
——悼念先烈，祭奠英灵

【目的要求】

习近平总书记说，回想过去那段峥嵘岁月，我们要向革命先烈表示崇高的敬意，我们永远怀念他们、牢记他们，传承好他们的红色基因。一个有希望的民族不能没有英雄，一个有前途的国家不能没有先锋。一切民族英雄，都是中华民族的脊梁，他们的事迹和精神都是激励我们前行的强大力量。通过朗诵的方式，悼念先烈，祭奠英灵，激发大学生奋勇前进的斗志，坚定理想信念，珍惜现在的美好生活，更好地开创未来。

【实践方案】
1. 由任课教师指导学生了解革命先烈的英雄事迹，挑选诗歌，让学生学习。
2. 学生学习后，根据自己的特长，选定诗歌进行演练。
3. 每个自然班级先在本班内部举行比赛。选出2～3名学生，再参加院系比赛。
4. 选拔优秀学生，参加实践教学汇演。

【考核评价】
1. 评价方式：任课教师根据学生选择诗歌、进行演练以及班级内部比赛情况，综合评定学生实践教学环节成绩。成绩分为四个等级：优秀、良好、及格、不及格。
2. 教师评语：

谈一谈

个人感想：

名言解读背诵

1. 生活中没有理想的人，是可怜的人。——屠格涅夫
2. 伟大的事业需要始终不渝的精神。——伏尔泰
3. 没有目标而生活，恰如没有罗盘而航行。——康德
4. 只有向自己提出伟大的目标并以自己的全部力量为之奋斗的人，才是幸福的人。——加里宁
5. 只有为了伟大的目标，才能产生伟大的力量。——斯大林
6. 人类心灵需要理想甚于需要物质。——雨果
7. 三军可夺帅也，匹夫不可夺志也。——孔子
8. 生活的理想，就是为了理想的生活。——张闻天
9. 坚持你的主义，主义重于生命；宁愿生命消失，只要声誉能够留存。——裴多菲

10. 伟大的目标形成伟大的人物。——埃蒙斯
11. 志不强者智不达。——墨翟
12. 志当存高远。——诸葛亮
13. 生当作人杰,死亦为鬼雄。——李清照
14. 有志者事竟成也。——刘秀
15. 不登高山,不知天之大也;不临深谷,不知地之厚也。——荀况
16. 士贵立志,志不立则无成。——孟子
17. 石可破也,不可夺其坚;丹可磨也,不可夺其赤。——《吕氏春秋》
18. 老当益壮,宁移白首之心;穷且益坚,不坠青云之志。——王勃
19. 老骥伏枥,志在千里。烈士暮年,壮心不已。——曹操
20. 一个精神生活很充实的人,一定是一个很有理想的人,一定是一个很高尚的人,一定是一个只做物质的主人而不做物质的奴隶的人。——陶铸
21. 每一个人要有做一代豪杰的雄心壮志!应当做个开创一代的人。——周恩来
22. 人生最高之理想,在求达于真理。——李大钊
23. 无论在什么样的社会里,一个人的理想,是为了多数人的利益,为了社会的进步,对社会生产力的发展起了促进作用,也就是说,合乎社会历史的发展规律,就是伟大的理想。——陶铸
24. 敌人只能砍下我们的头颅,决不能动摇我们的信仰!因为我们信仰的主义,乃是宇宙的真理!——方志敏
25. 后悔过去,不如奋斗将来。——马克思
26. 路漫漫其修远兮,吾将上下而求索。——屈原
27. 天生我材必有用。——李白
28. 以天下为己任。——孙中山
29. 理想是指路明灯。没有理想,就没有坚定的方向;没有方向,就没有生活。——列夫·托尔斯泰
30. 世界上最快乐的事,莫过于为理想而奋斗。——苏格拉底
31. 人有了物质才能生存;人有了理想才谈得上生活。你要了解生存与生活的不同吗?动物生存,而人则生活。——雨果
32. 理想是事业之母。——叶圣陶
33. 我唯一的理想就是为人类服务。——戴维
34. 理想是人生的太阳。——德莱塞
35. 不知道明天要干什么事的人是不幸的人。——高尔基
36. 伟大的作品不只是靠力量完成,更是靠坚定不移的信念。——塞缪尔·约翰逊
37. 如果一个人有足够的信念,他就能创造奇迹。——温塞特
38. 人,只要有一种信念,有所追求,什么艰苦都能忍受,什么环境也都能适应。——丁玲
39. 信仰是人生的动力。——列夫·托尔斯泰
40. 人活着就要用生命去解释自己的信仰。——马·普顿尔
41. 有两件事是我最憎恨:没有信仰的博学多才和充满信仰愚昧无知。——穆罕莫德

42. 信仰是人类赖以生存的众多的力量之一，若是没有它，便意味着崩溃。——威廉·詹姆斯

43. 信仰就是生命车。——威廉·詹姆斯

44. 支配战士行动的力量是信仰，他能够忍受一切艰难、痛苦，而达到他所选定的目标。——巴金

45. 最可怕的敌人，就是没有坚定的信仰。——罗曼·罗兰

46. 现实是此岸，理想是彼岸。中间隔着湍急的河流，行动则是架在川上的桥梁。——克雷洛夫

47. 骐骥一跃，不能十步；驽马十驾，功在不舍；锲而舍之，朽木不折；锲而不舍，金石可镂。——荀况

48. 日日行，不怕千万里；常常做，不怕千万事。——《格言联璧·处事》

49. 贵有恒，何必三更起五更眠。最无益，只怕一日曝十日寒。——毛泽东

50. 在科学上面是没有平坦的大路可走的，只有那些在崎岖小路的攀登上不畏劳苦的人，才有希望到达光辉的顶点。——马克思

比一比

看谁解读得好、解读得多，请把你解读好的名言写出来：_____

_____

_____

_____

看谁背诵得快、背诵得多，请把你知道的其他关于理想、信念的名言写下来：_____

_____

_____

_____

学习实践收获

请从知识、能力、素质方面谈本章学习与实践的收获：_____

_____

_____

_____

_____

_____

第三章 弘扬中国精神

理论学习指导

一、学习目标要求

1. 掌握中国精神的科学内涵，自觉树立以爱国主义为核心的民族精神和以改革创新为核心的时代精神。

2. 掌握爱国主义的基本内涵，理解新时代爱国主义的要求，了解重精神是中华民族优秀传统，是实现中华民族伟大复兴中国梦的强大精神动力。

3. 掌握改革创新的时代要求，弘扬新时代爱国主义的主旋律，积极培养爱国之情、砥砺强国之志、实践爱国之行。

4. 大学生应积极弘扬中国精神，增强爱国主义情感，做忠诚的爱国者；树立改革创新意识、投身改革创新实践，勇做改革创新的生力军。

二、理论要点展示

（一）中国精神是兴国强国之魂

中华民族在5000多年的历史长河中生生不息、薪火相传，在悠久辉煌历史文化之中孕育了伟大的中国精神，中国精神作为兴国强国之魂，是实现中华民族伟大复兴不可或缺的精神支撑和精神动力。

重精神是中华民族的优秀传统。中华民族崇尚精神的优秀传统，首先表现在对物质生活与精神生活相互关系的独到理解上；也表现在中国古人对理想的不懈追求上；亦表现在对道德修养和道德教化的重视上；还表现为对理想人格的推崇。

中国共产党是中华民族重精神优秀传统的忠实继承者和坚定弘扬者。在革命、建设、改革各个历史时期，中国共产党都强调要处理好物质和精神的关系，重视发挥人的精神的能动作用。中华民族重精神的优秀传统得到进一步发扬光大。习近平强调，民族复兴不仅表现为经济腾飞，更要有中国精神的振奋和彰显；只有物质文明建设和精神文明建设都搞好了，国家物质力量和精神力量都增强了，全国各族人民物质生活和精神生活都改善了，中国特色社会主义事业才能顺利向前推进。在实现中华民族伟大复兴的征程中，必须继承中华民族创造的一切精神财富，不断增强团结一心的精神纽带、自强不息的精神动力，提振全民族的精气神，以朝气蓬勃的精神状态迈向中华民族的光明未来。

中国精神是民族精神和时代精神的统一。以爱国主义为核心的民族精神和以改革创新为核心的时代精神，构成了中国精神的基本内容。大力弘扬中国精神，培育中华民族共同的精神家园，既需要大力弘扬以爱国主义为核心的伟大民族精神，也需要大力弘扬以改革创新为核心的伟大时代精神。

以爱国主义为核心的民族精神。民族精神是一个民族在长期共同生活和社会实践中形成的、为本民族大多数成员所认同的价值取向、思维方式、道德规范、精神气质的总和，是一个民族赖以生存和发展的精神支柱。在5000多年的历史发展中，中华民族形成了以爱国主义为核心的伟大民族精神。主要包括伟大创造精神、伟大奋斗精神、伟大团结精神、伟大梦想精神。

以改革创新为核心的时代精神。时代精神是一个国家和民族在新的历史条件下形成和发展的，是体现民族特质并顺应时代潮流的思想观念、价值取向、精神风貌和社会风尚的总和，是一种对社会发展具有积极影响和推动作用的集体意识。改革创新精神体现为突破陈规、大胆探索、敢于创造的思想观念，体现为不甘落后、奋勇争先、追求进步的责任感和使命感，体现为坚忍不拔、自强不息、锐意进取的精神状态。

民族精神与时代精神紧密关联，都是一个民族赖以生存和发展的精神支撑。一切民族精神都曾经是一定历史阶段中带动潮流、引领风尚、推动社会发展的时代精神。同时，一切时代精神都将随着历史的变迁逐步融入民族精神的长河之中，不断丰富和发展民族精神的时代内涵。

民族精神和时代精神共同构成了我们当今时代的中国精神。实现中国梦，必须弘扬中国精神，以高扬的精神旗帜为指引，以凝聚中国力量的精神纽带、激发创新创造的精神动力、推进复兴伟业的精神定力为支撑，团结凝聚全体人民的智慧和力量，为实现中国梦而努力奋斗。

（二）爱国主义及其时代要求

在中华民族5000多年绵延发展的历史长河中，爱国主义始终是激昂的主旋律，始终是激励我国各族人民自强不息的强大力量。实现中华民族伟大复兴的中国梦，是当代中国爱国主义的鲜明主题。

爱国主义体现了人们对自己祖国的深厚感情，揭示了个人对祖国的依存关系，是人们对自己家园以及民族和文化的归属感、认同感、尊严感与荣誉感的统一。它是调节个人与祖国之间关系的道德要求、政治原则和法律规范，也是中华民族精神的核心。爱国是每个人都应当自觉履行的责任和义务，是对祖国的报答。要做到爱祖国的大好河山、爱自己的骨肉同胞、爱祖国的灿烂文化、爱自己的国家。

爱国主义是历史的、具体的，在不同的历史条件和文化背景下所形成的爱国主义，总是具有不同的内涵和特点。爱国主义的丰富性和生命力，正是通过它的历史性和具体性来表现的。在现阶段，爱国主义主要表现为献身于建设新时代中国特色社会主义伟大事业，献身于实现中华民族伟大复兴中国梦的实践，献身于促进祖国统一大业。

新时代的爱国主义基本要求是：坚持爱国主义和社会主义相统一、维护祖国统一和民族团结、尊重和传承中华民族历史和文化、坚持立足民族又面向世界。弘扬新时代的爱国主义，必须团结全体社会主义劳动者、社会主义事业的建设者、拥护社会主义的爱国者、拥护祖国统一和致力于中华民族伟大复兴的爱国者，汇集起实现中国梦的磅礴力量。

爱国既需要情感的基础，也需要理性的认识，更需要实际的行动。爱国不是简单的情感表达，而是一种理性的行为，要讲原则、守法律，以合理合法的方式来进行。

只有把国家的安全、荣誉和利益放在高于一切的地位，始终做到爱国的深厚情感、理性认识和实际行动相一致，与祖国同呼吸、共命运，才是真正的爱国者。

要维护和推进祖国统一。推进祖国统一，必须保持中国香港、澳门长期繁荣稳定。和平统一最符合包括台湾同胞在内的中华民族的根本利益。要从中华民族整体利益的高度把握两岸关系大局，坚持一个中国原则、推进两岸交流合作、促进两岸同胞团结奋斗、反对"台独"分裂图谋，为推动两岸关系和平发展、实现祖国统一做出自己的贡献。

要促进民族团结。要坚定"汉族离不开少数民族，少数民族离不开汉族，各少数民族之间也相互离不开"的思想观念。要牢固树立正确的祖国观、民族观，要铸牢中华民族共同体意识，维护和发展各民族的平等团结互助和谐关系。要认清"藏独"和"疆独"等各种分裂主义势力的险恶用心和反动本质，敢于同各种分裂活动做斗争，坚决维护祖国统一、维护民族团结、维护社会稳定。

要增强国家安全意识。国家安全问题事关国家安危和民族存亡。大学生要增强国家安全意识，确立总体国家安全观，增强国防意识，履行维护国家安全的义务。新时代的大学生应当高扬爱国主义旗帜，把爱国之情、强国之志、报国之行统一起来，为国家和民族做出应有的贡献。

（三）让改革创新成为青春远航的动力

改革创新是当代中国最突出、最鲜明的特点。大学生富有想象力和创造力，是改革创新的生力军，要在改革创新的实践中奉献祖国、服务人民、实现价值，让改革创新成为青春远航的强大动力。

创新创造是中华民族最深沉的民族禀赋。中华民族是富有创新精神的民族。我们的先民很早就提出了"苟日新，又日新，日日新""穷则变，变则通，通则久"等与创新创造有关的思想观念。勇于创新创造的民族禀赋成就了辉煌灿烂的中华文明。我国在历史上长期处于世界领先地位，中华文明对世界文明进步做出了巨大贡献，产生了深远影响。19世纪中叶以后，中华民族在世界工业革命大潮中落后于时代，陷入了落后挨打的悲惨境地。中华人民共和国的成立，让古老的中国焕发出新生，勤劳勇敢的中国人民在建设自己美好家园的伟大实践中迸发出创新创造的生机活力，在中国共产党的领导下开启了全力追赶时代、勇于引领时代的改革创新大潮。

改革创新是时代要求。在当代中国，社会发展离不开改革创新，改革创新是社会发展的重要动力，坚持改革创新是新时代的迫切要求。这是因为：创新始终是推动人类社会发展的第一动力；创新能力是当今国际竞争新优势的集中体现；改革创新是我国赢得未来的必然要求。实施创新驱动发展战略，最根本的是要增强自主创新能力，打通从科技强到产业强、经济强、国家强的通道，让改革释放创新活力，让一切创新源泉充分涌流，为我国经济社会发展提供前所未有的强劲动力。

大学生要做改革创新的生力军。新时代的大学生置身于实现中华民族伟大复兴的时代洪流之中，应当以时代使命为己任，把握时代脉搏，迎接时代挑战，树立勇于改革创新、敢于突破陈规的自觉意识，增强改革创新的责任感，树立大胆探索未知领域的信心，增强创新创造的能力和本领，在实践中锐意进取，奋力前行。

三、重点难点剖析

（一）学习重点

1. 中华民族的伟大民族精神

中国人民在长期奋斗中培育、继承、发展起来的伟大民族精神，为中国发展和人类文明进步提供了强大精神动力。

（1）伟大创造精神。在几千年历史长河中，中国人民始终辛勤劳作、发明创造，我国产生了孔子等伟大思想巨匠，发明了造纸术等伟大科技成果，创作了《诗经》等伟大文艺作品，传承了《格萨尔王》等伟大史诗，建设了万里长城等伟大工程。今天，中国人民的创造精神正在前所未有地迸发出来，推动我国日新月异向前发展，大踏步走在世界前列。只要13亿多中国人民始终发扬这种伟大创造精神，就一定能够创造出一个又一个人间奇迹！

（2）伟大奋斗精神。在几千年的历史长河中，中国人民始终革故鼎新、自强不息，开发和建设了祖国辽阔秀丽的大好河山，开拓了波涛万顷的辽阔海疆，开垦了物产丰富的广袤粮田，治理了桀骜不驯的千百条大江大河，战胜了数不清的自然灾害，建设了星罗棋布的城镇乡村，发展了门类齐全的产业，形成了多姿多彩的生活。中国人民自古就明白，世界上没有坐享其成的好事，要幸福就要奋斗。今天，只要13亿多中国人民始终发扬这种伟大奋斗精神，就一定能够达到创造人民更加美好生活的宏伟目标！

（3）伟大团结精神。在几千年历史长河中，中国人民始终团结一心、同舟共济，建立了统一的多民族国家，发展了56个民族多元一体、交织交融的融洽民族关系，形成了守望相助的中华民族大家庭。今天，中国取得的令世人瞩目的发展成就，更是全国各族人民同心同德、同心同向努力的结果。只要13亿多中国人民始终发扬这种伟大团结精神，就一定能够形成勇往直前、无坚不摧的强大力量！

（4）伟大梦想精神。在几千年的历史长河中，中国人民始终心怀梦想、不懈追求，我们不仅形成了小康生活的理念，而且秉持天下为公的情怀，盘古开天、愚公移山等我国古代神话深刻反映了中国人民勇于追求和实现梦想的执着精神。中国人民相信，山再高，往上攀，总能登顶；路再长，走下去，定能到达终点。今天，中国人民比历史上任何时期都更接近、更有信心和能力实现中华民族伟大复兴。只要13亿多中国人民始终发扬这种伟大梦想精神，就一定能够实现中华民族伟大复兴！

2. 以改革创新为核心的时代精神

（1）时代精神的含义。时代精神是一个国家和民族在新的历史条件下形成和发展的，是体现民族特质并顺应时代潮流的思想观念、价值取向、精神风貌和社会风尚的总和，是一种对社会发展具有积极影响和推动作用的集体意识。时代精神反映社会进步的发展方向，引领时代的进步潮流，是社会的主旋律和时代的最强音。

（2）时代精神的生动写照。感动中国的先进典型、道德模范、时代楷模和英雄群体，是当今中国时代精神的生动写照。他们或承载人民至上、以人为本、公平正义、诚信友爱的价值追求，或体现廉洁奉公、爱岗敬业、淡泊名利、甘于奉献的职业品格，或展现解放思想、求真务实、积极探索、勇于创新的科学精神，或彰显自强不息、艰苦奋斗、顽强拼搏、敢于胜利的英雄情怀，这些都是中国人民在改革开放的伟大实践中体现出来的崭新精神面貌和高尚精神品格，是建设新时代中国特色社会主义、实现中国梦的强大精神动力。

（3）改革创新精神的含义。改革创新精神是时代精神的核心，贯穿于改革开放的全部实践，体现在时代精神的各个方面。改革是破除社会发展障碍、激发社会发展活力的引擎，创新则是民族进步的灵魂、国家兴旺发达的动力。改革创新精神既是对中华民族革故鼎新优良传统的继承弘扬，也是当代中国改革开放伟大实践中体现出来的精神品格和精神特征。

（4）改革创新精神的体现。改革开放40年来，党带领人民破除阻碍发展的思想观念、体制机制，取得了世人瞩目的巨大成就，靠的就是这种不断改革创新的进取精神。改革创新精神体现为突破陈规、大胆探索、敢于创造的思想观念，勇于打破与社会和历史发展规律不相吻合的思维方式、行为规范的束缚，从不合实际、不合规律的观念和体制的束缚中解放出来，从错误和教条式的思想观念中解放出来；体现为不甘落后、奋勇争先、追求进步的责任感和使命感，不自甘落后、故步自封，也不满足于取得的成就，躺在历史的功劳簿上自满自足、裹足不前，而是以"落后就会挨打"的危机感和忧患意识自我警醒，以"一万年太久，只争朝夕"的奋发精神和竞争意识自我激励；体现为坚忍不拔、自强不息、锐意进取的精神状态，有"敢啃硬骨头""敢涉险滩"的闯劲，有"咬定青山不放松"的韧劲，有"生命不息，奋斗不止"的拼劲。

以改革创新为核心的时代精神，是当代中国人民精神风貌的集中写照，是激发社会创造活力的强大力量。中国特色社会主义事业是一项前无古人的创造性事业，只有坚持弘扬以改革创新为核心的时代精神，才能使全体人民始终保持昂扬向上的精神状态，不断推进中国特色社会主义伟大事业。

3. 新时代的爱国主义基本要求

爱国主义是历史的、具体的，在不同的历史条件和文化背景下所形成的爱国主义，总是具有不同的内涵和特点。新时代的爱国主义基本要求是本章重点，应着力把握以下内容：

（1）坚持爱国主义和社会主义相统一。我国爱国主义始终围绕着实现民族富强、人民幸福而发展，最终汇流于中国特色社会主义。祖国的命运和党的命运、社会主义的命运是密不可分的。只有坚持爱国和爱党、爱社会主义相统一，爱国主义才是鲜活的、真实的，这是当代中国爱国主义精神最重要的体现。

（2）维护祖国统一和民族团结。在新的时代条件下，弘扬爱国主义精神，必须把维护祖国统一和民族团结作为重要着力点和落脚点。维护和推进祖国统一，是中华民族走向伟大复兴的题中之义。

（3）尊重和传承中华民族历史和文化。对祖国悠久历史、深厚文化的理解和接受，是人们爱国主义情感培育和发展的重要条件。中华优秀传统文化是中华民族的精神命脉。

（4）必须坚持立足民族又面向世界。中国的命运与世界的命运紧密相关。弘扬新时代的爱国主义，必须坚持立足民族，维护国家发展主体性；弘扬新时代的爱国主义，必须面向世界，构建人类命运共同体。

4. 做新时代的忠诚爱国者

（1）爱国既需要情感的基础，也需要理性的知识，更需要实际的行动。爱国不是简单的情感表达，而是一种理性的行为，要讲原则、守法律，以合理合法的方式来进行。

（2）只有把国家的安全、荣誉和利益放在高于一切的地位，始终做到爱国的深厚情感、理性认识和实际行动相一致，与祖国同呼吸、共命运，才是真正的爱国者。

（3）要维护和推进祖国统一。推进祖国统一，必须保持香港、澳门地区长期繁荣稳定。和平统一最符合包括台湾同胞在内的中华民族的根本利益。要从中华民族整体利益的高度把握两岸关系大局，坚持一个中国原则、推进两岸交流合作、促进两岸同胞团结奋斗、反对"台独"分裂图谋，为推动两岸关系和平发展、实现祖国统一做出自己的贡献。

（4）要促进民族团结。要坚定"汉族离不开少数民族，少数民族离不开汉族，各少数民族之间也相互离不开"的思想观念。要牢固树立正确的祖国观、民族观，要铸牢中华民族共同体意识，维护和发展各民族的平等团结互助和谐关系。要认清"藏独"和"疆独"等各种分裂主义势力的险恶用心和反动本质，敢于同各种分裂活动做斗争，坚决维护祖国统一、维护民族团结、维护社会稳定。

（5）要增强国家安全意识。国家安全问题事关国家安危和民族存亡。大学生要增强国家安全意识，确立总体国家安全观，增强国防意识，履行维护国家安全的义务。新时代的大学生应当高扬爱国主义旗帜，把爱国之情、强国之志、报国之行统一起来，为国家和民族做出应有的贡献。

5. 大学生如何增强改革创新的能力本领

（1）夯实创新基础。改革创新之所以能够推陈出新，提出前人不曾提出的新思想，推出令世人敬仰叹服的新创造，一个重要的原因就在于改革创新者具有扎实的专业知识基础，缺乏深厚的专业知识积淀，盲目追求改革创新，往往容易流于不切实际的空想，或者是"无知者无畏"的蛮干。无视或轻视专业知识学习，不可能担负改革创新的重任。大学生作为改革创新的生力军，应从扎实系统的专业知识学习起步和入手，而不能好高骛远，空谈改革，坐论创新。

（2）培养创新思维。创新思维与守旧思维的区别在于，守旧思维往往求同、模仿，创新思维则注重求异、批判而不甘落入窠臼和俗套；守旧思维被动回答问题，创新思维善于发现问题；守旧思维往往机械、线性、封闭，创新思维则灵活而开放，发散而多维；守旧思维提出的观点人们往往因熟悉而易于接受，创新思维则常常因"异想天开"而被怀疑甚至嘲讽。大学生在专业学习与社会实践中应自觉培养创新型思维，勤于思考，善于发现，勇于创新。

（3）投身创新实践。实践出真知，实践长才干。当代大学生既置身于全球新一轮科技革命和产业变革兴起的历史机遇期，又置身于我国迈向现代化强国的历史新征程，应当在全面深化改革的伟大实践中深深体悟改革创新精神，增强改革创新的意识，锤炼改革创新的意志，增强改革创新的能力本领，勇做改革创新的实践者和生力军。

（二）学习难点

1. 中国精神是民族精神和时代精神的统一

（1）以爱国主义为核心的民族精神和以改革创新为核心的时代精神，构成了中国精神的基本内容。

（2）以爱国主义为核心的民族精神。民族精神是一个民族在长期共同生活和社会实践中形成的、为本民族大多数成员所认同的价值取向、思维方式、道德规范、精神气质的总和，是一个民族赖以生存和发展的精神支柱。在5000多年的历史发展中，中华民族形成了以爱国主义为核心的伟大民族精神。主要包括伟大创造精神、伟大奋斗精神、伟大团结精神、伟大梦想精神。

（3）以改革创新为核心的时代精神。时代精神是一个国家和民族在新的历史条件下形成和发展的，是体现民族特质并顺应时代潮流的思想观念、价值取向、精神风貌和社会风尚的总和，是一种对社会发展具有积极影响和推动作用的集体意识。改革创新精神体现为突破陈规、大胆探索、敢于创造的思想观念，体现为不甘落后、奋勇争先、追求进步的责任感和使命感，体现为坚忍不拔、自强不息、锐意进取的精神状态。

（4）民族精神与时代精神的辩证统一。民族精神与时代精神紧密关联，都是一个民族赖以生存和发展的精神支撑。一切民族精神都曾经是一定历史阶段中带动潮流、引领风尚、推动社会发展的时代精神。同时，一切时代精神都将随着历史的变迁逐步融入民族精神的长河之中，不断丰富和发展民族精神的时代内涵。

（5）民族精神和时代精神共同构成了我们当今时代的中国精神。实现中国梦，必须弘扬中国精神，以高扬的精神旗帜为指引，以凝聚中国力量的精神纽带、激发创新创造的精神动力、推进复兴伟业的精神定力为支撑，团结凝聚全体人民的智慧和力量，为实现中国梦而努力奋斗。

2. 新时代大学生应如何走在改革创新的时代前列

新时代的大学生置身于实现中华民族伟大复兴的时代洪流之中，应当以时代使命为己任，把握时代脉搏，迎接时代挑战，增强创新创造的能力和本领，勇做改革创新的实践者，将弘扬改革创新精神贯穿于实践中、体现在行动上。这部分内容较难，是学习的难点，应从以下几个方面加以理解：

（1）树立改革创新的自觉意识。改革创新，首先要求人们自觉增强改革创新的责任感，树立敢于突破陈规、大胆探索未知、勇于创新创造的思想观念，在实践中有直面困难的勇气，有突破难关的精神，锐意进取，奋力前行。一是增强改革创新的责任感。改革创新表现为一种不甘落后、奋勇争先、追求进步的责任感和使命感。二是树立敢于突破陈规的意识。陈规最易束缚人的思维和手脚，创新创造的过程往往充满艰辛。要创新，就要有强烈的创新意识，凡事要有打破砂锅问到底的劲头，敢于质疑现有定论，勇于开拓新的方向，攻坚克难，追求卓越。三是树立大胆探索未知领域的信心。创新就是要走前人没有走过的路。要创新，就要有强烈的创新自信。

（2）增强改革创新的能力本领。一是夯实创新基础。推行任何一项改革，做出任何一项创新，都是站在前人积累的专业知识基础之上的。二是培养创新思维。大学生在专业学习与社会实践中应自觉培养创新型思维，勤于思考，善于发现，勇于创新。三是投身创新实践。实践出真知，实践长才干。当代大学生既置身于全球新一轮科技革命和产业变革兴起的历史机遇期，又置身于我国迈向现代化强国的历史新征程，应当在全面深化改革的伟大实践中深深体悟改革创新精神，增强改革创新的意识，锤炼改革创新的意志，增强改革创新的能力本领，勇做改革创新的实践者和生力军。

四、学习热点探讨

大学生如何爱国

爱国是每个人都应当自觉履行的责任或义务。不同的历史时期，爱国的内容和形式是不同的。在中国特色社会主义新时代，大学生应当以民族复兴为己任，担当起实现中华民族伟大复兴中国梦的历史使命，努力做到立报国之志、存爱国之心、长爱国之情、增建国之才、践爱国之行，为国家和民族做出应有的贡献。做一个忠诚的爱国者，主要有以下几方面：

第一，要切实提高国防观念，以立报国之志。大学生作为社会主义事业的建设者和接班人，要提高国防观念，心系国家的安危，在祖国和人民需要的时候就能挺身而出，肩负起保家卫国的重任。大学生增强国防观念，要体现在日常学习、生活和社会实践的方方面面，主要有：学习国防知识，提高国防意识和素质；参加军事训练，学习国防知识和军事技能；参与国防教育活动，增进对国防的感性认识；关注国家的安全与发展，强化忧患意识。

第二，要着力增强国家安全意识，以存爱国之心。国家安全问题事关国家安危和民族存亡。在国家安全问题越来越复杂的今天，大学生要确立总体国家安全观，自觉履行维护国家安全的义务。必须既重视外部安全，又重视内部安全；既重视国土安全，又重视国民安全；既重视传统安全，又重视非传统安全；既重视发展问题，又重视安全问题。要坚持走和平发展道路，既重视自身安全，又重视共同安全，打造人类命运共同体，推动世界朝着互利互惠、共同安全的目标相向而行。大学生维护国家安全的主要义务有：依照法律服兵役和参加民兵组织的义务，保守国家秘密的义务，为国防建设和国家安全提供便利条件或其他协助的义务，及时报告危害国家安全行为的义务，不得非法持有、使用专用间谍器材的义务等。

第三，要自觉弘扬民族精神和时代精神，以长爱国之情。同学们不论以什么样的方式来报效祖国，都要自觉弘扬以爱国主义为核心的民族精神和以改革创新为核心的时代精神，努力学习，掌握报效祖国的本领。只有把自己的真才实学同报效国家的志向结合起来，始终如一地身体力行，才能为国家和民族做出应有的贡献。

第四，要努力学习科学文化知识，以增建国之才。作为一名大学生，努力学习科学文化知识是我们的本职工作，只有努力学好本领，才能为祖国的发展贡献力量。因此，大学生的主要任务就是以刻苦学习、增强本领的实际行动报效祖国。当代大学生承担的是建设中国特色社会主义、实现中华民族伟大复兴的历史使命。为了明天更好地报效祖国，我们应把自己的爱国热情和理想抱负融化在刻苦学习、掌握本领之中。

第五，要积极参加社会实践活动，以践爱国之行。大学生要积极投身于建设中国特色社会主义、实现中华民族伟大复兴的历史征程，要自觉维护国家利益，承担对国家应尽的义务，要把国家的安全、荣誉和利益放在高于一切的地位，与祖国同呼吸共命运；要维护改革发展稳定的大局，做到讲原则、守法律，以合理合法的方式进行理性爱国；要树立民族自尊心和自豪感，促进民族团结和祖国统一。

扫码学习平台

一、扫码随堂听——欣赏并回答：请你谈谈欣赏歌曲后的感悟。

陈思思-英雄赞歌　　江涛-愚公移山　　中央乐团合唱团-歌唱祖国　　张燕-春天的故事　　中国交响乐团合唱团-保卫黄河

二、扫码随堂看——观看并回答：请说出你印象深刻的内容及感悟。

[2016开学第一课]航天员王亚平讲述航天精神　　[视频]弘扬伟大民族精神，奋发有为新时代　　[视频]十三届全国人大一次会议在京闭幕　习近平发表重要讲话　　《辉煌中国》第二集《创新活力》4分钟速览版　　长征精神

三、扫码随堂读——阅读并回答：请概括习近平总书记讲话的核心思想。

知识运用练习

一、名词解释

1. 民族精神：

2. 改革创新精神：

3. 一个中国原则：

4. 总体国家安全观：

二、填空题

1. （　　）是兴国强国之魂。
2. （　　）是中华民族的优秀传统。
3. 以爱国主义为核心的（　　）和以改革创新为核心的（　　），构成了中国精神的基本内容。
4. （　　）是破除社会发展障碍、激发社会发展活力的引擎。
5. 实现中国梦必须弘扬（　　）精神。
6. （　　）是历史发展和社会进步的主体力量。坚持和发展中国特色社会主义、实现中华民族的伟大复兴，最根本的力量在（　　），最强大的力量在团结凝聚起来的（　　）。
7. 坚持和发展中国特色社会主义，需要我们正确认识当代（　　）和（　　）发展大势，正确认识中国特色和国际比较，坚定（　　）自信、（　　）自信、（　　）自信、（　　）自信。
8. 实现中华民族伟大复兴的（　　），是当代中国爱国主义的鲜明主题。
9. 在现阶段，爱国主义主要表现为献身于建设新时代（　　）伟大事业，献身于实现（　　）的实践，献身于促进（　　）大业。
10. 我国爱国主义始终围绕着实现民族富强、人民幸福而发展，最终汇流于（　　）。
11. 中华优秀（　　）是中华民族的精神命脉，其中蕴含着中华民族世世代代形成和积累的思想营养和实践智慧，是中华民族得以延续的（　　）基因，也是我们在世界文化激荡中站稳脚跟的根基。
12. 在经济全球化的条件下，（　　）仍然是民族存在的最高组织形式，是国际社会活动中的独立主体。
13. 弘扬新时代的爱国主义，必须面向世界，构建（　　）共同体。
14. （　　）最符合包括台湾同胞在内的中华民族的根本利益。
15. （　　）问题事关国家安危和民族存亡。
16. 强大的（　　）是国家生存与发展的安全保障。我国的国防是（　　）的国防。
17. 中华民族最深沉的民族禀赋是（　　）。
18. （　　）始终是推动人类社会发展的第一动力。
19. 实施创新驱动发展战略，最根本的是要增强（　　）能力。

三、单项选择题

1. 中国传统文化十分强调道德修养和道德教化，将（　　）置于"三不朽"之首，重视人的精神品格的养成。

　　A. 立德　　　　　B. 立功　　　　　C. 立言　　　　　D. 立信

2. 在几千年历史长河中，我国发明了造纸术、火药、印刷术、指南针等深刻影响人类文明进程的伟大科技成果，建设了万里长城、都江堰、大运河、故宫、布达拉宫等气势恢宏的伟大工程。这体现的是（　　）。

　　A. 伟大创造精神　　B. 伟大奋斗精神　　C. 伟大团结精神　　D. 伟大梦想精神

3. 在几千年历史长河中，中国人民始终团结一心、同舟共济，建立了统一的多民族国家，发展了56个民族多元一体、交织交融的融洽民族关系，形成了守望相助的中华民族大家庭。这体现的是（　　）。

　　A. 伟大创造精神　　　　　　　　　B. 伟大奋斗精神

　　C. 伟大团结精神　　　　　　　　　D. 伟大梦想精神

4. 在几千年历史长河中，盘古开天、女娲补天、伏羲画卦、神农尝草、夸父追日、精卫填海、愚公移山等我国古代神话深刻反映了中国人民勇于追求和实现梦想的执着精神。中国人民相信，山再高，往上攀，总能登顶；路再长，走下去，定能到达。这体现的是（　　）。

　　A. 伟大创造精神　　B. 伟大奋斗精神　　C. 伟大团结精神　　D. 伟大梦想精神

5. 用生命叩响"地球之门"、让中国进入"深地时代"的战略科学家是（　　）。

　　A. 徐立平　　　　B. 黄大发　　　　C. 黄大年　　　　D. 南仁东

6. （　　）是历史发展和社会进步的主体力量。

　　A. 中华民族　　　B. 中国共产党　　C. 社会生产力　　D. 人民群众

7. 下面关于爱国主义的叙述，不正确的是（　　）。

　　A. 爱国主义是历史的、具体的

　　B. 爱国主义体现了人们对自己祖国的深厚感情

　　C. 爱国主义是历史的、抽象的

　　D. 爱国主义是民族精神的核心

8. （　　）是我国的一大特色，也是我国发展的一大有利因素。

　　A. 多党派　　　　B. 多民族　　　　C. 多气候　　　　D. 多文化

9. 习近平指出："历史是一面镜子，从历史中，我们能够更好看清世界、参透生活、认识自己；历史也是一位智者，同历史对话，我们能够更好认识过去、把握当下、面向未来。"下面哪个说法与这段话的意思不符（　　）。

　　A. 抛弃传统、丢掉根本，就等于割断了自己的精神命脉

　　B. 抛弃或背叛自己历史文化的民族是没有希望的民族

　　C. 一个有希望的民族不能没有英雄，一个有前途的国家不能没有先锋

　　D. 我们都是历史虚无主义者，也是文化虚无主义者

10. 构建人类命运共同体的理念，源于（　　），属于世界。

A. 德国　　　　　B. 英国　　　　　C. 美国　　　　　D. 中国
11. 把一个国家不受内部和外部的威胁、破坏而保持稳定有序的状态称之为（　　）。
A. 国防　　　　　B. 社会保障　　　C. 国家安全　　　D. 政治安全
12. 当代中国最突出、最鲜明的特点是（　　）。
A. 改革创新　　　B. 解放思想　　　C. 转变生产方式　D. 科学发展
13. （　　）是当今国际竞争新优势的集中体现。
A. 改革创新　　　B. 创新能力　　　C. 解放思想　　　D. 与时俱进

四、多项选择题

1. 下面表现中华民族崇尚精神的优秀传统的是（　　）。
A. 对物质生活与精神生活相互关系的独到理解
B. 中国古人对理想的不懈追求
C. 对道德修养和道德教化的重视
D. 对理想人格的推崇

2. 下面关于时代精神的阐述，正确的有（　　）。
A. 时代精神是一个国家和民族在新的历史条件下形成和发展的
B. 时代精神是体现民族特质并顺应时代潮流的思想观念、价值取向、精神风貌和社会风尚的总和
C. 时代精神是调节个人与祖国之间关系的道德要求、政治原则和法律规范
D. 时代精神是一种对社会发展具有积极影响和推动作用的集体意识

3. （　　）是共同构成我们当今时代的中国精神。
A. 民族精神　　　B. 奉献精神　　　C. 时代精神　　　D. 牺牲精神

4. 下面关于爱国主义的阐述，正确的有（　　）。
A. 爱国主义是人民群众对自己祖国的深厚感情的体现
B. 爱国主义是人们对自己祖国的归属感、认同感、尊严感与荣誉感的统一
C. 爱国主义是调节个人与祖国之间关系的道德要求、政治原则和法律规范
D. 爱国主义是时代精神的核心

5. 爱国主义的特点是具有（　　）。
A. 历史性　　　　B. 具体性　　　　C. 抽象性　　　　D. 阶级性

6. 新时代的爱国主义基本要求是（　　）。
A. 尊重和传承中华民族历史和文化　　B. 坚持爱国主义和社会主义相统一
C. 维护祖国统一和民族团结　　　　　D. 坚持立足民族又面向世界

7. 在新的时代条件下，弘扬爱国主义精神的着力点和落脚点是（　　）。
A. 坚定道路　　　　　　　　　　　　B. 维护祖国统一
C. 民族团结　　　　　　　　　　　　D. 爱社会主义

8. 当今世界，没有哪个国家能够独自应对人类面临的各种挑战，也没有哪个国家能够退回到自我封闭的孤岛。如何共同建设一个（　　）、清洁美丽的世界，是全人类的共同利益和共同价值追求。

A. 持久和平　　B. 普遍安全　　C. 共同繁荣　　D. 开放包容

9. 维护和推进祖国统一的内容包括（　　　）。

A. 促进两岸同胞团结奋斗　　　　B. 坚持一个中国原则

C. 推进两岸交流合作　　　　　　D. 反对"台独"分裂图谋

10. 大学生要像爱护自己的眼睛一样维护民族团结，像爱护自己的生命一样维护社会稳定，自觉做民族团结进步事业的（　　　）。

A. 建设者　　B. 维护者　　C. 创造者　　D. 促进者

11. 确立总体国家安全观的重要举措有（　　　）。

A. 既重视外部安全，又重视内部安全

B. 既重视国土安全，又重视国民安全

C. 既重视传统安全，又重视非传统安全

D. 既重视发展问题，又重视安全问题

12. 下列关于改革创新的论述，正确的有（　　　）。

A. 改革创新是民族精神的核心

B. 创新始终是推动人类社会发展的第一动力

C. 创新能力是当今国际竞争新优势的集中体现

D. 改革创新是我国赢得未来的必然要求

13. 下面关于创新的叙述，正确的是（　　　）。

A. 把创新作为引领发展的第一动力

B. 把创新摆在国家发展全局的核心位置

C. 把创新驱动发展战略作为国家重大战略

D. 让创新贯穿党和国家一切工作

14. 树立改革创新的自觉意识具体要求是（　　　）。

A. 增强改革创新的责任感　　　　B. 树立敢于突破陈规的意识

C. 要承担对国家应尽的义务　　　D. 树立大胆探索未知领域的信心

五、辨析题

1. 以爱国主义为核心的时代精神构成了中国精神的基本内容。

答：

2. 坚持和发展中国特色社会主义、实现中华民族的伟大复兴，最根本的力量在党。

答：

3. 在中华民族5000多年绵延发展的历史长河中,社会主义始终是激昂的主旋律。
答:

4. 祖国的命运和党的命运、社会主义的命运是毫无关系的。
答:

5. 在经济全球化的条件下,国家不再是民族存在的最高组织形式。
答:

6. 一个中国原则是两岸关系的政治基础。
答:

7. 在我国,大学生没有国防义务。
答:

8. 创新决定着世界政治经济力量对比的变化,也决定着各国各民族的前途命运。
答:

9. 当今世界,谁牵住了科技创新这个"牛鼻子",谁就能占领先机,赢得优势。
答:

10. 我国经济总量跃居世界第二,创新能力、科技发展水平总体很高。
答:

六、简答题

1. 如何理解以改革创新为核心的时代精神?
答:

2. 为什么实现中国梦必须弘扬中国精神？
答：

3. 简述爱国主义的基本内涵与时代要求。
答：

4. 新时代爱国主义的基本要求是什么？
答：

5. 如何做新时代的忠诚爱国者？
答：

6. 如何增强国家安全意识？
答：

7. 为什么说改革创新是时代要求？
答：

七、论述题

论述中国精神是兴国强国之魂。
答：

八、案例分析

案例分析 1

太空，中国人来了

2008年9月27日16时20分，在北京航天飞行控制中心，所有人都目不转睛盯着大屏幕。屏幕里，翟志刚穿着洁白的"飞天"航天服，静静地等待出舱。他旁边，刘伯明穿着"海鹰"，支持配合翟志刚。从拍摄的角度看去，图像仿佛是静止的。这样的安静，让空气几乎凝滞。大家屏住呼吸，仿佛生怕哪个响动会影响航天员。

16时34分，神舟七号飞船运行第29圈，零号指挥员下达命令：我是北京，神舟七号开始出舱。

太空，中国人来了！

翟志刚抓住头顶上方的气闸舱舱门的扳手，逆时针旋拧。在失重状态下，这个普通的动作做起来非常吃力。翟志刚的动作沉重而缓慢：转动，休息；再转，再休息。舱门打开了一半，又闭了起来！大家的心都提到嗓子眼。"别着急！""再来！"虽然传来的声音并不真切，中国航天人在互相鼓励！我们也攥紧了拳头，在心里为翟志刚加油！

16时35分12秒，舱门终于向飞船内侧打开了！太阳的光芒倾泻进舱门，舱外澄净如洗。

16时41分，这是历史性的一刻！翟志刚出舱！他采取先头后脚的方式出舱，先把上半身探出舱外，然后把系在"飞天"上的红色保险绳挂在飞船外壁的扶手上。到达出舱扶手最上端时，翟志刚转过头对着摄像机挥手，对着守候在屏幕前的全国人民挥手！

"神舟七号报告，我已出舱，感觉良好！""神舟七号向全国人民、向全世界人民问好！""请祖国放心，我们坚决完成任务！"翟志刚的声音洪亮有力。

他把两个安全系绳的挂钩全部改挂到右侧的扶手上，全身飘出了飞船。

从此，中国成为世界上第三个独立掌握空间出舱技术的国家！

这一刻，我们发现，原来从太空里看地球，是那样明亮，那样美丽！

屏幕上，刘伯明半身出舱，把一面五星红旗递给翟志刚。翟志刚挥舞着国旗，向全国、全世界人民致意。他的头顶是蓝色的地球，身后是浩渺、漆黑的太空，在这样的背景中，红色的五星红旗是如此鲜艳、醒目！

16时45分，翟志刚开始太空漫步。太空中，第一次留下了中国人的足印！

行走中，翟志刚的身体几乎和飞船平行，他的两只手交替抓着飞船舱外的扶手，支持身体缓缓移动——这和很多人想象中的"太空行走"并不一样，更像是"漂移"。

专家解释说，太空中没有上下左右之分，航天员实际上是"飘"在真空里。所以，航天员只能把身上的保险绳系在气闸舱外壁的扶手上，沿着舱壁"行走"。因此，相对舱壁来说，太空行走呈匍匐状态。

翟志刚把红色的安全绳移到另一侧的扶手上，熟练地取下了安装在飞船壁上的固体润滑材料实验样品，交给轨道舱内的刘伯明。

这一刻，有多少人在仰望太空，寻找神七的倩影？这一刻，翟志刚是否感受到整个中华民族凝视的目光？

返回的程序和出舱程序相反。可能因为有了出舱的经验，返回的过程更加顺利。翟志刚移回安全绳，然后把头调整到远离帆板的一侧，在刘伯明的协助下先把腿顺利地伸进轨道舱。之后，他解下系在舱外的安全绳，交给留在轨道舱的刘伯明。地面人员提醒刘伯明："注意保护舱门密封圈。"

翟志刚结束太空行走，安全返回轨道舱。17时00分35秒，舱门关闭，出舱活动圆满完成。翟志刚向北京报告："轨道舱关闭舱门，正在检漏，完毕。"

中国人的第一次太空行走共进行了19分35秒；这段时间，翟志刚与飞船一起飞过了

9165公里。

此时,太阳已在另一面。屏幕上,蓝色的地球隐没入太空,只剩边际一道明亮的弧线。

在随后的天地通话中,翟志刚说:"太空漫步的感觉很好,真为我们伟大的祖国感到骄傲!"

航天员们,你们也是我们的骄傲!

资料来源:光明日报 2008-09-28

思考题

1. 结合本案例,谈"载人航天精神"的丰富内涵是什么?

答:

2. "神舟七号向全国人民、向全世界人民问好!""请祖国放心,我们坚决完成任务!""太空漫步的感觉很好,真为我们伟大的祖国感到骄傲!"……这几句话表达了什么?大学生应该如何做一个忠诚的爱国者?

答:

案例分析 2

我的"中国芯"
——"星光中国芯工程"总指挥邓中翰

编者按:邓中翰,"星光中国芯工程"总指挥、研究员,北京中星微电子有限公司董事长。1997年毕业于美国加州大学伯克利分校,获电子工程学博士、经济管理学硕士、物理学硕士学位。1999年应邀回国,创建中星微电子公司,担任"星光中国芯工程"总指挥,领导"星光"系列数字多媒体芯片的研发和产业化工作。"星光中国芯"工程实现七大核心技术突破,申请近400项国内外技术专利,并实现了研发成果的产品化和产业化,占领世界计算机图像输入芯片市场份额60%以上,2005年3月被评为"国家科技进步一等奖"。

从中国科技大学到伯克利,勤奋奠就"中国芯"

在进入大学以前,我只是一个精力旺盛、能玩会学的普通少年,但不甘人后是我性格中最大的特点。从小学、初中到高中、大学,每每踏进一个新的学习环境都会激发我强烈的紧迫感和不断追求的上进心,报考当时录取分数线比清华还要高的中国科技大学就是出于这个原因。

大学是人生的关键阶段。这是我们一生中最好的系统接受教育的机会,也是我们打牢知识基础、奠定研究方向的最佳时期。今天回想起我的科研之路,大学期间我对知识的孜孜以求造就了我未来事业的基础。大二时,我对课本中的一个理论产生了质疑,经过反复试验后,我向老师交上一份长达8页的报告,并附上可以证明自己观点的5种实验方法设想。对于我这个"不怕虎"的"初生牛犊",老师并没有因为我所讨论的问题的细小浅薄而忽视我,反而把我推荐给了相关问题的课题组组长黄培华教授,黄教授以考古为主业,学术跨了好几个学科,对北京人头盖骨的断代做出了国际公认的明确断代,是中国改革开放以前第一批当选的教授。当我来到黄教授面前的时候,他看着我,没有说什么,只是把一大摞中英文重要文献交给我,让我好好看,一个月后和我讨论相关问题。从这位年逾花甲、以书为墙的学界泰斗家里退出来后,我突然心生感动,反复琢磨教授给我提的意见,心里的"科研"之火一下子被点燃了。从此以后,我更加刻苦。自习室、图书馆、实验室是我最爱去的地方,也几乎成了我大学时代记忆的全部。我几乎把所有的时间和精力都投入了学习中。可以说,大学生活给了我一个又一个解决自己关注的问题、一个又一个地发现新的问题的机会,大量的科学实验培养了我从最简单分子做起解决问题的科学精神,也逐渐使我明确了科研的方向。用搞科研的方法读本科,这条路最终让我走通了。1990年、1991年,我分别在国际应用核物理学杂志及中国科学通报上发表3篇相关文章,并获得了共青团中央及中国科协颁发的"全国大学生科技竞赛挑战杯奖"。获得"挑战杯奖"是我人生的一个里程碑,不但让我对学习和科研自发的兴趣有了一个突变,更重要的是让我意识到国家对知识创新的肯定,感到有千千万万同学在看着我的一言一行,我对自己从事的工作有了一种使命感。大学毕业后,我踏上了赴美国伯克利大学留学之路。

在伯克利的留学生涯中,我几乎没有一点时间娱乐,在我的日程表里只有学习和工作。由于不受课本框架的限制,我的视野由物理学延伸到了电子工程学,继而又拓展到经济学的范畴,对别人来说是三种横跨理、工、商的学科,但在我眼里,却有一些共同的东西在其间搭起桥梁。由于有了国际一流导师的指导和良好的实验条件,我对时间抓得更紧了。多学科的知识背景使我的事业发展逐渐有了明确具体的指向。我意识到核心技术服务于核心产业时,所产生的竞争力无论对哪一个企业都是举足轻重的。

在国外留学的亲身经历,我深刻认识到,国家的富强、民族的振兴、人民的富裕,归根到底取决于我们这个民族整体素质的提高。发展是硬道理,落后是注定要被动挨打的。当代大学生想要有所作为,不但要有爱祖国、爱人民的满腔热情,而且要有服务祖国、服务人民的真才实学。所以,要倍加珍惜大学的宝贵时光,把学习当作首要任务,勤于学习、善于求知,集中精力、只争朝夕,把满腔热情化作奋发求知的强大动力。

从硅谷到中关村,报国成就"中国芯"

1997年,我一边在伯克利求学,一边加入了IBM公司进行实践工作。不管在伯克利,还是IBM和后面加入的SUN公司,我都尽力做到极致。作为IBM的高级研究员,我负责超大规模CMOS集成电路设计研究,申请了多项发明专利,还获得了"IBM发明创造奖"。

1999年10月,我有幸受国务院之邀回国参加建国50周年国庆观礼,受到了党和国家领导人的亲切接见。祖国的巨大变化和勃勃生机强烈地吸引着我,党和各级政府的爱才、惜才之心深深地打动着我。就是在这一次庆典上,我下了回国创业的决心,想把所学的全部知识回报给我的祖国的念头来得如此迅猛和强烈,渴求得让人心悸,这是怎样的一种激情啊!

从此后，我踏上了报效祖国的正确道路。短短几天后，我把事业的舞台从硅谷搬到了北京，借鉴硅谷模式成立了中星微电子公司。国家的支持，广阔的市场前景，使中星微开始启动。在五年的发展历程中"星光中国芯"系列数字多媒体芯片不断创新，持续实现核心技术的突破。"星光中国芯"已经被三星、飞利浦、惠普、富士通、联想等国际知名企业大批量采用，覆盖了欧美日韩等16个国家和地区，成功占领了计算机图像输入芯片市场世界第一的市场份额，市场占有率达60%以上。星光多媒体芯片不仅提升了我国在核心技术领域的国际地位，而且对相关产业链的发展起到了巨大的推动作用。2005年3月28日，"星光中国芯"获得了2004年度国际科学技术进步一等奖。

"星光中国芯"工程的成功不是偶然的。我们的团队都是"海归"，对为什么回国创业私下里我们发现至少有三点是共识，首先是爱国，很多人可能觉得这是唱高调，那我劝劝他出国走一趟，最好是到美国，只有到了外国，你才能更加深切地体会到"中国心"的内涵；其次是事业心，我和我的伙伴们都是有"野心"的，不甘心在硅谷、在别人的地盘上干一辈子；还有一点可能就是我们技术工作人员的"老毛病"了，追求将一流的技术转化为一流的生产力，做自己的技术，做自己的企业，是最直截了当也最有挑战性的工作。

在实施这一工程的过程中，我深切认识到，我们国家经济、科技及各项事业的发展，正处于一个重要的战略机遇期。这是我国综合国力增强的"黄金期"，是科学技术迅猛发展的"创新期"，是人力资本急剧增长的"积累期"。紧紧抓住并利用好本世纪头20年的重要战略机遇期，实现我国经济社会持续稳定协调发展，是我们每一位有志青年的崇高使命和历史重任，也是大学生爱国情怀和报国之志的生动体现。

回首过去，我感到自己学习和工作的一切都贴上了"中国心"的标签，爱国这个字眼永远令我热血沸腾。但有一点我很清楚，那就是，爱国的理想要落实到具体行动上。要把爱国之志转化为报国之力，关键在于珍惜学生时代的难得时光，发愤学习，积累知识，练就本领。只有这样，才能真正为祖国和人民奉献才智，才能真正做出无愧于祖国、无愧于人民的业绩。

资料来源：新华网 http：//news.163.com/2005-04-24

思考题

1. 是什么促使邓中翰放弃在美国蒸蒸日上的事业而选择回国创业？国外留学的经历使他明白了什么道理？

答：

2. 大学生应当如何把爱国之志转化为报国之行？

答：

案例分析 3

潜心打造中国世界名牌　自主创新成就海尔奇迹

在海尔集团采访，一个很直接的印象是：这家率先打造出中国的世界名牌的企业，自主创新几乎是企业文化的全部，正是这种自主创新的企业精神贯穿海尔 21 年，成就了今天的海尔，让海尔成为世界的海尔。

海尔史就是一部创新史

走进海尔集团的展示厅，给每位参观者最强烈的感觉是：一部海尔史就是一部自主创新史。2005 年，海尔集团平均每天创造 1.75 个新产品，平均每天申报专利 2.8 项。目前，海尔集团已经累计申报专利 6189 项。据权威机构统计，海尔集团是连续 7 年申请专利最多的中国家电企业之一。

2005 年，在一等奖空缺的情况下，海尔集团"离子洗涤技术在全自动洗衣机上的应用"获得国家科技进步二等奖。到目前，海尔集团已累计获得国家科技进步奖 10 项，国家国际合作奖 1 项，是家电领域获得这项奖励最多的企业。

2005 年 6 月，海尔集团成为第一个进入国际电工委员会的发展中国家的企业代表。目前，海尔集团累计参与了 86 项中国国家标准的制修订，拥有企业标准 5730 项。通过自主创新，防电墙技术和双动力技术标准成为国际 IEC 标准。

2005 年 9 月，国家质量监督检验检疫总局公布了"中国名牌产品暨中国世界名牌产品"，全国仅有两家企业的 3 个产品当选首批"中国世界名牌产品"，海尔集团两个产品榜上有名：海尔冰箱和洗衣机双双荣膺"中国世界名牌产品"称号。

海尔集团技术中心在国家级技术中心评价工作中，连续 5 年获得综合排序第一名。这一评价是从企业技术中心的创新能力、资源整合能力、专利申请和标准制定等多方面的工作进行综合评价。

是什么因素给了海尔集团源源不断的创新动力？海尔集团首席执行官张瑞敏说："创新是企业的灵魂，就像一个人一样，空有发达的肌体，没有灵魂就是行尸走肉。如果中国企业完全拥有自主知识产权，拥有自主品牌，就不会受制于人，才能真正健康、良性地持续发展。"

从质量创新、技术创新、标准创新到管理创新。

质量创新：由"琴岛－利勃海尔"到"海尔"

海尔集团是我国引进、消化、提高，再进行自主创新的典范。21 年前，海尔集团的前身青岛电冰箱总厂，开始引进的是德国利勃海尔的冰箱制造技术，产品品牌叫"琴岛－利勃海尔"。

当年海尔"砸冰箱"事件至今让人记忆犹新。1985 年，张瑞敏刚到青岛电冰箱总厂工作时，宣布要把 76 台存在各种各样缺陷的冰箱全部砸掉，谁干的谁来砸，并抡起大锤亲手砸了第一锤！很多职工砸冰箱时流下了眼泪。张瑞敏告诉职工，有缺陷的产品就是废品。通过这一事件，海尔集团注重产品质量的形象被牢固地树立起来，得到全国消费者的认同。3 年间，依靠质量创新，海尔集团捧回了我国冰箱行业的第一块国家质量金奖，也完成了从技术引进到自主创新的过渡。

技术创新：从设计产品到设计市场

海尔集团的技术创新走出了一条与同行企业迥然不同的道路。从拥有自主的市场品牌之后，海尔集团就强调市场设计产品的观念创新，从满足用户需求出发，一项新的技术创新就要创造出一种新需求，创造出一个新市场。当年海尔"小小神童"洗衣机就创造了一个夏季洗衣的新市场。

在全球环保、节能的趋势下，海尔自主创新设计了不用洗衣粉的洗衣机，成功地开拓出一个崭新的市场。这种洗衣机在国际市场销量已经超过100万台。马来西亚客商一次就买断4万台，而且售价是当地最贵洗衣机售价的1.5倍。海尔集团总裁杨绵绵说："其实做洗衣机的基本原材料都差不多，这个超值部分就是海尔的超额利润。而支撑海尔获取超额利润的就是自主创新。"

标准创新：由参与竞争到制定规则

目前，标准是国际上产品竞争和市场竞争的更高阶段，海尔集团通过持续的自主知识产权创新，积极参与国家标准的制修订，目前已累计参与86项国家标准。海尔集团的双动力洗衣机和防电墙热水器技术，目前已经被国际电工委员会吸纳为国际标准提案，即将成为国际标准。我国家电企业在国际标准领域将首次拥有话语权。

管理创新："让每个人都具有自主创新的空间和价值"

当记者要采访海尔集团创新团队时，海尔集团的一位高管人士干脆地回答：海尔在内部打造了无边界的组织。他解释，在海尔集团已经形成了"三全创新体系"，即全员、全流程、全方位的创新体系，海尔集团就是一个创新整体。

2006年年初，海尔集团开始实施"人单合一"管理模式，实施全员创新。记者在采访中了解到，海尔集团"人单合一"的"人"指的是每一个员工，也就是每一个自主创新的主体；"单"是有竞争力的市场目标，"人单合一"就是每一个自主创新的主体与第一竞争力的市场目标的合一。

在全流程创新方面，海尔在通过流程再造，把垂直的管理架构变成扁平的管理架构后，仍然不断创新，其最新创造的"T模式"管理工具，也是优化流程的全新手段。"T模式"的四个要素：准时、目标、日清、团队，要求不单每个人每天要准时完成分解的目标，而且要形成团队的合力，实现企业总的目标。这种企业全系统精准化的管理工具，使海尔由数万个不断上升的创新主体汇聚成一个庞大的、动力不断增强的自主创新企业。

海尔集团的全面创新最突出的是观念创新。目前，海尔诸多独一无二的创新产品，都是在观念创新引导下进行技术创新的产物：如双动力洗衣机、不用洗衣粉的洗衣机、双向换新风空调、防电墙热水器等。在创新过程中，海尔集团特别强调创世界名牌的目标，按照创世界名牌必须达到的素质标准，要求每一个人都要成为这个环节里全球最优秀的那一个，现在达不到，就要确定一个目标，用倒推法分解到每一天。

用张瑞敏的话讲："人才是自主创新和可持续发展的保障。如果能够让每个人都具有自主创新的空间和价值，企业就会拥有独一无二的竞争力。"

资料来源：青岛新闻网 http://www.qingdaonews.com/2006-04-24

思考题

1. 为什么说自主创新是海尔做大做强的核心？

答：

2. 结合本案例，大学生应该如何弘扬以改革创新为核心的时代精神？
答：

实践活动项目

实践项目一

铭记历史，兴我中华
——以爱国主义为主题的演讲比赛

【目的要求】
通过开展以爱国主义为主题的演讲活动，使青年学生了解历史、了解国情、了解当代中国面临的机遇和挑战，了解爱国主义的时代特征，激发学生的爱国热情，培养爱国主义精神，做忠诚的爱国者。

【实践方案】
1. 把班级同学分成若干小组，以小组为单位广泛收集爱国主义方面的材料，每个同学写一份心得体会。
2. 在小组内进行交流。在此基础上整理、分析、提炼，形成一份小组演讲稿。
3. 组织一次小组演讲比赛，小组代表演讲所得分数，即为小组每一位成员应得分数。

【考核评价】
1. 评价方式：任课教师根据小组收集的材料，每个同学写的一份心得体会及小组代表演讲情况，综合评定学生实践教学环节成绩。成绩分为四个等级：优秀、良好、及格和不及格。
2. 教师评语：

写一写

小组收集的材料：

演讲提纲：

心得体会：_____
_____
_____
_____

实践项目二

感受家乡变化，增强爱国情感
——调查改革开放家乡新变化

【目的要求】

通过调查改革开放后家乡的新变化，让学生更加深切地了解和热爱家乡的大好河山和灿烂文化，更加热爱伟大的祖国，同时引导学生正确分析乡情、国情，增强爱国主义情感。

【实践方案】

1. 宣传发动。任课教师介绍开展本次实践活动的目的和意义，提高学生参与的积极性。

2. 资料收集准备。根据活动要求，学生可利用周末或假期返乡机会，结合家乡特色以及改革开放30多年自己家乡的新变化，选出具有一定知名度、美誉度的风土人情、历史文化、名山大川、人文景观、名优特产、名人事迹等。

3. 成果展示。撰写调查报告或制作展示改革开放家乡新变化的PPT文稿。可以个人形式展示，也可以团队的形式展示。

4. 交流发言。教师鼓励做得较优秀的同学发表活动感想，分享实践收获的喜悦，增强爱国、爱家乡的情感。

5. 评选出优秀的调查报告和图片出一期简报。

【考核评价】

1. 评价方式：任课教师根据学生撰写的调查报告或制作展示改革开放家乡新变化的PPT文稿，结合学生参与交流发言情况，综合评定学生实践教学环节成绩。成绩分为四个等级：优秀、良好、及格和不及格。

2. 教师评语：_____
_____

看一看

家乡新变化

改革开放前（图片）	改革开放后（图片）

> 写一写

改革开放家乡新变化调查报告

题目：			
姓名		班级　学号	
调查时间		调查地点	
报告内容摘要（至少500字）：			

实践项目三

参观爱国主义教育基地

【目的要求】

通过对爱国主义教育基地的参观，近距离地体悟英雄人物的爱国事迹，进一步加深对爱国主义的认同感，培养大学生的爱国主义、集体主义和社会主义的精神，增强爱国主义情感，践行爱国主义精神。

【实践方案】

1. 参观前教师要布置好思考题，让学生带着问题参观，针对性、目的性更明确。如参观的教育基地中蕴含着哪些爱国主义精神？参观后受到怎样的爱国主义教育？

2. 参观前还要做好学生各方面的教育工作，包括安全教育、遵章守纪教育、文明礼貌教育等。

3. 参观时要组织好学生，注意搜集史料，做好参观记录。

4. 参观结束，安排学生在允许的地方合影留念，咏唱爱国主义歌曲。

5. 返校后，针对参观前布置的思考题，每位同学写一篇1500字左右的感想。

6. 教师在课堂组织学生讨论，学生宣读自己的感想，教师点评。

【考核评价】

1. 评价方式：任课教师针对学生的课堂讨论情况和观后感想的质量等方面，综合评定学生实践教学环节成绩。成绩分为四个等级：优秀、良好、及格和不及格。

2. 教师评语：＿＿＿＿＿＿＿＿＿＿＿＿＿＿＿＿＿＿＿＿＿＿＿＿＿＿＿＿＿＿＿＿＿

记一记

参观记录

姓名		班级学号	
参观时间		参观地点	
参观内容			

实践项目四

观红色电影，扬中国精神

【目的要求】

在学习"爱国主义和弘扬中国精神和时代精神"时，开展观看"传承红色经典，弘扬中国精神"主题电影活动，使学生全面而深刻地理解中国精神的内涵，明确中国精神是激励中华民族团结奋斗、勇往直前的伟大力量，从而努力学习、奋发图强，谱写中国精神新篇章。

【实践方案】

1. 红色电影记录了革命前辈、革命烈士的光荣事迹，以艺术的手段再现英烈的伟大精神，集中反映了中国共产党带领全国人民进行革命、建设、改革及实现中华民族伟大复兴的光辉历程。因此，充分发挥红色资源的育人功能，让学生观看3~4部红色经典影片，以"回望历史，缅怀英烈"为主题撰写学习体会。

2. 任课教师组织学生交流心得体会，撰写并上交观后感，同时进行评价和总结。

【考核评价】

1. 评价方式：任课教师根据学生提交的心得体会、自主发言情况，综合评定学生实践教学环节成绩。成绩分为四个等级：优秀、良好、及格、不及格。

2. 教师评语：

写一写

"传承红色经典,弘扬中国精神"

序号	红色经典影片	观后感
1		
2		
3		
4		

名言解读背诵

1. 以家为家,以乡为乡,以国为国,以天下为天下。——《管子·牧民》
2. 临患不忘国,忠也。——《左传·昭公元年》
3. 苟利国家,不求富贵。——《礼记·儒行》
4. 捐躯赴国难,视死忽如归。——曹植
5. 精忠报国。——《宋史·岳飞列传》
6. 天下兴亡,匹夫有责。——顾炎武
7. 常思奋不顾身,而殉国家之急。——司马迁
8. 位卑未敢忘忧国。——陆游
9. 人生自古谁无死,留取丹心照汗青。——文天祥
10. 先天下之忧而忧,后天下之乐而乐。——范仲淹
11. 风声雨声读书声声声入耳,国事家事天下事事事关心。——顾宪成
12. 国耳忘家,公耳忘私。——班固
13. 鞠躬尽瘁,死而后已。——诸葛亮
14. 国耻未雪,何由成名?——李白
15. 苟利国家生死以,岂因祸福避趋之。——林则徐
16. 唯有民魂是值得宝贵的,唯有它发扬起来,中国才有真进步。——鲁迅
17. 我们爱我们的民族,这是我们自信心的泉源。——周恩来
18. 人民不仅有权爱国,而且爱国是个义务,是一种光荣。——徐特立
19. 祖国如有难,汝应作前锋。——陈毅
20. 锦城虽乐,不如回故乡;乐园虽好,非久留之地。归去来兮。——华罗庚

21. 一个人只要热爱自己的祖国，有一颗爱国之心，就什么事情都能解决。什么苦楚，什么冤屈都受得了。——冰心

22. 我爱我的祖国，爱我的人民，离开了它，离开了他们，我就无法生存，更无法写作。——巴金

23. 我荣幸地从中华民族一员的资格，而成为世界公民。我是中国人民的儿子。我深情地爱着我的祖国和人民。——邓小平

24. 现阶段，爱国主义主要表现为献身于建设和保卫社会主义现代化的事业，献身于促进祖国统一的事业。——江泽民

25. 人类最高的道德是什么？那就是爱国心。——拿破仑

26. 爱国主义就是千百年来固定下来的对自己祖国的一种最深厚的感情。——列宁

27. 谁不属于自己的祖国，他就不属于人类。——海涅

28. 热爱祖国，这是一种最纯洁、最敏锐、最高尚、最强烈、最温柔、最有情、最温存、最严酷的感情。一个真正热爱祖国的人，在各个方面都是一个真正的人。——苏霍姆林斯基

29. 爱祖国高于一切。——肖邦

30. 一个没有祖国的人，像一个没有家的孩子，永远都是孤独的。——尤今

31. 我们中华民族有同自己的敌人血战到底的气概，有在自力更生的基础上光复旧物的决心，有自立于世界民族之林的能力。——毛泽东

32. 我赞美目前的祖国，更要三倍地赞美它的将来。——马雅可夫斯基

33. 天行健，君子以自强不息。——《周易·乾·象》

34. 终日乾乾，与时偕行。——《周易·乾·文言》

35. 穷则变，变则通，通则久。——《周易·系辞下》

36. 苟日新，日日新，又日新。——《礼记·大学》

37. 惟进取也故日新。——梁启超

38. 不慕古，不留今，与时变，与俗化。——《管子·正世》

39. 世易时移，变法宜矣。——《吕氏春秋·察今》

40. 人类最高的欲求，是在时时创造新生活。——李大钊

41. 如果没有独创精神，不去探索更新的道路，只是跟着别人的脚印走路，也总会落后别人一步；要想赶过别人，非有独创精神不可。——华罗庚

42. 愈艰难，就愈要做。改革，是向来没有一帆风顺的，冷笑家的赞成，是在见了成效之后。——鲁迅

43. 改革之任，人人有责。——孙中山

44. 改革是硬道理。——邓小平

45. 生活的意义在于创造，而创造是独立自在、没有止境的！——高尔基

46. 生活就是变革，完美就是不断变化。——亨利·约翰·纽曼

47. 现在的一切美好事物，无一不是创新的结果。——穆勒

48. 能正确地提出问题就是迈出了创新的第一步。——李政道

49. 创新是一个民族进步的灵魂。——江泽民

50. 我是炎黄子孙，理所当然地要把学到的知识全部奉献给我亲爱的祖国。——李四光

比一比

看谁解读得好、解读得多，请把你解读好的名言写出来：_____

_____
_____
_____
_____

看谁背诵得快、背诵得多，请把你知道的其他关于爱国的名言写下来：_____

_____
_____
_____
_____

学习实践收获

请从知识、能力、素质方面谈本章学习与实践的收获：_____

第四章　践行社会主义核心价值观

理论学习指导

一、学习目标要求

1. 掌握社会主义核心价值观、社会主义核心价值体系的基本内容。
2. 理解当代中国发展进步的精神指引,理解社会主义核心价值观的现实基础。
3. 了解社会主义核心价值观的历史底蕴。
4. 坚定社会主义核心价值观自信,做社会主义核心价值观的积极践行者。

二、理论要点展示

(一) 全体人民共同的价值追求

核心价值观,承载着一个民族、一个国家的精神追求,体现着一个社会评判是非曲直的价值标准。全社会积极弘扬和践行社会主义核心价值观,才能汇聚起建设社会主义现代化强国和实现中华民族伟大复兴的中国梦的磅礴力量。

核心价值观是一定社会形态社会性质的集中体现,在一个社会的思想观念体系中处于主导地位,体现着社会制度、社会运行的基本原则和社会发展的基本方向。党的十八大提出,要倡导富强、民主、文明、和谐,倡导自由、平等、公正、法治,倡导爱国、敬业、诚信、友善,积极培育和践行社会主义核心价值观。

社会主义核心价值观和社会主义核心价值体系,两者是紧密联系、互为依存、相辅相成的。社会主义核心价值体系主要包括马克思主义指导思想、中国特色社会主义共同理想、以爱国主义为核心的民族精神和以改革创新为核心的时代精神、社会主义荣辱观。社会主义核心价值观是社会主义核心价值体系的精神内核,它体现了社会主义核心价值体系的根本性质和基本特征,反映了社会主义核心价值体系的丰富内涵和实践要求,是社会主义核心价值体系的高度凝练和集中表达。

富强、民主、文明、和谐,从国家层面标注了社会主义核心价值观的时代刻度。坚持和发展中国特色社会主义,实现中华民族伟大复兴的中国梦,凝结着中华民族和中国人民对富强、民主、文明、和谐的价值追求。

自由、平等、公正、法治,揭示了社会主义社会发展的价值取向,反映了人们对美好社会的期望和憧憬，是衡量现代社会是否充满活力又和谐有序的重要标志。

爱国、敬业、诚信、友善，这一价值追求回答了我们要培育什么样的公民的重大问题，涵盖了社会公德、职业道德、家庭美德、个人品德等各个方面，是每一个公民都应当遵守的道德规范。

培育和践行社会主义核心价值观，是有效整合我国社会意识、凝聚社会价值共识、解决和化解社会矛盾、聚合磅礴之力的重大举措，是保证我国经济社会沿着正确的方向发展、实现中华民族伟大复兴的价值支撑，意义重大而深远。2018年3月，十三届全国人大一次会议通过宪法修正案，把国家倡导社会主义核心价值观正式写入宪法，进一步凸显了社会主义核心价值观的重大意义。培育和践行社会主义核心价值观是坚持和发展中国特色社会主义的价值遵循，是提高国家文化软实力的迫切要求，是增进社会团结和谐的最大公约数。

（二）坚定价值观自信

坚定的核心价值观自信，是中国特色社会主义道路自信、理论自信、制度自信和文化自信的价值内核。社会主义核心价值观丰厚的历史底蕴、坚实的现实基础、强大的道义力量为我们坚定核心价值观自信提供了充分的理由。

任何一种价值观都不可能凭空产生，总是有其特定的历史底色和精神脉络。深深地根植于中华优秀传统文化，是社会主义核心价值观历史底蕴的集中体现。中华优秀传统文化是涵养社会主义核心价值观的重要源泉，是中华民族的精神命脉。培育和弘扬社会主义核心价值观，必须立足中华优秀传统文化。

我们所积极弘扬和践行的社会主义核心价值观，不仅与中华民族悠久灿烂的历史文化相契合，具有深厚的历史文化底蕴，而且同我们正在进行的奋斗相结合，同我们所要解决的时代问题相适应，具有坚实的现实基础。中国特色社会主义建设是社会主义核心价值观的实践根据，也以无可辩驳的事实生动展示着社会主义核心价值观的生机活力。

真理的力量加上道义的力量，才能行之久远。社会主义核心价值观以其先进性、人民性和真实性而居于人类社会的价值制高点，具有强大的道义力量。社会主义核心价值观的先进性，体现在它是社会主义制度所坚持和追求的核心价值理念。社会主义核心价值观的人民性体现在它所代表的最广大人民的根本利益，反映的最广大人民的价值诉求，引导着最广大人民为实现美好社会理想而奋斗。而人民当家作主的社会主义制度，则为社会主义核心价值观的真正实现奠定了根本的制度前提和制度保障，使得自由、民主、公正等价值观成为真切、具体、广泛的现实。

（三）做社会主义核心价值观的积极践行者

青年的价值取向，既关系着自己的健康成长成才，又决定着未来整个社会的价值取向。青年是引风气之先的社会力量。在全社会培育和弘扬社会主义核心价值观，需要大学生始终走在时代前列，成为社会主义核心价值观的坚定信仰者、积极传播者、模范践行者。

大学生成长成才和全面发展，扣好人生的扣子，离不开正确价值观的引领。大学生要努力把核心价值观的要求变成日常的行为准则，为实现国家富强、民族振兴、人民幸福的中国梦凝聚强大的青春能量。

大学生践行社会主义核心价值观就是要切实做到勤学、修德、明辨、笃实，使社会主义核心价值观成为一言一行的基本遵循。

培育和践行社会主义核心价值观，既要目标高远，保持定力、不懈奋进，又要脚踏实地，严于律己、精益求精，将社会主义核心价值观转化为人生的价值准则，勤学以增智、修德以立身、明辨以正心、笃实以为功。

三、重点难点剖析

（一）学习重点

1. 社会主义核心价值观的基本内容

（1）核心价值观的含义。核心价值观是一定社会形态社会性质的集中体现，在一个社会的思想观念体系中处于主导地位，体现着社会制度、社会运行的基本原则和社会发展的基本方向。中华人民共和国成立以来特别是改革开放以来，中国共产党带领全国人民在经济、政治、文化和社会等方面建立了一套比较成熟的基本制度和体制，成功探索出了一条中国特色社会主义道路。

（2）社会主义核心价值观的主要内容。党的十八大提出，要倡导富强、民主、文明、和谐，倡导自由、平等、公正、法治，倡导爱国、敬业、诚信、友善，积极培育和践行社会主义核心价值观。

2. 社会主义核心价值观的现实基础

社会主义核心价值观的现实基础，就是当今时代的中华民族所进行的人类历史上最为宏伟而独特的中国特色社会主义建设实践。

（1）价值观是人类在认识、改造自然和社会的过程中产生与发挥作用的。社会主义核心价值观生成于中国特色社会主义建设实践，同当今中国最鲜明的时代主题相适应，是当代中国精神的集中体现，是中国特色社会主义本质规定的价值表达。它从价值观的层面，清晰地展现了我们所推进的中国特色社会主义建设的基本特征和根本追求，引领着中国特色社会主义建设铿锵前行。

（2）中国特色社会主义建设的成功经验，是对社会主义核心价值观正确性、可信性的检验。同时，中国特色社会主义建设的新推进，也不断为社会主义核心价值观注入丰富而鲜活的时代内涵，提出弘扬和践行社会主义核心价值观的新任务新要求，并为社会主义核心价值观的弘扬和践行创造提供了广阔空间及有力的物质基础、制度保障和相应条件。社会主义核心价值观之所以彰显出强大的生命力、吸引力和感召力，正因其深深地扎根于中国特色社会主义建设的生动实践之中。

3. 大学生要做社会主义核心价值观的积极践行者

（1）重要意义。青年的价值取向，既关系着自己的健康成长成才，又决定着未来整个社会的价值取向。所以，在全社会培育和弘扬社会主义核心价值观，需要大学生始终走在时代前列，成为社会主义核心价值观的坚定信仰者、积极传播者、模范践行者。

（2）大学生要扣好人生的扣子。大学生成长成才和全面发展，离不开正确价值观的引领。正确的价值观能够引导大学生把人生价值追求融入国家和民族事业，始终站在人民大众立场，同人民一道拼搏、同祖国一道前进，服务人民、奉献社会，努力成为中国特色社会主

（3）大学生要勤学、修德、明辨、笃实。知识是树立社会主义核心价值观的重要基础。大学生把学习作为一种精神追求、一种生活方式，努力掌握为祖国、为人民服务的真才实学，让勤于学习、敏于求知成为青春远航的动力；修德，要立志报效祖国、服务人民，这是大德，同时，还得从做好小事、管好小节开始起步，踏踏实实修好公德、私德；培育和践行社会主义核心价值观，要自觉做到常修善德、常怀善念、常做善举；从知行合一上下功夫，核心价值观才能内化为人们的精神追求，外化为人们的自觉行动。只要坚韧不拔、百折不挠，成功就一定在前方等你。

（二）学习难点

1. 坚定价值观自信

坚定的核心价值观自信，是中国特色社会主义道路自信、理论自信、制度自信和文化自信的价值内核。社会主义核心价值观丰厚的历史底蕴、坚实的现实基础、强大的道义力量为我们坚定核心价值观自信提供了充分的理由。

任何一种价值观都不可能凭空产生，总是有其特定的历史底色和精神脉络。牢固的核心价值观，都有其固有的根本。抛弃传统、丢掉根本，就等于割断了自己的精神命脉。社会主义核心价值观不是无源之水、无本之木，深深地根植于中华优秀传统文化，是社会主义核心价值观历史底蕴的集中体现。中华优秀传统文化是涵养社会主义核心价值观的重要源泉，是中华民族的精神命脉。

历史是从昨天走到今天再走向明天，不忘本来才能开辟未来，善于继承才能更好创新。中国人民的理想、价值观和精神世界是始终扎根于中华优秀传统文化的沃土之中的，同时又是随着历史和时代前进而不断与时俱进的。社会主义核心价值观，是对中华优秀传统文化的继承和升华。

2. 当代中国发展进步的精神指引

培育和践行社会主义核心价值观，是有效整合我国社会意识、凝聚社会价值共识、解决和化解社会矛盾、聚合磅礴之力的重大举措，是保证我国经济社会沿着正确的方向发展、实现中华民族伟大复兴的价值支撑，意义重大而深远。

当今世界，文化越来越成为综合国力竞争的重要因素，成为经济社会发展的重要支撑，文化软实力越来越成为争夺发展制高点、道义制高点的关键所在。文化的力量，归根到底来自凝结其中的核心价值观的影响力和感召力；文化软实力的竞争，本质上是不同文化所代表的核心价值观的竞争。

当前，我国正处在经济转轨和社会转型的加速期，思想领域日趋多元、多样、多变，各种思潮此起彼伏，各种观念交相杂陈，不同价值取向并存，所有这些表现出来的是具体利益、观念观点之争，但折射出来的是价值观的分歧。培育和践行社会主义核心价值观，能够在具体利益矛盾、各种思想差异之上最广泛地形成价值共识，有效引领整合纷繁复杂的社会思想意识，有效避免利益格局调整可能带来的思想对立和混乱，形成团结奋斗的强大精神力量。

四、学习热点探讨

大学生如何践行社会主义核心价值观

青年的价值取向，既关系着自己的健康成长成才，又决定着未来整个社会的价值取向。青年是引风气之先的社会力量。在全社会培育和弘扬社会主义核心价值观，需要大学生始终走在时代前列，成为社会主义核心价值观的坚定信仰者、积极传播者、模范践行者。

大学生在高校生活，少则三到四年，多则九到十年，正处在人生成长的关键时期，知识体系搭建尚未完成，价值观塑造尚未成型，情感心理尚未成熟，需要加以正确引导。这好比小麦的灌浆期，这个时候阳光水分跟不上，就会耽误一季的庄稼。青年的价值取向决定了未来整个社会的价值取向，而青年又处在价值观形成和确立的时期，抓好这一时期的价值观养成十分重要。正如习近平指出："这就像穿衣服扣扣子一样，如果第一粒扣子扣错了，剩余的扣子都会扣错。人生的扣子从一开始就要扣好。"

作为一名大学生，践行社会主义核心价值观，要搞好角色定位。坚持全面发展，更要坚持"以德为先"，要首先学会做人，做一个有思想、有道德的大学生，要有很强的道德荣辱观，自觉地、高标准地践行"社会主义核心价值观"，从而提高自身的道德修养。践行社会主义核心价值观主要通过以下几个方面：

（1）在学习上，必须做到勤奋好学、学有所成、学以致用。

学习是大学生活的中心任务。从表面看，学习与践行社会主义核心价值观没有关系，其实不然，从学习的本质来分析，勤奋好学、学有所成、学以致用就是践行社会主义核心价值观在大学生学习上的生动体现。实现国家富强、人民富裕是当代中国人的价值追求，也是当代大学生肩负的历史责任。我们知道，上大学是为了学习渊博的知识，掌握精湛的技能，把自己锻炼成为德智体美全面发展的社会主义事业的合格建设者和可靠接班人，用自己过硬的本领为建成我们共有美丽家园而贡献自己的青春和力量。

勤奋好学是大学生的应有品德。"聪明在于勤奋，天才在于积累"。崇尚科学、追求真理是大学生的神圣职责，"以崇尚科学为荣、以愚昧无知为耻"。大学生要做到科学合理安排自己的时间，"发扬钉钉子精神"，刻苦努力、不畏艰险、锲而不舍、永不懈怠，让勤奋好学成为一种习惯。

学有所成是大学生的基本目标。"知识就是力量"。大学是知识的海洋，是成才者的阶梯。大学生只有勤奋学习专业知识，学习与专业相关的其他知识，要学习做人、做事的道理，不断提高自己的知识、技能水平和道德水平，才能为报效祖国、回报社会奠定坚实基础，努力通过不断的学习使自己成为"一个高尚的人，一个纯粹的人，一个有道德的人，一个脱离了低级趣味的人，一个有益于人民的人"。

学以致用是大学生的学习目的。"读书是学习，使用也是学习，而且是更重要的学习"。学习知识不是大学生的最终目的，而最终目的是把自己学到的本领运用到为全面建设成小康社会、实现中华民族伟大复兴中国梦的社会实践当中。所以，大学生必须积极参加中国特色社会主义的伟大实践，在实践中发现新知、运用真知，在解决实际问题的过程中增长才干，不断提高实践能力。

（2）在生活上，必须做到文明节俭、俭以养德、反对浪费。

社会主义核心价值观离我们大学生并不遥远，往往体现在日常生活细节当中。践行社会主义核心价值观无小事。"勿以恶小而为之，勿以善小而不为"，说的就是这个道理。大学生践行社会主义核心价值观就要从身边的小事做起，把社会主义核心价值观的规范要求体现在平常一点一滴的修养当中。生活是最好的实践老师。生活是丰富多彩的，也是有规范约束的。大学生只有在丰富多彩的生活当中，把社会主义核心价值观内化为自己的坚定信仰，积极主动实践，规范自己的行为，才能提高自身的品德修养。

文明节俭是社会主义核心价值观对大学生的基本要求。

首先，文明是一种修养。一是在公共场所，大学生要发挥践行社会主义核心价值观的引领示范作用，充分展示当代大学生的良好形象。要自觉遵守公共道德，爱护公物、保护环境，不乱扔垃圾、不大声喧哗、不随地吐痰，自觉维护公共秩序、不违法乱纪，"以遵纪守法为荣，以违法乱纪为耻"，等等，同时要敢于同各种不文明行为做斗争。二是在学校、课堂上，要严格遵守课堂纪律，尊重老师劳动成果，认真听讲、动脑思考，不玩手机、不睡觉、不乱讲话、不迟到，自己的生活垃圾自己处理好，等等；食堂里，要排队就餐、不夹塞，食不言语、不说话，等等；三是在宿舍里，和谐共处、互相尊重，你恭我让、宽容体谅，等等。

其次，节俭是一种美德。"一粥一饭，当思来之不易；半丝半缕，恒念物力维艰""成由勤俭败由奢"。俭以养德、反对浪费是当代中国人普遍追求的一种时尚。大学生在生活上要着力养成勤俭节约、艰苦奋斗的良好习惯。积极践行绿色出行、健康出行、节约出行，坚持能步行不骑车、能骑车不坐公交、能坐公交不打车、能打车不开车，实出无奈才开车、开车就开环保车。积极践行光盘行动，坚持不剩一粒饭、不倒一口菜。积极践行不追求名牌、不盲目攀比，坚持生活方式简单化、生活内容健康化，"以艰苦奋斗为荣、以骄奢淫逸为耻"，大力弘扬艰苦奋斗的优良传统。在自己做到勤俭节俭、艰苦奋斗的同时，要敢于同各种铺张浪费现象做斗争，敢同浪费行为说"不"。

（3）在工作上，必须做到基层就业、爱岗敬业、立志创业。

步入大学后，学习虽是大学生的中心任务，但工作也成为大学生活的重要内容。在学校里，有班级管理工作、组织安排各种活动、参加各种社会实践、顶岗实习等，还有为未来的工作做各种准备等。作为大学生，无论在学校的工作，还是未来到社会上的工作，都应当把社会主义核心价值观的基本要求不折不扣地贯彻到实际工作的全过程、各环节。

有一份满意、稳定的工作是每个大学生梦寐以求的理想，在工作过程中干出一番事业又是大学生的基本价值取向。到哪儿工作？以什么样的姿态去工作？要实现什么的人生工作目标？等等，评价大学生对这些人生重大课题回答的标准就是社会主义核心价值观。

到基层就业是大学生践行社会主义核心价值观的最直接表现。"位卑未敢忘忧国。"基层单位、边远少数民族地区、欠发达地区、西部开发区、广大农村等最需要大学生，大学生选择到这些地方工作，能充分反映出大学生对国家、对人民、对家乡的无比热爱。到祖国最需的地方去建功立业，"以热爱祖国为荣、以危害祖国为耻"；到人民最需要的地方去开创未来，"以服务人民为荣、以背离人民为耻"，这是践行社会主义核心价值观的最鲜活、最直接、最具体的诠释。实践胜于雄辩。践行社会主义核心价值观最需要的是牢牢把社会主义核心价值观的精神实质铭记于心，付诸行。

爱岗敬业是大学生在职业领域践行社会主义核心价值观的核心内容。"天行健，君子以自强不息"。在市场激烈竞争的时代背景下,有一份工作不易,有一份自己满意的工作更不易。因此,大学生走上工作岗位后,一定要倍加珍惜来之不易的工作,一定要倍加努力工作,干一行爱一行、爱一行钻一行,钻一行精一行,精益求精,尽职尽责,不计得失、甘于奉献,"以辛勤劳动为荣、以好逸恶劳为耻",出色地完成各项工作任务。

立志创业是大学生践行社会主义核心价值观的重要内容。有志者事竟成。立志创业是大学生崇高的职业价值追求,是良好的精神品格和时代风貌的体现。走自主创业之路,要做好充分的创业准备,要有创业勇气和智慧。要到基层一线去创业,基层是大学生施展才华、开拓创业的广阔天地。实现成功创业,不仅解决了自己的就业问题,还能帮助别人实现就业,这恰好体现了社会主义核心价值观的要求。

(4) 在做人上,必须做到诚信立人、友善待人、乐于助人。

"人而无信,不知其可也","民无信不立"。诚信是中华民族的优良道德传统,是做人的基本准则,是高尚的人格力量。大学生如果缺失了诚信就会失去人们的信任,失去社会的支持,失去成长和发展的机遇。所以,大学生要把诚实守信作为立身之本,主动践行诚信考试、诚信交友、诚实劳动,信守承诺,遵守契约,讲求信誉,老老实实做人,踏踏实实做事,"以诚实守信为荣、以见利忘义为耻",不断完善自己的道德人格。

"和为贵""己所不欲,勿施于人""仁者爱人"。自古以来,中华民族就积极倡导与人为善、与邻为伴。我们只有处处为别人着想,善解人意,先人后己,和睦相处,才能为自己的成长发展营造良好的人际关系环境。所以,大学生要做到对同学讲团结、重和谐;对老师,有礼貌、讲尊重;对父母,讲孝敬、知感恩;对朋友,多包容、重诚义,等等,努力提升自己的道德修养。

"推己及人""君子成人之美""为善最乐"。助人为乐是我国的传统美德。把帮助别人视为自己应当做的事情,看作自己的快乐,这是每个大学生应有的道德品质,是具有爱心的表现。养成助人为乐的美德和习惯,将是我们一生取之不尽、用之不竭的宝贵精神财富。所以,大学生要做到在别人遇到困难时,主动伸出援助之手,积极参与社会公益活动,力所能及地关心和关爱他人,"以团结互助为荣、以损人利己为耻",在对他人的帮助和关心中获得人生的快乐。

扫码学习平台

一、扫码随堂听——欣赏并回答:请你谈谈欣赏歌曲后的感悟。

戴海霞-中国人民有信仰

刘秉义-我为祖国献石油

宋祖英-爱我中华

谭晶-八荣八耻歌

屠洪刚-精忠报国-(电视剧《三少爷的剑》片尾曲)

二、扫码随堂看——观看并回答：请说出你印象深刻的内容及感悟。

[视频] 践行社会主义核心价值观——哲学家汝信：人生选择，以国为先

[视频] 全国道德模范展播：助人为乐——阿里木·哈力克

[视频] 温暖的力量：感人的瞬间——习近平总书记会见全国道德模范代表引发强烈反响

[视频] 习近平在中共中央政治局第十三次集体学习时强调：把培育和弘扬社会主义核心价值观作为凝魂聚气强基固本的基础工程

贾立群——全国爱岗敬业道德模范

三、扫码随堂读——阅读并回答：请概括习近平总书记讲话的核心思想。

知识运用练习

一、名词解释

1. 社会主义核心价值观：

2. 坚定核心价值观自信：

3. 修德：

4. 笃实：

二、填空题

1. 人类社会发展的历史表明，对一个民族、一个国家来说，最持久、最深层的力量是

全社会共同认可的（　　）。

2. 社会主义核心价值观和（　　），两者是紧密联系、互为依存、相辅相成的。

3. （　　）是社会主义核心价值体系的精神内核，它体现了社会主义核心价值体系的根本性质和基本特征。

4. 社会主义核心价值观把涉及（　　）、（　　）、（　　）的价值要求融为一体，体现了社会主义本质要求，继承了（　　），吸收了（　　）有益成果。

5. （　　）、（　　）、（　　）、（　　）的价值追求回答了我们要建设什么样的社会的重大问题。

6. 核心价值观是（　　）的集中体现，在一个社会的思想观念体系中处于（　　）地位，体现着（　　）、（　　）的基本原则和社会发展的基本方向。

7. （　　）是涵养社会主义核心价值观的重要源泉，是中华民族的精神命脉。

8. 社会主义核心价值观以其（　　）、（　　）和（　　）而居于人类社会的价值制高点，具有强大的道义力量。

9. "一种价值观要真正发挥作用，必须融入社会生活，让人们在实践中感知它、领悟它。"这就要求在培育和弘扬的过程中，下好落细、落小、落实的功夫。对于大学生而言，就是要切实做到（　　）、（　　）、（　　）、（　　），使社会主义核心价值观成为一言一行的基本遵循。

10. 培育和践行社会主义核心价值观，既要目标高远，保持定力、不懈奋进，又要脚踏实地，严于律己，精益求精，将社会主义核心价值观转化为人生的价值准则，（　　）、（　　）、明辨以正心、笃实以为功。

三、单项选择题

1. 人类社会发展的历史表明，对一个民族、一个国家来说，（　　）的力量是全社会共同认可的核心价值观。

　　A. 最持久、最深层　　　　　　　　B. 最持久、最核心
　　C. 最深层、最关键　　　　　　　　D. 最深层、最核心

2. 下面关于社会主义核心价值观和社会主义核心价值体系的叙述，不正确的是（　　）。

　　A. 两者是紧密联系、互为依存、相辅相成的
　　B. 社会主义核心价值观是社会主义核心价值体系的精神内核
　　C. 两者都体现了社会主义意识形态的本质要求
　　D. 社会主义核心价值体系是社会主义核心价值观的高度凝练

3. 下面关于社会主义核心价值观的叙述，不正确的是（　　）。

　　A. 社会主义核心价值观深刻解答了我们要建设什么样的国家
　　B. 社会主义核心价值观深刻解答了我们要建设什么样的社会
　　C. 社会主义核心价值观深刻解答了我们要培育什么样的公民
　　D 社会主义核心价值观深刻解答了我们要实现什么样的发展

4. （　　）的价值追求回答了我们要建设什么样的社会的重大问题。

A. 富强、爱国、自由、诚信　　　　B. 富强、民主、文明、和谐
C. 爱国、敬业、诚信、友善　　　　D. 自由、平等、公正、法治

5. 把国家倡导社会主义核心价值观正式写入宪法的是（　　）。
A. 2018 年 3 月十一届全国人大一次会议
B. 2018 年 3 月十二届全国人大一次会议
C. 2018 年 3 月十三届全国人大一次会议
D. 2018 年 3 月十四届全国人大一次会议

6. 培育和践行社会主义核心价值观，能够在具体利益矛盾、各种思想差异之上最广泛地形成（　　），有效引领整合纷繁复杂的社会思想意识，有效避免利益格局调整可能带来的思想对立和混乱，形成团结奋斗的强大精神力量。
A. 人格共识　　　B. 价值共识　　　C. 经济共识　　　D. 文化共识

7. （　　）是社会主义核心价值观的实践根据。
A. 改革开放的经验　　　　　　　B. 全国人民的心愿
C. 全国人民的共同努力　　　　　D. 中国特色社会主义建设

8. 社会主义核心价值观生成于中国特色社会主义建设实践，同当今中国最鲜明的时代主题相适应，是当代（　　）的集中体现。
A. 民族精神　　　B. 爱国主义精神　　　C. 创新精神　　　D. 中国精神

9. 鲜明的（　　），使得社会主义核心价值观具有强大的道义感召力。
A. 实践性　　　B. 社会性　　　C. 人民性　　　D. 先进性

10. （　　）是树立社会主义核心价值观的重要基础。
A. 技能　　　B. 精神　　　C. 理念　　　D. 知识

四、多项选择题

1. 关于社会主义核心价值观和社会主义核心价值体系关系的阐述，正确的是（　　）。
A. 两者是紧密联系、互为依存、相辅相成的
B. 社会主义核心价值观是社会主义核心价值体系的精神内核
C. 两者都体现了社会主义意识形态的本质要求
D. 两者都是实现中华民族伟大复兴中国梦的价值引领

2. 富强、民主、文明、和谐，这一价值追求揭示了当代中国在（　　）等方面的价值目标，从国家层面标注了社会主义核心价值观的时代刻度。
A. 经济发展　　　B. 政治文明　　　C. 文化繁荣　　　D. 社会进步

3. （　　）反映了人们对美好社会的期望和憧憬，是衡量现代社会是否充满活力又和谐有序的重要标志。
A. 自由　　　B. 平等　　　C. 公正　　　D. 法治

4. 爱国、敬业、诚信、友善，这一价值追求涵盖了（　　）等各个方面，是每一个公民都应当遵守的道德规范。
A. 社会公德　　　B. 职业道德　　　C. 家庭美德　　　D. 个人品德

5. 坚定的核心价值观自信，是中国特色社会主义（　　）的价值内核。

A. 道路自信　　　B. 理论自信　　　C. 制度自信　　　D. 文化自信

6. 中华优秀传统文化强调（　　　）。

A. "天行健，君子以自强不息"　　　B. "大道之行也，天下为公"

C. "天下兴亡，匹夫有责"　　　D. "人而无信，不知其可也"

7. 中国特色社会主义建设的成功经验，是对社会主义核心价值观（　　　）的检验。

A. 正确性　　　B. 客观性　　　C. 可信性　　　D. 人民性

8. 社会主义核心价值观以其（　　　）而居于人类社会的价值制高点，具有强大的道义力量。

A. 阶级性　　　B. 先进性　　　C. 人民性　　　D. 真实性

9. 对于大学生而言，要使社会主义核心价值观成为一言一行的基本遵循，就要切实做到（　　　）。

A. 勤学　　　B. 修德　　　C. 明辨　　　D. 笃实

10. 培育和践行社会主义核心价值观，要增强自己的价值判断力和道德责任感，辨别什么是真善美、什么是假恶丑，自觉做到（　　　）。

A. 常修善德　　　B. 常怀善念　　　C. 常做善举　　　D. 唯我独尊

五、辨析题

1. 社会主义核心价值观的提出，鲜明确立了当代中国的核心价值理念，生动展现了中国共产党和中华民族高度的价值自信与价值自觉。

答：

2. 文化的力量，归根到底来自凝结其中的核心价值观的影响力和感召力；文化软实力的竞争，本质上是不同文化所代表的国家经济实力的竞争。

答：

3. 中国改革开放以来探索出的中国特色社会主义道路沿袭了反映资本主义核心价值观的西方模式。

答：

4. 核心价值观，其实就是一种德，既是个人的德，也是一种大德，就是国家的德、社会的德。

答：

5. 青年要把艰苦环境作为磨炼自己的机遇,把小事当作大事干,一步一个脚印往前走。滴水可以穿石。只要坚忍不拔、百折不挠,成功就一定在前方等你。

答:

六、简答题

1. 社会主义核心价值观的内容是什么?

答:

2. 社会主义核心价值观反映着我国社会主义基本制度的本质要求,它渗透于我国社会的哪些方面?

答:

3. 为什么要培育和践行社会主义核心价值观?

答:

4. 如何理解社会主义核心价值观的历史底蕴?

答:

5. 如何理解社会主义核心价值观的现实基础?

答:

6. 简述马克思主义最根本的政治立场。

答:

7. 大学生践行社会主义核心价值观的具体要求是什么?

答:

七、论述题

论述社会主义核心价值观和社会主义核心价值体系的关系。

答：

八、案例分析

案例分析 1

夫妻守护火情瞭望台 23 载
——贵州省榕江县乡村护林员

贵州省榕江县城西山顶上的这座瞭望台，黄同维守了23年。

西山火情瞭望台建于1991年。翌年初，因为之前在林场工作认真负责，年仅24岁的榕江县崇义乡大塘村农民黄同维被推荐为这里的第一个、也是至今唯一一个火情瞭望员，负责观察可视范围内的山林，发现火情及时向县森林防火指挥部汇报。

"观察火情这活虽然不累，但马虎不得。"黄同维说，除了下雨天，瞭望台上一刻都不能没人，特别是春冬草木干燥季节，他和妻子吃饭都是轮流吃，或者端着饭到瞭望台上吃。

而最值得警惕的是每年的清明节，他还记得，连续有两年的清明节，一天就发生了4次火情，因为报告及时，火很快被扑灭了。还有几次发现火情，恰好对讲机不通，情急之下，他一口气跑到指挥部报告，"平时从瞭望台走到指挥部要1个小时，那几次只用了20分钟。"

"20多年来，黄同维负责观察的范围发生火情都能及时报告，没有发生一次大的森林火灾。"榕江县林业局局长蔡向东说。

1993年，经人介绍，黄同维认识了山顶一个小寨的姑娘吴再琼。两人以瞭望台为洞房结婚了。

吴再琼打开瞭望台的房门，这个不足6平方米的小室仅仅安放下一张小床和一张饭橱，"二楼孩子住，三楼放工具和无线对讲机的发射器。"

几年后，随着孩子出生，年迈的母亲也从老家过来和他们一块生活，原本局促的瞭望台更加紧张了。不得已，黄同维用木板靠着瞭望台的墙壁搭了两间小屋用作客厅和厨房。上面悬一张塑料布遮雨，山风可就抵不住了，因为木板间的缝隙足有小指宽。

黄同维告诉记者，他起初每月80元工资领了7年，后来加到300元、1000元、1500元，今年加到2000元。一家人就靠他一个人的工资生活，为补贴家用，他和妻子在山上开荒种菜。因为工资待遇低，生活条件差，许多亲戚朋友都劝他别干了，"到外面打工比在这里强多了。"但是,他却坚持了下来,"这个工作总要有人干。"

对于黄同维一家人来说,最困难的时期或许已经熬了过去。"过去最发愁的是吃水,山顶上没有水,要到一公里远的半山腰一处泉眼挑水吃,带着两个能装15公斤水的大桶,一趟要一个小时,每天要挑三挑;喂牲口、洗衣服只能用池子里积的雨水。"吴再琼说。

就在这个月,到任不到三个月的蔡向东了解到黄同维的情况,帮助他在瞭望台安装了抽水泵,解决了黄同维一家的用水困难,并给黄同维解决了养老保险的问题。

让他们欣慰的是孩子有了出息。"大女儿在贵阳读大学,现在吃住都在学校,不用像以前那样担惊受怕。"吴再琼说,孩子读小学时每天都是早出晚归,从瞭望台到山脚约4公里,"冬天黑得早,孩子回家到半路天就黑了,每天都要到半路去接孩子。"

黄同维还义务守护瞭望台附近一片杉树林,每天他都要交代妻子观察好火情,到杉树林里走一走,看看有没有人在林里用火,有没有人盗伐林木。

黄同维两次被黔桂两省区护林防火联防指挥部评为先进工作者,1999年被国家林业局评为全国优秀乡村护林员。

赞语

23年,岁月已经改变了那对风华正茂的青年夫妻,但未曾改变的,是他们守护工作的认真和守护他人幸福的执着。

资料来源:2015年05月06日《人民日报》

思考题

1. 结合本案例,谈黄同维夫妻是如何践行社会主义核心价值观的?

答:

2. 结合实际,谈谈你打算如何践行社会主义核心价值观?

答:

案例分析2

"我想让汉语走向世界"

"让中国优秀传统文化同世界各国优秀文化一道造福人类。"9月24日,习近平总书记在纪念孔子诞辰2565周年国际学术研讨会上的重要讲话,让沈思思激动了好几天。沈思思是美国堪萨斯州孔子学院的一名汉语志愿者,已在那里服务了两个年头。

在这两年里,一到夏天,美国堪萨斯州参加中文夏令营的美国儿童都会手持摄像机,自编自导自演人生中第一部华语微电影。夏令营的最后一天，他们会走上红毯，在众人面前分享自己的作品。这个活动的主办方，正是堪萨斯州孔子学院，授课老师正是以沈思思为代表的志愿者们。

沈思思在孔子学院待了两年，对那儿的一切如数家珍：每逢开学，孔子学院都非常热闹，志愿者们或挥毫泼墨，或演奏器乐，用才艺吸引着慕名而来的当地居民；每年春节，志愿者们更是铆足了一年的劲儿，围棋、象棋、剪纸、太极等十八般武艺全上阵，猜灯谜、分红包、编中国结、做中国美食等活动异彩纷呈，成为当地人学习汉语、领略中国魅力的平台。

搭建这一平台并不容易。"台上一分钟，台下十年功。"从刚开始对传统文化略知一二到后来初登舞台，沈思思和其他志愿者经常挑灯夜读；从对剪纸一窍不通到后来技艺娴熟，手指不知被刺破了多少次。"每当看到外国人因为我们的展示而对中国传统文化产生浓厚兴趣时，这些苦都化作了心里的甜。"沈思思很喜欢这份工作。

两年来，她和其他 4 名志愿者一起为美国堪萨斯州公立小学提供汉语教学服务。为寓教于乐，志愿者们常常废寝忘食，聚在一起反复推敲，设计每节课的活动和游戏。在考验学生对颜色词的理解时，志愿者们当起了摄影师，让美国孩子聚在一处，念完词语后让孩子们在众多颜色中找出对应颜色，答对者可摆姿势拍照留念；讲解动物词汇时，志愿者们拿出 12 生肖卡片，孩子们边上色涂鸦边聆听 12 生肖的来历；讲解抽象词汇含义时，志愿者通常用各种形体表演，让孩子们领会……这些生动有趣的教学方式将博大精深的中华传统文化传输给了美国孩子。

刚来时，孔子学院的前辈们给的第一条忠告就是："当一名优秀的汉语志愿者，就是要文韬武略、琴棋书画样样涉猎。"经过这两年的历练，沈思思对这句话有了更深的理解："一名志愿者就是一把钥匙，合在一起就能打开文化传播的大门，为世界还原一个真实、立体、多元的中国。"当问她对未来的规划时，她说："我想让汉语走向世界！"

赞语

真实、立体的国家形象，其构建与传播，有热情阳光、不计回报的沈思思们的功劳。走出国门，每一个人都该是这样的志愿者。（王比学　黄千整理）

资料来源：2014 年 12 月 07 日《人民日报》

思考题

1. 结合本案例，谈践行社会主义核心价值观是具体而现实的。
答：

2. 结合实际，谈谈你打算怎样讲好中国故事。
答：

案例分析 3

"托举三兄弟"

开栏的话

如果说一个好人身上的闪光点就如夜空中的星星，那么，无数好人的精神就汇聚成了核心价值观的璀璨星河。社会主义核心价值观不是抽象的理论总结，而是从一个个普通中国人身上撷取的精神荟萃。

50年前，雷锋精神成为当时价值观的凝练表达；半个多世纪以来，雷锋精神鼓舞了一代又一代中国人。如今，雷锋虽已远去，但涌现出一个个如"抱火哥""托举哥""最美教师""最美司机"的新时代最美人物、中国好人。他们，是社会主义核心价值观的践行者，凝聚着社会进步的正能量，绽放着璀璨的道德光芒，挺起民族前行的脊梁，共同铸就中国之魂。

本版今起推出"中国魂·中国星"栏目，呈现新时代雷锋式人物的先进事迹，以绽放每颗道德辰星的光芒，谱写时代旋律，唱响英雄赞歌。

事件回放

6月17日，天津市河北区律笛里小区一名89岁老人不慎从四楼窗口坠落，来自河南南阳的三名农民工兄弟迅速攀爬至三楼，用双手托举的方式让老人化险为夷，被天津市民亲切地称为"托举三兄弟"。

一位老人跌出四楼的阳台，倒挂在外墙的空调机上，命悬一线；两位农民工没有采取任何防护措施，站在三楼的窗台上，托举救人，一人在楼下接应。一张记载着这三位来自河南南阳农民工在天津勇救89岁老人的抓拍照片，近两月来在网络上广为流传。在无数人纷纷点赞的同时，三位农民工兄弟被亲切地称为"托举三兄弟"。

"若不是三兄弟出手，后果不堪设想"

贾晓玉、刘新军、杨明都是南阳人，在天津打工七八年，是十分要好的工友。今年开始，他们仨在河北区律笛里小区干外墙粉刷。

6月17日正午，三人在小区门口刚吃过饭，突然听到小区内传出呼救声。闻声跑过去，竟然见小区8号楼4楼阳台外倒挂着一位老大娘！老人左腿裤腿儿被空调室外机挂住，左手死死拽住空调机罩，身体悬空，随时有坠落的危险。

"救人！"刘新军、贾晓玉二话没说就飞奔过去，在没有任何防护措施的情况下，靠着在工地上练就的攀爬技术，徒手沿楼外的窗户护栏从一楼爬到三楼窗台。双手无处借力，贾晓玉不得不砸碎了3楼的窗户，两人各用一只脚踩住只有10余厘米宽度的窗台，另一只脚踩在三楼空调室外机上，双手托举住老人。杨明在爬到二楼窗台后发现，三楼的窗台不能同时容纳三个人，便又折返，在楼下随时接应。

三楼有多高？空调外机结实吗？摔下来还有命吗？老婆孩子怎么办……这些问号压根就没有出现在他们脑子里。贾晓玉和刘新军只知道一直踮着脚、弓着身，一动不动地托举着老人。时间一分一秒地过去……5分钟后，消防官兵赶到，架起云梯开始施救，三人配合消防队员用绳子和救生吊带将老人固定好后，将她从窗口安全送进4楼屋里。万幸的是，虽受惊吓，老人身体除了几处划伤并无大碍。

老人的亲人告诉记者，老人是在窗边向外看时不慎跌落的，家人开始并未察觉，"要不是三个好兄弟出手相救，结果都不敢想象。"天津市河北消防支队中山路中队排长张超也说，如果没有三人的托举，后果不堪设想。

"救人是举手之劳，没啥可犹豫的。"

"现在都夸我们是救人英雄，我觉得救人是举手之劳，没啥可犹豫的，当时也不允许你想那么多。"谈及惊心动魄的一幕，贾晓玉仍然显得十分平静。"我们干这活儿，圈里都叫蜘蛛人，攀爬这种老楼没啥难度。"刘新军说得轻描淡写。

其实，只要看看当时抓拍的照片，就知道事情绝没有三兄弟说得那样轻松：个子不高的刘新军努力踮起脚尖才够得着老人，完成托举动作非常勉强；而贾晓玉又太高了，必须蜷着身子。别扭的姿势让两人的肌肉开始僵硬，体能消耗很大，处境也十分危险。"当时看着他们双腿直摇晃，浑身发抖，没少使力气。"小区一位目击者记忆犹新。"开始我俩都举，后来累得不行就轮流使劲，一直等到消防队员赶到。"贾晓玉笑着说，"老人被救之后，消防队的梯子我下着都难。到地上，都快站不起来了。"

刘新军今年35岁，原是河南南阳淅川县大石桥乡人，2011年移民搬迁到了卧龙区蒲山镇。全家4口人，他和妻子都在天津打工，女儿11岁了，在移民新村的学校上六年级，儿子只有8个多月；24岁的贾晓玉和25岁的杨明都是淅川县寺湾镇人。贾晓玉的父母、妻子也都在天津打工，女儿今年两岁多，儿子只有7个多月；杨明的妻子也在天津务工，父母在老家边种地边照顾4岁的孩子。"这次只是他们的本色演出！"提起3人的救人壮举，从老乡到天津的同事，都异口同声夸他们纯朴善良，是助人为乐的热心肠。

"托举三兄弟"的英雄壮举很快传回家乡。"俺们一家人为他感到骄傲，他给两个孩子树立了榜样。"贾晓玉的妻子罗凤萍说，"晓玉会这样做，我一点都不意外，他就是爱帮人解难。但说实话也挺后怕的。"

"好好干活儿，好好过日子。"

穿着满是斑驳油漆渍的工作服，说着一口浓郁的家乡话，与人打招呼时还有些腼腆。如今，三兄弟还是那样淳朴。但出乎意料的是，他们"举手之劳"的救人行为，居然让自己成了各大媒体的"红人"。原来，就在三人勇救老太时，现场的小区居民用手机拍摄下这惊心动魄的一幕并传到网上。善举传大爱，大伙都夸"托举三兄弟"的义举热心肠、有胆识。"我们没做啥大不了的事，大家都来采访，我们都有些不好意思了。谁遇到那种情况都会上去的，我们只是碰巧赶上了，真没啥……"

天津市河北区见义勇为协会已确认三人的见义勇为行为，并对三兄弟进行了表彰。同时，刘新军等三人也接受天津市消防河北支队的邀请，成了宣传消防安全和遇险逃生知识的消防志愿者。共青团河南省委、河南省青联也决定授予三人"河南省见义勇为好青年"荣誉称号。

救人后没几天，三人就像往常一样回到了旧楼区提升改造项目的施工现场继续上班，收获荣誉的三兄弟还想着踏踏实实地工作和生活，把天津的旧楼区粉刷一新。"可以说，天津所有的旧楼翻新我们几乎全都做过。现在走在外面，一看这楼当初是我刷的，特有成就感。"提起自己的工作，三兄弟来了精神。

在老家河南淅川县，南水北调中线工程的水源地——丹江口水库就在那里。今年汛期后，清澈甘甜的水将流入天津。"到时就能在天津喝家乡水啦。"面对着记者，三兄弟露出了憨厚的笑。刘新军想用奖金给在老家的大女儿买些文具；杨明想把钱攒下来，留着给儿子来天津上学用；贾晓玉还没想好奖金怎么花。三人还请自己的工友"撮"了几顿，"好好干活儿，好好过日子，大伙都高兴。"（记者 朱虹 靳博）

资料来源：2014年08月13日《人民日报》

思考题：
1. 你如何看待"托举三兄弟"的凡人善举？
答：

2. 结合实际，谈大学生如何践行社会主义核心价值观。
答：

实践活动项目

实践项目一

在志愿服务中践行社会主义核心价值观

【目的要求】

大学生志愿服务是践行社会主义核心价值观的有效载体，大学生志愿者在为社会提供服务的同时，向社会昭示了"奉献、友爱、互助、进步"的志愿服务精神。这种精神也正是社会主义核心价值观在志愿服务领域的具体体现。通过参加志愿者服务活动，继承和发扬中华民族团结友爱、助人为乐、见义勇为等传统美德，进一步深刻领会社会主义核心价值观的深刻内涵，积极践行社会主义核心价值观。

【实践方案】

1. 任课教师在课堂上动员，要求每位学生本学期至少参加一次志愿服务活动，并具体说明志愿活动要求。

2. 制订志愿服务活动的书面计划。可以是以团队的名义，共同制订一个实践活动计划，团队成员共同参与，但是每个人在活动中的具体角色要写清楚；也可以是单个学生自己制订服务计划。

3. 在具体实施活动计划之前，每个计划方案都要在小组中进行交流，特别是要强调活动的可行性和必要性，针对有问题的方案，要提出修改意见，最终由整个团队成员共同确定最终的计划方案。

4. 根据自己的时间安排,在 14 周之前完成实践活动,可以是形成长期的志愿服务活动,也可以是短期参加的。在活动过程中要注意留下活动的图片、文字、视频等资料。

5. 活动结束后,每个同学都要撰写志愿者服务活动心得体会,字数不少于 800 字。

6. 组织一次实践活动交流会,畅谈自己参加实践活动后的感受,谈谈大学生对践行社会主义核心价值观的认识,以及自己今后如何更好地在实践中不断践行社会主义核心价值观。

【考核评价】

1. 评价方式:任课教师根据学生提交的志愿者服务活动计划和撰写志愿者服务活动心得体会,综合评定学生实践教学环节成绩。成绩分为四个等级:优秀、良好、及格、不及格。

2. 教师评语:_____

填一填

实践报告

实践活动题目			
专业　班级		姓名　学号	
实践活动时间		实践活动地点	
小组成员		分工情况	

实践活动计划:

志愿者活动经历:

心得体会:

实践项目二

人物寻访
——我身边的敬业模范

【目的要求】

通过寻访调查了解,对校内知名的敬业模范、最美教师或者校外社会中的敬业模范进行访谈,并整理资料撰写访谈报告。通过访谈,了解更多的敬业模范的案例,激发学生学习敬业模范、积极践行社会主义核心价值观的热情和决心。

【实践方案】
1. 以小组为单位,筛选出将要访谈的敬业楷模,约好时间和地点。
2. 整理进行访谈前所需的材料,并进行访谈。
3. 撰写访谈材料和自己的心得体会。
4. 教师对访谈活动和材料进行评价。

【考核评价】
1. 评价方式:任课教师根据学生拟定的访谈大纲和撰写的访谈材料及心得体会,综合评定学生实践教学环节成绩。成绩分为四个等级:优秀、良好、及格、不及格。
2. 教师评语:_____

写一写

我身边的敬业模范人物					
姓名		性别		出生年月	
家庭住址			邮政编码		
联系电话			政治面貌		
访谈开始时间			访谈结束时间		
寄语:					
签名			时间		
访谈学生信息					
姓名		性别		院系	
班级		联系电话		电子邮箱	
访谈记录					

实践项目三

社会实践
——社会主义核心价值观宣传活动

【目的要求】

使学生认识到践行社会主义核心价值观的重要性,明确青年学生是引领社会风气的重要力量,在全社会培育和弘扬社会主义核心价值观,需要大学生始终走在时代前列,成为社会主义核心价值观的坚定信仰者、积极传播者、模范践行者。

【实践方案】

1. 任课教师在讲解社会主义核心价值观的相关知识后,动员学生利用课余时间整理相关宣传材料。
2. 对学生进行分组,宣传注意事项,进行要点讲解。
3. 鼓励学生在校园以及校园附近的社区等地方进行社会主义核心价值观宣传活动。
4. 宣传活动结束后,学生根据实践经历撰写心得体会。

【考核评价】

1. 评价方式:任课教师根据学生参与宣传活动表现、学生撰写的心得体会及学生的社会实践效果,综合评定学生实践教学环节成绩。成绩分为四个等级:优秀、良好、及格、不及格。
2. 教师评语:_____

填一填

社会主义核心价值观宣传活动

实践活动题目			
专业 班级		姓名 学号	
宣传活动时间		宣传活动地点	
小组成员		分工情况	

宣传活动计划:

宣传活动具体内容:

心得体会:

实践项目四

电影赏析
——社会主义核心价值观主题微电影

【目的要求】

通过对社会主义核心价值观主题微电影的观看，使学生能够以更生动、更活泼的方式了解和认识社会主义核心价值观，从感性上体会社会主义核心价值观的深刻内涵，从理性上正确理解社会主义核心价值观的时代价值，激发学生弘扬和践行社会主义核心价值观的热情。

【实践方案】

1. 将学生分成若干小组，以小组为单位搜集以社会主义核心价值观为主题的微电影。
2. 对搜集到的微电影进行归类整理和筛选。
3. 集中观看后，学生自主发言，谈谈自己的观后感。
4. 任课教师对学生发言进行评价和总结，帮助学生正确认识社会主义核心价值观的深刻内涵。
5. 安排学生写一篇观后感，并在其中谈谈践行社会主义核心价值观如何从自身做起。

【考核评价】

1. 评价方式：任课教师根据学生搜集的微电影、观看微电影中的表现、撰写观后感及自主发言等情况，综合评定学生实践教学环节成绩。成绩分为四个等级：优秀、良好、及格、不及格。
2. 教师评语：＿＿＿＿＿＿＿＿＿＿＿＿＿＿＿＿＿＿＿＿＿＿＿＿＿＿＿＿＿＿＿

想一想

社会主义核心价值观的深刻内涵：＿＿＿＿＿＿＿＿＿＿＿＿＿＿＿＿＿＿＿＿

做一做

践行社会主义核心价值观如何从自身做起：＿＿＿＿＿＿＿＿＿＿＿＿＿＿＿＿

名言解读背诵

1. 你必须以诚待人，别人才会以诚回报。——李嘉诚
2. 诚实是人生永远最美好的品格。——高尔基
3. 我们应该老老实实地办事。——毛泽东
4. 做老实人，说老实话，干老实事，就是实事求是。——邓小平
5. 言不信者，行不果。——墨子
6. 诚者，天之道也；思诚者，人之道也。——孟子
7. 诚信为人之本。——鲁迅
8. 不信不立，晁说之
9. 诚实是人生的命脉，是一切价值的根基。——德莱塞
10. 人之所助者，信也。——《周易》
11. 少说空话，多做工作，扎扎实实，埋头苦干。——邓小平
12. 自己活着，就是为了使别人过得更美好。——雷锋
13. 远水难救近火，远亲不如近邻。——《增广贤文》
14. 忍一时风平浪静，退一步雨过天晴。——《增广贤文》
15. 我们应当在不同的岗位上，随时奉献自己。——海塞
16. 人只有献身于社会，才能找出那短暂而有风险的生命的意义。——爱因斯坦
17. 共产党员应该在群众最困难的时候，出现在群众的面前，在群众最需要帮助的时候，去关心群众，帮助群众。——焦裕禄
18. 牛吃草，马吃料，牛的享受最少，出力最大，所以还是当一头黄牛最好。我甘愿为党、为人民当一辈子老黄牛。——王进喜
19. 捧着一颗心来，不带半根草去。——陶行知
20. 人当活在真理和自我奉献里。——庞陀彼丹
21. 奉献乃生活的真正意义。——阿德勒
22. 对人来说，最大的欢乐、最大的幸福是把自己的精神力量奉献给他人。——苏霍姆林斯基
23. 一粥一饭，当思来之不易；半丝半缕，恒念物力维艰。——朱柏庐《治家格言》
24. 谁知盘中餐，粒粒皆辛苦。——李绅
25. 礼貌是有教养的人的第二个太阳。——赫拉克利特
26. 人有礼则安，无礼则危。——《礼记》
27. 国尚礼则国昌，家尚礼则家大，身有礼则身修，心有礼则心泰。——颜元
28. 人无礼不立，事无礼不成，国无礼不宁。——荀卿
29. 礼，天之经也，地之义也，民之行也。——左丘明
30. 善气迎人，亲如弟兄；恶气迎人，害于戈兵。——管仲
31. 实际上，每一个阶级，甚至每一个行业，都有各自的道德。——恩格斯
32. 行业尽管不同，天才的品德并无分别。——巴尔扎克

33. 知责任，明责任，负责任。——陶行知
34. 我们的责任是对人民负责。——毛泽东
35. 春蚕到死丝方尽，蜡炬成灰泪始干。——李商隐
36. 其身正，不令而行；其行不正，虽令不行。——孔子
37. 权为民所用，情为民所系，利为民所谋。——胡锦涛
38. 一朵鲜花打扮不出美丽的春天，一个人先进总是单枪匹马，众人先进才能移山填海。——雷锋
39. 一滴水只有放进大海里才永远不会干涸，一个人只有当他把自己和集体事业融合在一起的时候才能最有力量。——雷锋
40. 人是要有帮助的。荷花虽好，也要绿叶扶持。一个篱笆打三个桩，一个好汉要有三个帮。——毛泽东
41. 慈母手中线，游子身上衣。——孟郊
42. 不以规矩，不成方圆。——孟子
43. 家有常业，虽饥不饿；国有常法，虽危不乱。——韩非子
44. 不患位之不尊，而患德之不崇；不耻禄之不伙，而耻智之不博。——张衡
45. 手莫伸，伸手必被捉。——陈毅
46. 历览古今多少事，成由谦逊败由奢。——陈毅
47. 给人幸福的不是身体上的好处，也不是财富，而是正直和谨慎。——德谟克利特
48. 没有伟大的品格，就没有伟大的人，甚至没有伟大的艺术家，伟大的行动者。——罗曼·罗兰
49. 虽然自尊心不是美德，但它是多数美德的双亲。——柯林斯
50. 骄傲自满是我们的一座可怕的陷阱；而且这个陷阱是我们自己亲手挖的。——老舍

比一比

看谁解读得好、解读得多，请把你解读好的名言写出来：_____
_____
_____
_____

看谁背诵得快、背诵得多，请把你知道的其他关于诚信、友善、敬业等方面的名言写下来：_____
_____
_____

学习实践收获

请从知识、能力、素质方面谈本章学习与实践的收获：

第五章 明大德守公德严私德

理论学习指导

一、学习目标要求

1. 了解道德的起源、功能与作用及变化发展；掌握中华民族传统美德的主要内容，明确继承和发扬中国革命道德的重大意义，懂得如何借鉴人类文明优秀道德成果。
2. 掌握社会主义道德建设的核心和原则；懂得作为一个公民应当恪守的基本道德规范准则，处理好社会公德、职业道德、家庭美德、个人品德的关系。
3. 理解明大德、守公德、严私德的内涵及意义。
4. 做向上向善、知行合一，强化社会责任意识、规则意识、奉献意识的新时代大学生。

二、理论要点展示

（一）道德及其变化发展

道德是以善恶为评价方式，主要依靠社会舆论、传统习俗和内心信念来发挥作用的行为规范的总和。马克思主义道德观认为，道德是人类社会的特有现象，劳动是道德起源的首要前提，劳动将人与动物区分开来，创造了人、社会和社会关系，也创造了道德。社会关系是道德赖以产生的客观条件，在生产生活的实践活动中，人类必然要发生各种各样的人际交往和社会关系。人的自我意识是道德产生的主观条件，意识是道德产生的思想认识前提。

道德属于上层建筑的范畴，是一种特殊的社会意识形态，是反映社会经济关系的特殊意识形态，是社会利益关系的特殊调节方式，是一种实践精神。

道德作为人类的社会生活发展到一定阶段的必然产物，源于人的社会生活需要，又服务于人的社会生活需要。

道德的功能，一般是指道德作为社会意识的特殊形式对于社会发展所具有的功效与能力。道德的功能是多元的，同时也是多层次的。道德具有认识功能、规范功能、调节功能等最基本的功能外，还有导向功能、激励功能等。

道德的作用是指道德的认识、规范、调节、激励、导向、教育等功能的发挥和实现所产生的社会影响及实际效果。道德的作用主要表现在：道德为经济基础的形成、巩固和发展服务，是一种重要的精神力量；道德对其他社会意识形态的存在有着重大的影响；道德通过调整人们之间的关系维护社会秩序和稳定;道德是提高人的精神境界、促进人的自我完善、推动人的全面发展的内在动力;在阶级社会中,道德是调节阶级矛盾和对立阶级之间开展阶级斗争的重要工具。在道德作用问题上,要反对两种极端的看法,即"道德万能论"和"道德无用论"。

迄今为止,人类社会先后经历了五种基本社会形态,与此相适应,出现了原始社会的道德、奴隶社会的道德、封建社会的道德、资本主义社会的道德、社会主义社会的道德。在社会主义社会,有一部分先进分子,还身体力行共产主义道德。

(二)吸收借鉴优秀道德成果

中华传统美德是中华优秀文化的重要组成部分,内容丰富、博大精深,是人类文明发展的重要精神财富,是社会主义道德建设的源头活水。中华传统美德的基本精神主要有:重视整体利益,强调责任奉献;推崇"仁爱"原则,注重以和为贵;提倡人伦价值,重视道德义务;追求精神境界,向往理想人格;强调道德修养,注重道德践履。

在长期的历史发展中,中华传统美德已经深入全民族的思维方式、价值观念、行为方式和风俗习惯之中,具有重要的当代价值。中国传统道德是一个矛盾体,具有鲜明的两重性。属于精华的部分,表现出积极、革新、进步的一面;属于糟粕的部分,则表现出消极、保守、落后的一面。中华传统美德作为中国传统道德的精华部分,为今天的道德建设提供了丰富的资源,要在去粗取精、去伪存真的基础上坚持古为今用、推陈出新,努力实现中华传统美德的创造性转化和创新性发展。

在对待传统道德的问题上,要反对两种错误思潮,一种是复古论,另一种是虚无论。我们要树立高度的文化自觉和文化自信,深入挖掘中华优秀传统文化蕴含的思想观念、人文精神、道德规范,结合时代要求继承创新,让中华文化展现出永久魅力和时代风采。

中国革命道德,是对中华传统美德的延续和发展,是指中国共产党人、人民军队、一切先进分子和人民群众在中国革命、建设、改革中所形成的优秀道德,是马克思主义与中国革命、建设、改革的伟大实践相结合的产物,是中华民族极其宝贵的道德财富。

中国革命道德萌芽于五四运动前后,发端于中国共产党成立以后蓬勃发展的伟大工人运动和农民运动,经过土地革命战争、抗日战争、解放战争以及社会主义革命、建设、改革的长期发展,逐渐形成并不断发扬光大。弘扬中国革命道德,要同弘扬中华传统美德相结合。中华传统美德是中国革命道德的渊源之一,从一定意义上来说,没有中华传统美德的长期发展和丰厚积淀,就不可能有中国革命道德的形成和发展。

中国革命道德具有丰富而独特的内涵,其主要内容包括:为实现社会主义和共产主义理想而奋斗;全心全意为人民服务;始终把革命利益放在首位;树立社会新风,建立新型人际关系;修身自律,保持节操。

红船精神、井冈山精神、苏区精神、长征精神、延安精神、西柏坡精神等红色精神中蕴含的革命道德,都是中国共产党领导全体人民实现民族独立、人民解放的精神支撑和思想武器,对于我们走好新时代的长征路,实现中华民族伟大复兴仍然具有极其重要的现实意义。继承和弘扬中国革命道德有利于加强和巩固社会主义和共产主义的理想信念,有利于培育和践行社会主义核心价值观,有利于引导人们树立正确的道德观,有利于培育良好的社会道德风尚。大学生要发扬革命道德、传承红色基因,自觉同各种歪曲历史、诋毁英雄的历史虚无主义思潮做斗争，努力在坚持和发展中国特色社会主义伟大进程中创造无愧于时代、无愧于人民、无愧于先辈的业绩。

文明因交流而多彩，文明因互鉴而丰富。借鉴和吸收人类文明优秀道德成果，必须坚持马克思主义立场、观点、方法，坚持以我为主、为我所用，既要大胆吸收和借鉴人类道德文明的积极成果，又必须掌握好鉴别取舍的标准，善于在吸收中消化，把人类文明优秀道德成果变成自己道德文明体系的组成部分。

（三）遵守公民道德准则

社会主义道德建设是社会主义文化建设的重要内容。社会主义道德的核心是为人民服务。为人民服务是中国共产党人把马克思主义基本原理与中国革命、建设、改革的具体实践相结合的伟大创造。为人民服务，不仅是坚持历史唯物主义的必然要求，是中国共产党践行的根本宗旨，也是社会主义道德观的集中体现，是全体中国人民共同遵循的道德要求。为人民服务是社会主义经济基础和人际关系的客观要求，是社会主义市场经济健康发展的要求，是先进性要求和广泛性要求的统一。

为人民服务作为社会主义道德的核心，是社会主义道德区别和优越于其他社会形态道德的显著标志。大学生践行为人民服务，就是要弘扬为人民服务的精神，尊重人、理解人、关心人，为人民、为社会多做好事、多做贡献。

集体主义是社会主义道德的原则。在我国，国家利益、社会整体利益和个人利益根本上的一致性，使得集体主义应当而且能够在全社会范围内贯彻实施。集体主义强调国家利益、社会整体利益和个人利益的辩证统一；强调国家利益、社会整体利益高于个人利益；重视和保障个人的正当利益。

当代大学生应正确认识和处理国家、集体、个人的利益关系，自觉坚持个人利益服从集体利益、局部利益服从整体利益、当前利益服从长远利益，反对小团体主义、本位主义和极端个人主义。

在公共生活中，一个人的行为必定与他人发生直接或间接的联系，具有鲜明的开放性和透明性，对社会的影响更为直接和广泛。公共生活具有活动范围的广泛性、活动内容的开放性、交往对象的复杂性、活动方式的多样性等特征。因此，公共生活需要公共秩序。保障公共生活井然有序的道德规范主要有文明礼貌、助人为乐、爱护公物、保护环境、遵纪守法。

互联网是一个社会信息大平台，亿万网民在上面获得信息、交流信息，这既会影响人们的求知途径、思维方式、价值观念，也会影响人们对国家、社会、人生的看法。网络生活中的道德要求，是人们在网络生活中为了维护正常的网络公共秩序需要共同遵守的基本道德准则，是社会公德在网络空间的运用和扩展。大学生应当遵守网络生活中的道德要求，努力做到：正确使用网络工具、健康进行网络交往、自觉避免沉迷网络、加强网络道德自律、积极引导网络舆论。

职业是指人们由于社会分工所从事的具有专门业务和特定职责，并以此作为主要生活来源的社会活动。职业生活则是人们参与社会分工，用专业的技能和知识创造物质财富或精神财富，获取合理报酬，丰富社会物质生活或精神生活的生活方式。

人类是劳动创造的，社会是劳动创造的。劳动没有高低贵贱之分，任何一份职业都很光荣。正确的劳动观念是维系人们职业活动和职业生活的思想观念保障。在职业生活中，必须牢固树立"劳动最光荣、劳动最崇高、劳动最伟大、劳动最美丽"的观念，通过劳动创造更加美好的生活。无论从事什么劳动，都要弘扬工匠精神，干一行、爱一行、钻一行。只要踏实劳动、勤勉劳动，在平凡岗位上也能干出不平凡的业绩。一切劳动者，只要肯学肯干肯钻研，练就一身真本领，掌握一手好技术，就能立足岗位成长成才，就能在劳动中发现广阔的天地，在劳动中体现价值、展现风采、感受快乐。新时代的大学生要积极弘扬"爱岗敬业、争创一流，艰苦奋斗、勇于创新，淡泊名利、甘于奉献"的劳模精神，为国家和人民建功立业。

职业生活中的道德规范即职业道德，是指从事一定职业的人在职业生活中应当遵循的具有职业特征的道德要求和行为准则，涵盖了从业人员与服务对象、职业与职工、职业与职业之间的关系。爱岗敬业、诚实守信、办事公道、服务群众和奉献社会是职业生活中的基本道德规范。

就业是最大的民生。每个大学生都要面临就业的现实，为了顺利走进职业生活，必须树立正确的择业观和创业观，树立崇高的职业理想，服从社会发展的需要，做好充分的择业准备，培养创业的勇气和能力。同时，要自觉遵守职业道德，学习职业道德规范，提高职业道德意识，提高践行职业道德的能力。

家庭是社会的基本细胞，是人生的第一所学校。不论时代发生多大变化，生活格局发生多大变化，都要重视家庭建设，注重家庭、家教、家风。家庭和睦则社会安定，家庭幸福则社会祥和，家庭文明则社会文明。国家好，民族好，家庭才能好。家庭教育涉及很多方面，但最重要的是品德教育，是如何做人的教育。家风好，就能家道兴盛、和顺美满；家风差，难免殃及子孙、贻害社会。当代大学生应该积极参与家庭文明建设，推动形成爱国爱家、相亲相爱、向上向善、共建共享的社会主义家庭文明新风尚。

爱情是一对男女基于一定的社会基础和共同的生活理想，在各自内心形成的相互倾慕并渴望对方成为自己终身伴侣的一种强烈、纯真、专一的感情。男女双方培养爱情的过程或在爱情基础上进行的相互交往活动，就是人们日常所说的恋爱。恋爱中的道德规范主要有尊重人格平等、自觉承担责任和文明相亲相爱。

婚姻是指由法律所确认的男女两性的结合以及由此而产生的夫妻关系。家庭是指在婚姻关系、血缘关系或收养关系基础上产生的亲属之间所构成的社会生活单位。家庭美德以尊老爱幼、男女平等、夫妻和睦、勤俭持家、邻里团结为主要内容。

大学时代是人生美好的时光。大学生要树立正确的恋爱观与婚姻观，不能误把友谊当爱情，不能错置爱情的地位，不能片面或功利化地对待恋爱，不能只重过程不顾后果，不能因失恋而迷失人生方向。同时，还要处理好恋爱与学习、恋爱与关心集体、恋爱与关爱他人和社会的关系。并且要求大学生树立正确的婚姻观，在尚未走向社会时就草率地结婚成家，会对学业和生活产生许多负面影响。

个人品德是通过社会道德教育和个人自觉的道德修养所形成的稳定的心理状态和行为习惯。它集中体现了道德认知、道德情感、道德意志、道德信念和道德行为的内在统一。大学生要自觉践行爱国奉献、明礼守法、厚德仁爱、正直善良、勤劳勇敢等个人品德要求，不断提升个人的道德修养和境界。个人品德的重要作用体现在：个人品德对道德和法律作用的发挥具有重要的推动作用；是个体人格完善的重要标志；是经济社会发展进程中重要的主体精神力量。

提高个人道德修养的正确方法主要有学思并重、省察克治、慎独自律、知行合一、积善成德。大学生锤炼高尚道德品格，就要在知、情、意、信、行等方面加强道德修养，提高道德实践能力，自觉讲道德、遵道德、守道德，自觉明大德、守公德、严私德。具体要求是：要形成正确的道德认知和道德判断；激发正向的道德认同和道德情感；强化坚定的道德意志和道德信念。

（四）向上向善、知行合一

高尚道德品格的形成重在实践，贵在坚持。大学生投身崇德向善的道德实践，一是要向道德模范学习，学习他们的高尚品格和先进事迹，崇德向善，见贤思齐，弘扬真善美，传播正能量。二是参与志愿服务活动，积极践行奉献、友爱、互助、进步的志愿服务精神，到最需要的地方去；帮助弱势群体；做力所能及的事。三是引领社会风尚，弘扬真善美、贬斥假恶丑，做社会主义道德的示范者和引领者，推动形成知荣辱、讲正气、做奉献、促和谐的良好社会风尚，做社会主义道德的示范者和引领者。

三、重点难点剖析

（一）学习重点

1. 道德的功能与作用

道德作为人类的社会生活发展到一定阶段的必然产物，在人类社会中居于特别重要的地位，具有特殊的功能和作用。

（1）把握道德功能含义。道德的功能，一般是指道德作为社会意识的特殊形式对于社会发展所具有的功效与能力。道德的功能是多元的，同时也是多层次的。

（2）道德的认识功能。是指道德反映社会关系特别是反映社会经济关系的功效与能力。道德往往运用善恶、荣辱、义务、良心等范畴，反映人类的道德实践活动和道德关系，从中揭示社会道德发展的趋势，为人们的行为选择提供指南，帮助人们正确选择自己的道德行为，积极塑造自身的善良道德品质。

（3）道德的规范功能。是指在正确善恶观的指引下，规范社会成员在社会公共领域、职业领域、家庭领域的行为，并规范个人品德的养成，引导并促进人们崇德向善。从道德的特征来说，道德和法律一样，都是通过规范人的行为发挥作用。

（4）道德的调节功能。是指道德通过评价等方式，指导和纠正人们的行为和实践活动，协调社会关系和人际关系的功效与能力。道德评价是道德调节的主要形式，社会舆论、传统习俗和人们的内心信念是道德调节所赖以发挥作用的力量。道德的调节功能主要是不断调节社会整体和个人的关系，调节个人与个人的关系，使个人、社会与他人的关系逐步完善和谐。

（5）道德的作用。是指道德的认识、规范、调节、激励、导向、教育等功能的发挥和实现所产生的社会影响及实际效果。道德的作用主要表现在：一是道德为经济基础的形成、巩固和发展服务，是一种重要的精神力量；二是道德对其他社会意识形态的存在有着重大的影响；三是道德通过调整人们之间的关系维护社会秩序和稳定；四是道德是提高人的精神境界、促进人的自我完善、推动人的全面发展的内在动力;五是在阶级社会中,道德是调节阶级矛盾和对立阶级之间开展阶级斗争的重要工具。同时,在道德作用问题上,要反对两种极端的看法,即"道德万能论"和"道德无用论";在看到道德具有重大作用的同时,也必须看到道德发挥作用的性质并不都是一样的。只有反映先进生产力发展要求和进步阶级利益的道德,才会对社会的发展和人的素质的提高产生积极的推动作用,否则,就不利于甚至阻碍社会的发展和人的素质的提高。

2. 中华传统美德的基本精神

中华传统美德从以下几方面掌握:①重视整体利益,强调责任奉献。在中华传统道德的发展演化中,始终强调整体利益、国家利益和民族利益的重要性。传统道德中的义利之辨、理欲之辨,其核心和本质是公私之辨。②推崇"仁爱"原则,注重以和为贵。推崇仁爱、崇尚和谐是中华民族的优良传统和高尚品德。③提倡人伦价值,重视道德义务。中华传统美德一个重要的特点,就是它非常重视每个人在人伦关系中的地位及其价值,强调每个人都必须根据规范的要求,来尽自己应尽的义务。④追求精神境界,向往理想人格。中华传统美德主张在物质生活基本满足的情况下应追求崇高的精神境界,把道德理想的实现看作是人生诸种需要中最高层次的需要。⑤强调道德修养,注重道德践履。中国古代的思想家大都认为,在塑造理想人格的过程中,最重要的就是要奋发向上、切磋践履、修身养性。

3. 中国革命道德的主要内容

中国革命道德具有丰富而独特的内涵,既包括革命道德的原则、要求、态度、修养、风尚等方面,也包括革命理想、革命精神等方面,其主要内容有以下五方面:

(1) 为实现社会主义和共产主义理想而奋斗。坚持社会主义、共产主义理想和信念的不屈不挠的精神,是革命道德的灵魂。无数革命先烈,正是为了实现这样一个崇高的理想,毫不犹豫地献出了自己的生命。

(2) 全心全意为人民服务。中国革命道德从一开始就特别强调要为群众服务、为大众谋幸福、为人民利益献身,并认为这是对一切革命人士和先进分子的要求。

(3) 始终把革命利益放在首位。共产党人和革命者从事革命活动的目的就是要为革命利益而奋斗,在个人利益与革命利益发生矛盾时,要"以革命利益为第一生命,以个人利益服从革命利益"。

(4) 树立社会新风,建立新型人际关系。人们对中国革命道德的传扬,破除了等级观念和特权思想,破除了鄙视劳动和劳动人民的旧道德观念,树立了平等意识,保护了妇女、儿童和老人的合法权益,引导建立新型家庭关系和培育良好家风,对于提升人民群众的文明水准和道德风貌,树立社会新风尚,发挥了重要的作用。

(5) 修身自律,保持节操。中国革命道德还体现在共产党人对自身道德修养的重视方面,把加强个人道德修养看成是能够影响革命成败的大事。要以中国革命事业为重,严于律己,谦虚谨慎;淡泊名利,清正廉洁;襟怀坦白,光明磊落;始终保持高风亮节,展现出高尚的人格力量。

4. 集体主义是社会主义道德的原则

在我国,国家利益、社会整体利益和个人利益根本上的一致性,使集体主义已经成为调节国家利益、社会整体利益和个人利益关系的基本原则。

(1) 集体主义强调国家利益、社会整体利益和个人利益的辩证统一。在社会主义社会中，国家利益、社会整体利益和个人利益也是不能分割的。国家利益、社会整体利益体现着个人根本的、长远的利益,是所有社会成员共同利益的统一。同时,每个人的正当利益,又都是国家利益、社会整体利益不可分割的组成部分。

(2) 集体主义强调国家利益、社会整体利益高于个人利益。集体主义强调,在个人利益与国家利益、社会整体利益发生矛盾冲突,尤其是发生激烈冲突的时候,必须坚持国家利益、社会整体利益高于个人利益的原则,即个人应当以大局为重,使个人利益服从国家利益、社会整体利益,在必要时做出牺牲。

(3) 集体主义重视和保障个人的正当利益。集体主义促进和保障个人正当利益的实现,使个人的才能、价值得到充分的发挥。这不但与集体主义不矛盾,而且正是集体主义思想的应有之义。社会主义集体主义所重视和保障的是个人的正当利益,而不是任何性质的个人利益,对于损人利己、损公肥私的行为,集体主义不但不保护,而且强烈反对和禁止。

5. 遵守公民道德准则的主要内容

弘扬社会主义道德,必须坚持以为人民服务为核心、以集体主义为原则,推进社会公德、职业道德、家庭美德、个人品德建设。主要掌握以下内容:

(1) 践行为人民服务这个社会主义道德的核心,践行集体主义这个社会主义道德的原则。

(2) 践行社会公德基本要求:文明礼貌、助人为乐、爱护公物、保护环境、遵纪守法;践行网络生活中的道德要求:正确使用网络工具;健康进行网络交往;自觉避免沉迷网络;加强网络道德自律;积极引导网络舆论。

(3) 践行职业道德基本要求:爱岗敬业、诚实守信、办事公道、服务群众、奉献社会。

(4) 践行家庭美德基本要求:尊老爱幼、男女平等、夫妻和睦、勤俭持家、邻里团结。

(5) 践行个人品德基本要求:爱国奉献、明礼守法、厚德仁爱、正直善良、勤劳勇敢。

6. 树立正确的劳动观

(1) 职业及职业生活的含义。职业是指人们由于社会分工所从事的具有专门业务和特定职责,并以此作为主要生活来源的社会活动。职业生活则是人们参与社会分工,用专业的技能和知识创造物质财富或精神财富,获取合理报酬,丰富社会物质生活或精神生活的生活方式。

(2) 劳动创造一切。人类是劳动创造的,社会是劳动创造的。劳动没有高低贵贱之分,任何一份职业都很光荣。正确的劳动观念是维系人们职业活动和职业生活的思想观念保障。

(3) 劳动最光荣。在职业生活中,必须牢固树立"劳动最光荣、劳动最崇高、劳动最伟大、劳动最美丽"的观念,通过劳动创造更加美好的生活。

(4) 弘扬工匠精神。无论从事什么劳动,都要弘扬工匠精神,干一行、爱一行、钻一行。只要踏实劳动、勤勉劳动,在平凡岗位上也能干出不平凡的业绩。一切劳动者,只要肯学肯干肯钻研,练就一身真本领,掌握一手好技术,就能立足岗位成长成才,就能在劳动中发现广阔的天地,在劳动中体现价值、展现风采、感受快乐。

(5) 弘扬劳模精神。"爱岗敬业、争创一流,艰苦奋斗、勇于创新,淡泊名利、甘于奉献"的劳模精神,是我们极为宝贵的精神财富。

7. 注重家庭、家教、家风

(1) 注重家庭。家庭和睦则社会安定,家庭幸福则社会祥和,家庭文明则社会文明。

家庭的前途命运同国家和民族的前途命运紧密相连。千家万户都好，国家才能好，民族才能好。同时，国家好，民族好，家庭才能好。只有实现中华民族伟大复兴的中国梦，家庭梦才能梦想成真。

（2）注重家教。家庭是人生的第一个课堂，父母是孩子的第一任老师。家庭教育涉及很多方面，但最重要的是品德教育，是如何做人的教育，注重家教，应该把美好的道德观念从小就传递给孩子，引导他们有做人的气节和骨气，帮助他们形成美好心灵，促使他们健康成长。

（3）注重家风。家风是指一个家庭或家族的传统风尚或作风。良好的家风，对家庭成员的个人修养产生着重要的作用，也对整个社会道德风尚的形成产生着重要的影响。家风好，就能家道兴盛、和顺美满；家风差，难免殃及子孙、贻害社会。

千千万万个家庭是国家发展、民族进步、社会和谐的重要基点，是人们梦想启航的地方。当代大学生应该积极参与家庭文明建设，推动形成爱国爱家、相亲相爱、向上向善、共建共享的社会主义家庭文明新风尚。

8. 个人品德修养的有效方法

个人品德需要不断地通过道德修养加以提升。加强道德修养，提升个人品德，应借鉴历史上思想家们所提出的各种积极有效的方法，并结合当今社会发展的需要身体力行。

（1）学思并重。通过虚心学习，积极思索，辨别善恶，学善戒恶，以涵养良好的德性。只有坚持既不断学习又深入思考的修养方式，才能对人为什么要讲道德、讲什么样的道德和怎样讲道德形成全面而深刻的认识，产生道德智慧，过有意义的生活。

（2）省察克治。通过反省检验以发现和找出自己思想与行为中的不良倾向，并及时对它们进行抑制和克服；在日常生活中，我们要经常在自己内心深处用道德标准检查、反省，找出那些坏毛病、坏思想、坏念头并加以以纠正，才能使自己的德性不断完善。

（3）慎独自律。在无人知晓、没有外在监督的情况下，坚守自己的道德信念，自觉按道德要求行事，不因无人监督而恣意妄为。慎独自律的道德修养方法，既是对中国传统道德修养方法的批判性传承，也是在现代社会条件下仍需坚持的道德修养方法。自律是"慎独"达至的一种自觉自为的修养境界。自律即是一种自我认识、自我约束、自觉控制的个人修养方法。

（4）知行合一。把提高道德认识与躬行道德实践统一起来，以促进道德要求内化为个人的道德品质，外化为实际的道德行为。强调知行合一也是儒家修身思想的重要特征。道德修养并不是脱离实际的闭门思索，而是人们联系社会实践在道德上的自我反省和自我升华。

（5）积善成德。通过积累善行或美德，使之巩固强化，以逐渐凝结成优良的品德。积善成德强调道德修养需要日积月累的坚持，成就理想的人格靠"积"，在个人品德修养方面坚持、坚持、再坚持，就一定能够不断提高自己的精神境界和道德素质，从而成为品德高尚的人。

（二）学习难点

1. 正确理解道德的本质

道德属于上层建筑的范畴，是一种特殊的社会意识形态。正确理解道德的本质，应该把握经济基础对道德的决定作用，以及道德在一定条件下对经济基础的能动作用。

(1) 产生。道德是反映社会经济关系的特殊意识形态。道德的产生、发展和变化，归根结底根源于社会经济关系。

(2) 作用。道德是社会利益关系的特殊调节方式。道德是一种调整人与人、人与社会、人与自然以及人与自身之间关系的特殊的行为规范。

(3) 目的。道德是一种实践精神。作为实践精神，道德是一种旨在通过把握世界的善恶现象而规范人们的行为并通过人们的实践活动体现出来的社会意识。

道德作为一种实践精神，是特殊的意识信念、行为准则、评价选择等方面的总和，是调节社会关系、发展个人品质、提高精神境界等活动的动力。

2. 社会主义道德的核心

为人民服务是社会主义道德的核心，了解社会主义道德的核心，对于大学生践行社会主义道德、锤炼道德品质具有重要意义。

(1) 为人民服务是社会主义经济基础和人际关系的客观要求。在我国，以公有制为主体和以按劳分配为主体，是为人民服务的根本制度保证，在此基础上逐步形成的团结互助、平等友爱、共同进步的人际关系，是为人民服务的基础。

(2) 为人民服务是社会主义市场经济健康发展的要求。在社会主义市场经济条件下，市场主体必须通过向社会和他人提供一定数量和质量的产品，建立满足社会和他人需求的良好信誉。为人民服务与社会主义市场经济并不必然对立。社会主义市场经济本质上要求为人民服务。

(3) 为人民服务是先进性要求和广泛性要求的统一。为人民服务，既伟大又平凡，既高尚又普通，它并非高不可攀、远不可及，而是可以通过不同层次、不同形式表现出来。大学生践行为人民服务，就是要弘扬为人民服务的精神，尊重人、理解人、关心人，为人民、为社会多做好事、多做贡献。

3. 做一名向上向善、知行合一的新时代大学生

高尚道德品格的形成重在实践，贵在坚持。大学生投身崇德向善的道德实践，主要有以下几方面：

一是要向道德模范学习，学习他们的高尚品格和先进事迹，崇德向善、见贤思齐，弘扬真善美，传播正能量。

二是参与志愿服务活动，积极践行奉献、友爱、互助、进步的志愿服务精神，到最需要的地方去；帮助弱势群体；做力所能及的事。

三是引领社会风尚，弘扬真善美、贬斥假恶丑，做社会主义道德的示范者和引领者，推动形成知荣辱、讲正气、做奉献、促和谐的良好社会风尚，做社会主义道德的示范者和引领者。

四、学习热点探讨

习近平为什么重视家风

"忠厚传家久，诗书继世长"。每到春节，很多人家门口都会张贴这副对联。在中国传统文化中，"家国天下"的情怀浸入每一个中国人的骨髓血脉，也深刻烙印在习近平治国理

政思想中。

"不论时代发生多大变化，不论生活格局发生多大变化，我们都要重视家庭建设，注重家庭、注重家教、注重家风"，使得"千千万万个家庭成为国家发展、民族进步、社会和谐的重要基点。"

重教为根　家风好则个人强

2017年的最后一天，国家主席习近平如往年一样发表了新年贺词。与习近平一同出镜的还有书架上错落有致的十余张精美的照片，定格了一幕幕温暖瞬间。习近平每年新年贺词的画面中，有四张照片一直存在，分别是习近平同母亲、夫人、女儿及全家的合影。

这四张照片，是习近平家庭的缩影，也表明了家庭在他心中沉甸甸的分量。

在习近平看来，"家庭是社会的基本细胞，是人生的第一所学校"。正是这个课堂，塑造了习近平的家国情怀，也成为他治国理政的理念源泉。

勤俭是习家一脉相承的作风。习近平的母亲齐心在回忆录中写道："我们的两个儿子从小就穿姐姐穿剩下的衣服或花红布鞋，就是在仲勋的影响下，勤俭节约成了我们的家风。"习近平2003年接受央视采访时也谈到，儿时穿着的衣服，不但补丁摞补丁，而且多是兄弟姐妹辗转相传下来的。尽管声明过"绝对不干"，但他也不得不穿姐姐的"花衣服、花鞋子"。

2012年12月底，刚刚当选总书记不久的习近平前往河北阜平县调研考察。考察期间，习近平住的房间虽然是个套间，但面积也不过就是16平方米大小。他表示，小房子优越性很大，走两步上厕所、打电话都很方便。习近平不仅住得不讲究，吃得也很简单。"砥砺奋进的五年"大型成就展中展出了习近平在阜平吃饭的菜单，四菜一汤，没有酒水。

"我是农民的儿子。"这是习近平的父亲习仲勋在家中经常说的一句话，尽管他曾经担任中央政治局委员、中央书记处书记，但他经常教育孩子要靠自己的本事吃饭，鼓励子女到艰苦的地方去，到基层去，到祖国建设最需要的地方去。在父亲的影响下，习近平早年在正定县任职期间，跑遍了正定县所有村庄；到宁德3个月就走遍了9个县；在浙江则用一年多时间跑遍了全省90个县市区。

习近平曾经回忆："记得我很小的时候，估计也就是五六岁，母亲带我去买书"，"我偷懒不想走路，母亲就背着我，到那儿买岳飞的小人书"。"买回来之后，她就给我讲精忠报国、岳母刺字的故事。我说，把字刺上去，多疼啊！我母亲说，是疼，但心里铭记住了。'精忠报国'四个字，我从那个时候一直记到现在，它也是我一生追求的目标"。

勤俭节约、务实亲民、心怀家国。清正和睦的家风对习近平产生了深远的影响，为他"扣好了人生第一粒扣子"、打好了价值观的底色，让他在成为一国领袖后，始终带着良好家风赋予自己的浓浓家国情怀。

廉洁为要　家风严则政风清

2012年12月，新华社刊发特稿，披露了习近平的家庭生活细节。习家有着从严教子的清白家风。

习仲勋认为，作为党的高级干部，端正党风，首先要从自己做起，从自己的家属做起。在父母的言传身教下，习近平秉承家风，对家人的要求也非常严格。自担任领导干部以来，每到一处，他都会告诫亲朋好友："不能在我工作的地方从事任何商业活动，不能打我的旗号办任何事，否则别怪我六亲不认。"

有调查发现，80%的官员腐败案都与家庭成员有着密切关系，并且贪官大多都有互为影响的不良家风。习近平对这些社会弊端明察秋毫、洞若观火。在十八届中纪委六次全会上，他直指要害：不少领导干部"纵容家属在幕后收钱敛财，子女等也利用父母影响经商谋利、大发不义之财"。

"家风好，就能家道兴盛、和顺美满；家风差，难免殃及子孙、贻害社会。"习近平曾痛心地说："从近年来查处的腐败案件看，家风败坏往往是领导干部走向严重违纪违法的重要原因。"在他看来，领导干部的家风不是个人小事、家庭私事，而是领导干部作风的重要表现。

2015年10月18日，中共中央印发《中国共产党廉洁自律准则》，以党内纪律规矩的方式，首次将廉洁齐家列为党员领导干部廉洁自律规范的重要内容之一，将树立良好家风列为党员领导干部的必修课。

干部之家该有怎样的家风？习近平曾在多个场合强调："任何组织或者个人，都不得有超越宪法和法律的特权"；"必须反对特权思想、特权现象"；"坚决不搞特殊化，坚决不搞特权"；"当官就不要发财，发财就不要当官。清清爽爽、义无反顾地去当官"。

重教为根、廉洁为本。习近平的家庭观是一面镜子，为党员干部崇德修身、建设良好家风标注了认识论和方法论，带来了党风、政风、民风建设的崭新局面。

家国为本　家风正则民族兴

家是最小国，国是千万家；有了强的国，才有富的家。习近平给父亲的祝寿信中曾写道："这也激励着我将自己的毕生精力投入到为人民群众服务的事业中，报效养育我的锦绣中华和父老乡亲。"

2012年11月，习近平参观《复兴之路》展览时指出，每个人的前途命运都与国家和民族的前途命运紧密相连。"国家好，民族好，大家才会好。"

抱着一颗为人民做事情的心，习近平把千千万万个家庭的美好生活作为自己的奋斗目标，除了自己的亲人，他与13亿中国人民更是"一家人"。

翻山越岭、风雪兼程。每次考察扶贫，习近平都会走进一户户困难群众家中，盘腿上炕，拉着乡亲的手详细询问他们一年下来有多少收入，粮食够不够吃，过冬的棉被有没有；掀开褥子看炕垒得好不好，问屋顶上铺没铺油毡、会不会漏雨。

在习近平的不懈努力与持续推动下，2017年，全国农村贫困人口比上年末减少1289万人；全国居民人均可支配收入25 974元，比上年实际增长7.3%。

"只要还有一家一户乃至一个人没有解决基本生活问题，我们就不能安之若素；只要群众对幸福生活的憧憬还没有变成现实，我们就要毫不懈怠团结带领群众一起奋斗。"习近平的承诺令人充满信心。

在十九大启幕的新时代，家庭依然是国家发展、民族进步、社会和谐的重要基点，也是每一个人梦想启航的地方。"齐家"而后"治国"，习近平躬身笃行，做出了表率。（文/樊帆　祝新宇）

资料来源：腾讯新闻网 https://news.qq.com/a/20180222/019877.htm

扫码学习平台

一、扫码随堂听——欣赏并回答：请你谈谈欣赏歌曲后的感悟。

华语群星－公民道德歌　　莫兰－道德模范颂　　谭晶－好人就在身边　　谭晶－三德歌　　张爱民、申璐砚－中华好家风

二、扫码随堂看——观看并回答：请说出你印象深刻的内容及感悟。

［视频］全国道德模范_身边的好人好事　　［视频］全国道德模范展播：诚实守信——李维廉　　［视频］全国道德模范展播：见义勇为——黄伟

《道德星空》_20161119_家风的力量　　《焦点访谈》_20110630_传承道德的力量　　《圆梦中国　德耀中华——第六届全国道德模范颁奖仪式》

三、扫码随堂读——阅读并回答：请概括习近平总书记讲话的核心思想。

知识运用练习

一、名词解释

1. 道德功能：

2. 道德的认识功能：

3. 道德的规范功能：

4. 道德的调节功能：

5. 道德的作用：

6. "道德万能论"：

7. "道德无用论"：

8. 为人民服务：

9. 公共秩序：

10. 文明礼貌：

11. 职业道德：

12. 办事公道：

13. 爱情：

14. 个人品德：

15. 慎独：

16. 知行合一：

17. 志愿服务：

18. 志愿服务精神：

二、填空题

1. （　　）是道德起源的首要前提。
2. （　　）是道德赖以产生的客观条件。
3. （　　）是道德产生的主观条件。
4. 道德属于（　　）的范畴，是一种特殊的社会意识形态。
5. 道德的（　　）是指道德反映社会关系特别是反映社会经济关系的功效与能力。
6. 在道德作用问题上，要反对两种极端的看法，即（　　）和（　　）。
7. 中国革命道德是对中华传统美德的（　　）和（　　），是中华民族极其宝贵的道德财富。
8. 中国传统道德是一个矛盾体，具有鲜明的（　　）。
9. （　　）是先进价值观在道德领域的集中体现，蕴含着培育和践行社会主义核心价值观的丰富思想道德资源。
10. 借鉴和吸收人类文明优秀道德成果，必须秉承（　　）和（　　）。

11. 为人民服务是（　　）要求和（　　）要求的统一。
12. 包括大学生在内的每一个社会成员，都应遵守以（　　）、（　　）、（　　）、（　　）、（　　）为主要内容的社会公德。
13. （　　）、（　　）、（　　）、（　　）和（　　）是职业生活中的基本道德规范。
14. 作为社会主义道德建设的落脚点，（　　）影响着社会主义市场经济制度的完善和社会主义民主政治的进程。
15. 大学生要自觉践行（　　）、（　　）、（　　）、（　　）、（　　）等个人品德要求，不断提升个人的道德修养和境界。
16. 习近平强调："道德建设，重要的是激发人们形成善良的（　　）、（　　），培育正确的道德判断和道德责任，提高道德实践能力尤其是（　　）。"

三、单项选择题

1. （　　）是道德起源的首要前提。
   A. 民主　　　　B. 人性　　　　C. 劳动　　　　D. 情感
2. （　　）是道德赖以产生的客观条件。
   A. 社会关系　　　　　　　　　B. 人类自我意识的形成
   C. 生产关系　　　　　　　　　D. 生产力
3. 迄今为止，人类社会先后经历了（　　）种基本社会形态。
   A. 三　　　　B. 四　　　　C. 五　　　　D. 六
4. 在阶级社会中，占社会统治地位的道德是（　　）。
   A. 封建社会的道德　　　　　　B. 奴隶社会的道德
   C. 被统治阶级的道德　　　　　D. 统治阶级的道德
5. 在对待传统道德的问题上，要反对（　　）种错误思潮。
   A. 一　　　　B. 二　　　　C. 三　　　　D. 四
6. 毛泽东曾经在纪念革命战士（　　）时，明确把"为人民服务"作为对一切革命者崇高品质的概括，强调一切革命者都要想到大多数人民的利益，彻底地为人民的利益工作。
   A. 黄继光　　　B. 张思德　　　C. 邱少云　　　D. 雷锋
7. 社会主义道德建设的核心是（　　）。
   A. 集体主义　　B. 爱国主义　　C. 为人民服务　　D. 民主法制
8. 下面关于为人民服务的阐述，不正确的是（　　）。
   A. 为人民服务是中国共产党践行的根本宗旨
   B. 为人民服务是社会主义道德观的集中体现
   C. 权利和义务分属于两个对立的阶级
   D. 为人民服务是社会主义市场经济健康发展的要求
9. 社会主义道德区别和优越于其他社会形态道德的显著标志是（　　）。
   A. 把为人民服务作为社会主义道德建设的核心
   B. 把集体主义作为社会主义道德建设的核心
   C. 把个人主义作为社会主义道德建设的核心

D. 把享乐主义作为社会主义道德建设的核心

10. 社会主义道德建设的原则是（　　）。

A. 爱国主义　　　　B. 民主法制　　　　C. 为人民服务　　　　D. 集体主义

11. 下面关于集体主义的阐述，不正确的是（　　）。

A. 集体主义强调国家利益、社会整体利益和个人利益的辩证统一

B. 集体主义强调国家利益、社会整体利益高于个人利益

C. 集体主义重视和保障个人的正当利益

D. 集体主义只强调国家、社会整体利益，而忽视个人利益

12. 社会主义集体主义对具有较高社会主义道德觉悟的人能够达到的道德要求是（　　）。

A. 无私奉献、一心为公　　　　　　　B. 先公后私、先人后己

C. 公私兼顾，不损公肥私　　　　　　D. 先己后人、一心为己

13. 社会主义集体主义对公民最基本的道德要求的是（　　）。

A. 顾全大局、遵纪守法、热爱祖国、诚实劳动

B. 无私奉献、一心为公、大公无私

C. 先公后私、先人后己、没有自己私利

D. 公私兼顾、以公为重、不损公肥私

14. 公共生活是相对于（　　）而言的。

A. 私人生活　　　　B. 民主生活　　　　C. 娱乐生活　　　　D. 集体生活

15. （　　）是由一定规范维系的人们公共生活的一种有序化状态。

A. 工作秩序　　　　B. 教学秩序　　　　C. 交通秩序　　　　D. 公共秩序

16. （　　）是全体公民都必须遵循的基本行为准则，是维护公共生活秩序的重要条件。

A. 助人为乐　　　　B. 爱护公物　　　　C. 保护环境　　　　D. 遵纪守法

17. "网络空间天朗气清、生态良好，符合人民利益。网络空间乌烟瘴气、生态恶化，不符合人民利益。"下面叙述与这段话意思不符的是（　　）。

A. 大学生要成为营造清朗网络空间的正能量

B. 大学生要健康进行网络交往

C. 大学生可以尽情沉迷网络游戏

D. 大学生要加强网络道德自律

18. 下面关于劳动的阐述，不正确的是（　　）。

A. 人类是劳动创造的　　　　　　　　B. 社会是劳动创造的

C. 劳动有高低贵贱之分　　　　　　　D. 劳动最光荣

19. 体现社会主义职业道德中最高层次的要求和最高目标指向的是（　　）。

A. 爱岗敬业　　　　B. 诚实守信　　　　C. 办事公道　　　　D. 奉献社会

20. 下面关于注重家庭、家教、家风的阐述，不正确的是（　　）。

A. 家庭和睦则社会安定

B. 家教最重要的是品德教育

C. 家风好，就能家道兴盛、和顺美满

D. 家教最重要的是如何做事的教育

21. 下列内容不属于恋爱中道德规范要求的是（　　）。
   A. 强调门当户对　　　　　　　　B. 尊重人格平等
   C. 自觉承担责任　　　　　　　　D. 文明相亲相爱

22. 下列内容不属于家庭美德基本规范的是（　　）。
   A. 尊老爱幼　　B. 男女平等　　C. 助人为乐　　D. 勤俭持家

23. 孔子说"学而不思则罔，思而不学则殆"，这句话阐明的道德修养方法是（　　）。
   A. 省察克治　　B. 慎独自律　　C. 知行合一　　D. 学思并重

24. 习近平强调："道德建设，重要的是激发人们形成善良的道德意愿、道德情感，培育正确的道德判断和道德责任，提高道德实践能力尤其是（　　）能力。"
   A. 道德认同　　B. 道德认知　　C. 道德判断　　D. 自觉践行

25. 形成正确的道德认知和道德判断，最根本的就是要坚持以（　　）的基本原理来看待道德。
   A. 唯心史观　　B. 唯物史观　　C. 形而上学　　D. 客观唯心主义

26. （　　）就是坚持真理、坚持原则，坚持同一切歪风邪气做斗争。
   A. 知荣辱　　　B. 讲正气　　　C. 做奉献　　　D. 促和谐

四、多项选择题

1. 马克思主义道德观认为，人类社会的实际情况是，"物质生活的生产方式制约着整个（　　）的过程"。
   A. 社会生活　　B. 政治生活　　C. 精神生活　　D. 物质生活

2. 下面关于道德起源的叙述，正确的有（　　）。
   A. 社会关系的形成是道德赖以产生的客观条件
   B. 人类自我意识的形成与发展是道德产生的主观条件
   C. 劳动是人类道德起源的首要前提
   D. 人类最初的道德以风俗习惯等形式表现出来

3. 传统道德是历史上不同时代人们的（　　）集中体现，是对道德实践经验的提炼总结。
   A. 行为方式　　　　　　　　　　B. 风俗习惯
   C. 价值观念　　　　　　　　　　D. 文化心理

4. 下面关于道德的本质叙述，正确的是（　　）。
   A. 道德是反映社会经济关系的特殊意识形态
   B. 道德是社会利益关系的特殊调节方式
   C. 道德是一种实践精神
   D. 道德由上层建筑决定

5. 迄今为止，人类社会出现的五种道德类型是（　　）。
   A. 原始社会的道德　　　　　　　B. 奴隶社会的道德
   C. 封建社会的道德　　　　　　　D. 资本主义社会的道德

E. 社会主义社会的道德

6. 下列内容反映推崇"仁爱"原则、注重以和为贵的有（　　）。
   A. 己欲立而立人，己欲达而达人
   B. 亲亲而仁民，仁民而爱物
   C. 仁者自爱
   D. 兼相爱，交相利

7. 下列内容强调道德修养，注重道德践履的是（　　）。
   A. "修己""克己"和"慎独"
   B. "见贤思齐焉，见不贤而内自省"
   C. "吾日三省吾身""善养吾浩然之气"
   D. "察色修身"和"以身载行"

8. 在对待传统道德的问题上，要反对两种错误观点是（　　）。
   A. 虚无论
   B. 坚持马克思主义的立场、观点和方法
   C. 复古论
   D. 既不全盘肯定，也不全盘否定

9. 下面关于中国革命道德主要内容的阐述，正确的是（　　）。
   A. 为实现社会主义和共产主义理想而奋斗
   B. 全心全意为人民服务
   C. 始终把革命利益放在首位
   D. 修身自律，保持节操

10. （　　），体现了中国革命道德在社会生活层面上的重要意义。
    A. 树立社会新风
    B. 建立新型人际关系
    C. 修身自律，保持节操
    D. 始终把革命利益放在首位

11. 社会主义集体主义道德要求的三个层次是（　　）。
    A. 无私奉献、一心为公
    B. 先公后私、先人后己
    C. 公私兼顾，不损公肥私
    D. 先己后人、一心为己

12. 公共生活的特征主要表现在（　　）。
    A. 活动范围的广泛性
    B. 活动内容的开放性
    C. 交往对象的复杂性
    D. 活动方式的多样性

13. 下面关于诚实守信的阐述，正确的是（　　）。
    A. 诚实守信是社会主义核心价值观的一条重要准则
    B. 就个人而言，诚实守信是高尚的人格力量
    C. 就社会而言，诚实守信是正常秩序的基本保证
    D. 就国家而言，诚实守信是良好的国际形象

14. 诚实守信职业道德的基本要求是（　　）。
    A. 诚实劳动　　B. 合法经营　　C. 信守承诺　　D. 讲求信誉

15. 大学生树立正确择业观的基本要求是（　　）。
    A. 完全是个人随心所欲、由自己的兴趣和意愿所决定
    B. 树立崇高职业理想，重视人生价值实现
    C. 服从社会需要，追求长远利益

D. 打下坚实基础，做好充分准备

16. 下面关于注重家庭、家教、家风的叙述，正确的是（　　）。
A. 注重家教，应该把美好的道德观念从小就传递给孩子
B. 家庭幸福则社会祥和，家庭文明则社会文明
C. 家风好，就能家道兴盛、和顺美满
D. 积善之家，必有余庆；积不善之家，必有余殃

17. 邻里关系相处应当做到（　　）。
A. 互谅互让　　　　　　　　　　B. 互帮互助
C. 宽以待人　　　　　　　　　　D. 团结友爱

18. 志愿服务的精神是（　　）。
A. 奉献　　　　B. 友爱　　　　C. 互助　　　　D. 进步

19. 对于大学生来说，促和谐就是要促进（　　）。
A. 自我身心的和谐　　　　　　　B. 个人与他人的和谐
C. 个人与社会的和谐　　　　　　D. 人与自然的和谐

五、辨析题

1. 道德是人类社会的特有现象，动物的本能行为中不存在真正的道德。
答：

2. 社会关系是道德赖以产生的主观条件。
答：

3. 道德属于上层建筑的范畴，是一种特殊的社会意识形态。
答：

4. 道德的规范功能是指道德通过评价等方式，指导和纠正人们的行为和实践活动，协调社会关系和人际关系的功效与能力。
答：

5. 中华传统美德内容丰富、博大精深,是人类文明发展的重要精神财富,是社会主义道德建设的源头活水。

答:

6. 中华传统美德主张在物质生活基本满足的情况下应追求崇高的精神境界,把道德理想的实现看作是人生诸种需要中最高层次的需要。

答:

7. 中国革命道德从一开始就特别强调要为群众服务、为大众谋幸福、为人民利益献身,并认为这是对一切革命人士和先进分子的要求。

答:

8. 在吸取人类优秀道德文明成果的问题上,要大胆吸收全盘借鉴人类道德文明的积极成果。

答:

9. 树立社会新风,建立新型人际关系,体现了中国革命道德在理论规范层面上的重要意义。

答:

10. 社会主义道德建设是社会主义政治建设的重要内容。

答:

11. 大学生践行为人民服务,就是要弘扬为人民服务的精神,尊重人、理解人、关心人,为人民、为社会多做好事、多做贡献。

答:

12. 在现实生活中，社会公德、职业道德和家庭美德的状况，最终都是以每个社会成员的道德品质为基础的。

答：

13. 大学生应以正确的荣辱观为指导，坚定正确的行为导向，产生正确的价值激励，助推全社会形成知荣明辱的良好道德风尚。

答：

六、简答题

1. 道德的本质是什么？

答：

2. 简述道德的功能与作用。

答：

3. 中国革命道德的主要内容有哪些？

答：

4. 怎样理解中国革命道德的当代价值？

答：

5. 如何借鉴人类文明优秀道德成果？

答：

6. 为什么说为人民服务是社会主义道德的核心？

答：

7. 什么是公共生活中的道德规范？
答：

8. 如何树立正确的择业观和创业观？
答：

七、论述题

如何理解社会主义道德的核心和原则？
答：

八、案例分析

案例分析 1

"钟扬精神"为新时代奉献力量和希望

2018年3月29日，中央宣传部向全社会宣传发布复旦大学教授钟扬的先进事迹，追授他"时代楷模"称号。

"当一个物种要拓展其疆域而必须迎接恶劣环境挑战的时候，总是需要一些先锋者牺牲个体的优势，以换取整个群体乃至物种新的生存空间和发展机遇。共产党员就是这样的先锋者。"这句话出自钟扬之口，更是其一生坚持国家至上、民族至上、人民至上的生动写照。

十六年援藏，只为填补西藏的生态学植物学空白，为带出一支留得下的学术队伍；十七年参与科普志愿服务，让公益与学术交相辉映、相得益彰；长期致力于生物多样性研究和保护，在青藏高原这个最艰苦卓绝的地方奋斗不止，为国家种质库收集了数千万颗植物种子，用科技报效国家……每一项事业的进步，都是震惊中外的大担当、大作为，都是那么感人至深、催人奋进，何况这些奉献还仅来自于钟扬教授一人之举。

忠于祖国和人民是他一生的追求。作为一名党员，他对党和国家忠诚，始终以"为人民服务"为宗旨，用奋斗诠释着一身不渝的追求，以"持久的热情和长期的投入"，为共和国科学事业埋下珍贵的"种子"，默默生根，努力开花，砥砺前行。作为一名科学家，他对科学事业忠诚，足迹遍布西藏最偏远、最艰苦的地区，深深扎根于祖国西部这片鲜有人问津的土地上，让科研的精神遍布高原大地。作为一名教师，他对"传道授业"的伟业忠诚，以德修身、以德立学、以德施教，尽心尽力帮助学生成长成才，为国家积蓄科研伟力和人才后劲。

不断奋进和拼搏是他人生的写照。习近平总书记说，"幸福都是奋斗出来的，新时代是奋斗者的时代。"走进新时代，如何焕发新气象、彰显新作为？钟扬教授作出了榜样。为了事业奋斗，"我想带出一批博士生团队，探索一种高端人才培养的支教模式，帮助西藏形成人才培养的造血机制。"他不仅是这么说的，更是这么做的，敞开胸怀，迎接援藏的人才，挑起担子，甘做事业的高峰。为了未来奋斗，"我不一定能看到，但可以造福200年后的人"。理想是事业的基石、是奋斗的催化剂，理想更让防风固沙的热带红树林，傲立在巍巍高原之上。

树立责任和担当是他不忘的初心。共产党员最讲责任、最重初心。责任和担当不是空洞无物的意识所及，恰是实干作为的行动壮举，钟扬教授把为祖国盘点青藏高原的植物"家底"作为使命，不断地在植物学领域中"开疆扩土"，为祖国守护植物基因宝库，书写"中国基因"的不朽传奇。他视为祖国集聚人才为己任，把每一名学生当作宝贵的种子一般用心培育、全心浇灌，更为少数民族、高原地区培养出源源不断的后发之力。这样的尽心尽责、这样的果敢担当，正是新时代发展的必备要素，更是每一名党员干部、社会公众都应当学习和弘扬的优秀品质。

钟扬教授将忠诚、敬业、奋斗、责任、担当等优秀品质永远地留在了所热爱的事业之上，凝聚成一座巍峨的丰碑，更竖立起了一座精神上的"珠穆朗玛峰"，为勇敢坚毅者、奋进作为者点亮了前行的明灯。我们全社会都要珍视，并学习好钟扬同志的先进品质、优秀人格、伟大德行，共同为新时代中国特色社会主义发展和进步奉献力量、积蓄后劲、成就未来。

资料来源： http://theory.people.com.cn/n1/2018/0402/c40531-29902575.html 人民网-中国共产党新闻网

思考题

1. 什么是"钟扬精神"？

答：

2. 大学生如何践行"钟扬精神"？

答：

案例分析 2

全国五好文明家庭的杰出代表
——高妹香家庭

高妹香，女，苗族，1968年10月生，海南省保亭黎族苗族自治县三道镇三弓村委会新建村村民。

高妹香孝敬老人、勤劳持家、帮助乡邻、育儿成才，以一个农民的朴素情怀建成一个家风良好的和谐家庭。她细心照顾3位老人，把3个孩子培养成为大学生，成为当地苗族家庭文明的典范。

高妹香与丈夫结婚20多年，家里有3个老人需要照顾，3个孩子需要抚养，负担很重。丈夫工作待遇低，无暇顾及家中事务，高妹香十分理解支持，叮嘱他工作马虎不得。家务重担主要压在高妹香一人身上，她从未抱怨，养猪种菜、种田开荒、孝敬老人、关注孩子，尽心尽力付出。高妹香婚后一直照顾公公婆婆，后又把自己姥姥接来一并照顾。2010年，婆婆生了一场大病，高妹香每天忙完农活回来，就赶紧煮热水给婆婆擦身洗脚，照顾婆婆打针吃药。对待孩子，高妹香和丈夫一直坚持身教胜于言教，注重培养孩子良好习惯，鼓励孩子多向社会献爱心、帮助他人，注重精神方面的成长。孩子们学业有成，大儿子从警校毕业后参军，二儿子和小女儿也都考上大学，在校成绩优秀。

高妹香除了是家里的"主心骨""多面手"，还是村妇代会委员和村小组妇女组长。她常常入户调查走访，对全村的五保户、贫困户、孤儿户、困难党员等进行详细分类、登记造册，遇到那些家庭困难的妇女，就给予热心帮助。

2005年，高妹香开荒种植了400株龙眼、300株槟榔和20亩橡胶，家庭经济状况渐渐好转。她总结出一套瓜菜种植技术，毫无保留地把技术分享给村民。在乡邻们眼里，高妹香是一个性情开朗、简单快乐的人，很能干，也很热心。

高妹香家庭被评为全国五好文明家庭、海南省"桃李书香最美家庭"等。

资料来源：2017年07月25日《人民日报》

思考题

1. 良好家风应该体现在哪些方面？良好家风与国家、社会发展的关系？

答：

2. 结合本案例，谈良好家风应如何培育？

答：

案例分析 3

丈夫救火献身妻子还债　农妇诚信之举传佳话

新华社南昌 2007 年 9 月 7 日电:"各位乡亲好友,如有与死者王云林生前有经济来往账目的,即日起请与其家属联系,以待清理解决。"2007 年 4 月,江西省德兴市李宅乡宗儒村村民王云林在扑救山火中不幸牺牲。不久,他的妻子陈美丽便张贴出了这份"还债告示"。

尽管多数索债人并无借据,目前已还债 5 万元的陈美丽也因此家贫如洗,陈美丽却认为,只有这样才能告慰一生恪守诚信的丈夫和自己的良心。

2007 年 4 月 9 日,宗儒村附近的山林突发大火,在接到求助电话后,王云林立即赶往火场扑救,不料却被山顶滚落的石头砸成重伤,第二天便不治身亡。王云林曾借债买下一辆农用车跑运输,并时常因货运资金周转不灵向乡亲们借钱,但每次跑完运输回来,他又总要还掉一部分债。王云林的猝然离世,让他复杂的债务账成了一笔"糊涂账"。虽然很多人说"人死账烂",但王云林的妻子陈美丽仍然做出了一个令所有人吃惊的举动——公告还债。

宗儒村是个有着 1400 多人的大村庄,但地处偏远,由于传统习惯和道德约束,村民之间的债务往来很少立字据或打借条。"只要上门来要债的,没有借据我也会还。因为我相信,没有人会对我们这么不幸的人家趁火打劫。"虽然要偿还的十多笔共 5 万元巨债中,有近 4 万元毫无凭证,但陈美丽仍然坚信自己的判断。

仅有的积蓄用来还债了,丈夫的死亡抚恤金用来还债了,村里和乡里好心人的捐款也用来还债了……直到家里一贫如洗,陈美丽却毫无怨言。"老公生前最怕的是欠债,如果我不能还清债,就是对不起他。"陈美丽说。

由于公公 7 年前就病逝了,丈夫的离世又让家里的"顶梁柱"倒了。面对 7 岁的大女儿、仅 10 个月的小女儿和体弱多病的婆婆,还清债务后的陈美丽一家不得不面临生活的困境。"我理解她的做法,即使生活再苦,也要把债先还了,要不然子孙后代都不能抬头做人了。"婆婆程秋英的理解让陈美丽感到了一丝欣慰。

陈美丽张榜替夫还债的做法也感动着很多村民。村民周宗祥说,虽然陈美丽做的只是她认为正确的事,却感动了村里所有的人,也让很多村民把讲信用当成了做人的基本原则。

资料来源:新华网 http://www.xinhuanet.com/2007-09-07

思考题

1. 陈美丽身上体现了一种什么样的社会主义荣辱观?
   答:

2. 大学生在成长成才的过程中为什么要自觉践行社会主义荣辱观?
   答:

案例分析 4

全国助人为乐模范邱娥国：助人为乐无止境

人物小传：

邱娥国，中共党员，1946年5月出生，江西省南昌市公安局特警支队调研员、一级警督。1980年1月参加公安工作，历任南昌市公安局西湖分局筷子巷派出所户籍民警、副所长、分局副政委兼派出所指导员。

1996年以来，邱娥国先后获得全国先进工作者、公安部一级英模、全国五一劳动奖章、全国优秀共产党员等多项荣誉称号，并荣立个人一等功1次、二等功2次。

"虽然退居二线，但为老百姓办实事做好事，没有止境。"江西南昌市公安局特警支队调研员邱娥国笑呵呵地说。现在的他，比担任西湖区公安分局副政委兼筷子巷派出所指导员时更忙碌了，每天在外奔波，为老百姓解决一个又一个困难。

帮助失学儿童健康成长

2007年8月2日，邱娥国和所里的民警冒着高温，领着一个瘦高的男孩来到市第二十中学，找到学校领导。听完介绍，校方深受感动，很快为男孩办好了入学手续。

男孩名叫多多，14年前，他的亲生母亲离家出走，父亲天天在外赌博。1998年他两岁的时候，父亲竟然把他扔在了大街上。老邱和所里的民警将他接到所里，给他取名"多多"。

被父母抛弃，多多的生存成了大问题。邱娥国和所里的民警为他的生活忙前忙后，帮他解决户口问题，将他接来派出所吃住，为他捐款捐物，向街道申请低保……待他如亲生子女，多多也亲切地称呼老邱和民警们为"爸爸""妈妈"。

后来，多多的叔叔把他从派出所接到了自己家里生活，多多经常来所里看望他的"爸爸"们，他也成了大家的牵挂。

2001年，多多已经8岁了，但他只能用羡慕的眼神看着同龄人背起书包去学校。老邱又一次伸出援助之手，帮助多多联系了辖区的普贤寺小学，圆了他的读书梦。普贤寺小学撤校并入石头街小学后，老邱还和所里的民警到学校送学费、买文具，隔三岔五去看望他，鼓励他好好学习。

转眼9个寒暑过去，多多没有辜负民警爸爸们对他的关爱，在学校当了班长，成了老师的好帮手，深受同学们的喜爱。今年，他以语文95分、数学满分的成绩从西湖区石头街小学顺利毕业。

可是，困难却再一次摆在了这个可怜的孩子面前。由于只有户口没有住房证，多多需要交纳借读费才能继续受教育，借读费对于靠微薄的低保费生活的多多来说，根本没有办法解决，原本应该升入初中的多多又一次面临失学的困境。

得知多多的处境后，老邱和所里的民警再次肩负起"爸爸"的责任，带着多多来到南昌市二十中。在听完多多的身世和派出所的帮扶情况后，学校对多多的遭遇表示同情，也对派出所及民警的做法感到钦佩。周副校长当即答应免去多多初中3年的借读费，还勉励他说，"要好好学习，才能对得起派出所的'爸爸'们对你的关心和爱护！"懂事的多多扬起小脑袋高兴地说："我一定会好好学习，考上大学后，也去当警察，帮助别人。"

让特困老人重见光明

犁头咀 37 号居民毛香桂婆婆因为没有钱安装电表，已经十几年没有点过电灯了，平常都是靠点蜡烛照明。这个情况让老邱看在眼里，急在心里：毛香桂家周围都是上百年的板壁房，点蜡烛照明，是一个极大的消防安全隐患。

毛婆婆年过六旬，是个智障人，早年丈夫突然离家出走后一直未归，膝下生有一儿一女。女儿远嫁赣州后未有联系。儿子从小染下了小偷小摸的恶习，30 多岁的他已经"三进宫"，改邪归正后，平日里以打点零工为生，生活相当困难，只能维持温饱。

因此，老邱除了平日里提上一些生活必需品看望毛婆婆外，老邱也经常主动找到她儿子聊天谈心，帮助他走上了人生的正轨。这次，老邱决定为毛香桂家安装一个电表，用上电灯，让娘俩早日"重见光明"。

为了尽快给毛婆婆家安装电表，老邱多次与南昌市供电局进行交涉，供电局领导被老邱的爱心和诚心打动，决定免费为毛香桂家安装电表，同时供电局的领导号召单位职工捐款，给老人送去 600 元的慰问金。

2007 年 7 月 9 日，老邱带领南昌市供电局安装队来到犁头咀 37 号，为毛婆婆家安装电表，老邱又马不停蹄地跑到邻居家借来梯子，到商店买来开关。经过安装人员一个多小时的努力，毛香桂家终于迎来了一片光明。

挽救失足人员

2000 年春节，邱娥国一连收到 4 封来自新建县监狱的信，寄信人是正在服刑的刘某。原来，刘某因犯盗窃、抢劫罪被判无期徒刑，家人与他断绝了关系。刘某因得不到家人的关心渐渐失去生活的信心。

就在他绝望之际，2000 年正月初四，邱娥国偕同妻儿买了礼品前来监狱。

"这就是邱娥国同志！有什么话，好好向他说吧。"当狱警将刘某领到探望室时，他真不敢相信自己的眼睛。

一声"邱政委"，刘某已泪如雨下。这些年来，他几乎丧失了生活的信心与勇气，隔三岔五地与狱友打架斗殴，顶撞狱警，抗拒改造。

"浪子回头金不换。人生道路漫长，偶然走错了路，及时改正就是了。可千万别头撞南墙，一路走到黑。"老邱语重心长地说，"以后有什么困难，及时告诉我；有什么想法，及时和我沟通。"

邱娥国耐心地开导他，以后又经常与他通信，到监狱看望他，并帮助他与家人取得了联系。刘某深受感动，重新扬起了生活的风帆，后来安心改造，因为表现突出而被减刑。刘某感激地说："邱政委是我的再生父母，给了我第二次生命。"

帮助下岗人员再就业

这几年，筷子巷派出所辖区内下岗职工逐渐增多，细心的老邱悄悄地做起了下岗职工普查工作。他精心设计制作了一本"下岗人员情况登记本"，详细记录着辖区内下岗职工的年龄、原单位、家庭人数、专长及再就业情况。

在他的带领下，筷子巷派出所辖区下岗职工进行了一次全面、彻底的调查摸底，并做了详细记录，民警人手一份。老邱带领同事经常来到他们中间，通过拉家常，掌握他们的思想动态，帮助他们转变就业观念，鼓励他们自谋职业。

老邱了解到百帝实业有限公司要招人，主动找上门去推荐了他本子上记录着的生活最困难的章爱民等6人。公司录用后，他经常鼓励他们珍惜来之不易的工作机会。在老邱的鼓励与帮助下，这6名职工均被商场评为"服务明星"。

有一次，老邱下段检查消防工作，发现南昌灯饰照明电器采购供应站的仓库无人看守，隐患较大，建议负责人聘用了生活困难但老实勤快的下岗职工万益清，经过一段时间的试用，双方都十分满意。

近5年来，在邱娥国和筷子巷民警的帮助下，辖区有197名下岗工人再就业。

老邱出名后，各方找他办事的群众很多，仅收到全国各地的来信已有5 000多封！面对前来求助的群众，邱娥国不厌其烦，尽力给每一个求助者满意的答复。

1999年3月，黑龙江省佳木斯市的刘忠会写信给邱娥国说：他母亲是南昌人，从小被送给了一个江西赣州人，随同的箩筐和包被上写有外公、外婆及姨妈的名字。他母亲长大后一直想找到自己的亲生父母和姐姐，但苦苦找了50多年却始终找不到！

为了了却母亲的心愿，他想到了邱娥国。老邱被这份骨肉之情深深感动，他连夜通过联网电脑查询，经过排查、分析，辗转多次，终于找到了刘忠会母亲的姐姐。

当两个熟悉而又陌生的老姐妹终于团聚时，邱娥国感到无比欣慰。

资料来源：中国文明网 http://www.wenming.cn/2008-02-20/

思考题

1. 请结合助人为乐模范邱娥国的事迹，谈谈你对"以团结互助为荣、以损人利己为耻"社会主义荣辱观的理解。

答：

2. 你认为在大学生活中的公德应该表现在哪些方面？大学生应该如何增强社会公德意识，践行社会公德规范？

答：

实践活动项目

实践项目一

学校是我家，文明靠大家
——创建"文明课堂"和"文明寝室"

【目的要求】

班级和寝室是学生学习和生活的重要场所，在学生的成长过程中占据重要的地位。通过创建文明课堂和文明寝室活动，让学生体验劳动的辛苦，学会尊重他人劳动，自觉维护好课堂秩序,为自己、为他人营造"整洁、优美、安全、舒适"的学习生活环境。并在创建活动中,提高学生自我教育、自我管理和自我服务的能力。

【实践方案】

1. 任课教师向学生讲清开展此项活动的目的、意义和总体要求。
2. 将学生分成两个小组,分别制定"文明课堂"和"文明寝室"规范。
3. 每小组选出一名负责人,组织大家讨论文明课堂和文明寝室方案。
4. 在讨论中,列举课堂上和寝室里不道德、不文明现象,分析产生不文明行为的原因,提出创建文明课堂和文明寝室的建议和办法。
5. 结合本学校文明寝室、优秀班级评比办法,根据本班级实际情况,做适当调整。
6. 通过比较分析讨论,制定出班级文明课堂和文明寝室规范。
7. 每月召开一次班会,每位同学对执行规范情况进行自评和互评,在此基础上对其进行综合评议。

【考核评价】

1. 评价方式:任课教师根据每个小组成员参与制定文明课堂和文明寝室方案讨论情况,两个小组分别制定的班级文明课堂和文明寝室规范,以及每个同学执行规范情况,综合评定学生实践教学环节成绩。成绩分为四个等级:优秀、良好、及格和不及格。
2. 教师评语:_____

> 谈一谈

创建文明课堂方案

组长姓名		组员姓名	
创建方案	目的要求		
	创建办法		
	文明课堂规范		
备注			

创建文明寝室方案

组长姓名		组员姓名	
创建方案	目的要求		
	创建办法		
	文明寝室规范		
备注			

实践项目二

志愿服务，奉献社会
——参加志愿者服务活动

【目的要求】

为进一步弘扬"奉献、友爱、互助、进步"的志愿服务精神，提倡大学生积极参加志愿者服务活动。通过志愿服务，锻炼自我、提高自我，增强奉献意识和社会责任感；发挥志愿服务教育人、引导人、培养人、塑造人的功能，帮助大学生树立正确的世界观、人生观、价值观和荣辱观；有利于大学生在志愿服务中接触社会，了解社会，更好地服务社会。

【实践方案】

1. 以学校、学生会、专业、年级、班级为单位组织安排活动。
2. 主要活动方式有个人活动、班级活动、年级和学校活动方式四种。
3. 可以根据需要组建形式多样的志愿者服务队，如"绿色校园""绿色社区""城市风采""法律咨询"等志愿服务队。
4. 在内容上，可以走出校园，进社区、进企业、进学校、进车站、进敬老院等进行志愿服务。
5. 在时间上，可以充分利用课余时间、节假日或休息日等进行志愿服务活动。
6. 每一个参与志愿者服务活动的同学都要写活动心得，字数1000字。

【考核评价】

1. 评价方式：任课教师根据学生参与志愿者服务活动情况和学习心得体会，综合评定学生实践教学环节成绩。实践等级可分为四个等级：优秀、良好、及格和不及格。
2. 教师评语：_____

写一写

实践活动报告

活动时间		活动地点	
单位名称		成员构成	
活动方式			
活动心得			

实践项目三

走进校园，发现美丑
——校园文明，从我做起

【目的要求】

通过走进校园，细心观察，捕捉日常校园中文明行为和不文明行为，使广大同学一方面感受道德行为带来的美好，另一方面感受不道德行为带来的丑陋，充分认识到日常生活中遵守道德的必要性，文明校园建设应从我做起，从身边小事做起。加深对教学内容，特别是对社会主义道德核心和原则、公民基本道德规范及其修养的理解，做到知行统一，不断提高自身的文明道德素质。

【实践方案】

1. 学生分组。将授课班级按4人一组分成若干小组，确定一名组长。

2. 活动内容。在统一的时间内，各组同学根据自行设计的路线图走进校园，深入宿舍、课堂、图书馆、食堂、操场、校园等各个角落，用心观察校园内的各种文明行为和不文明行为，用适当的工具（手机或照相机）进行记录。涉及隐私不便影像记录的可通过图画或漫画形式表现。

3. 活动要求。每组同学至少选择2个以上的场所，至少记录4类行为，其中必须既有文明行为，亦有不文明行为。每组同学活动踪迹要提供集体在活动场所的合影照为证。照片或图片须配上简要的说明。活动结束要发表100字左右的心灵感悟和50字左右的校园警示语。

4. 结果提交。每组同学在活动结束后填写活动记录表，记载活动时间、地点、人员、路线、成果、感悟和警示语等。并由组长组织对每个队员进行评分（每个队员不可相同）。

5. 材料展评。将同学提交的作品（包括校园文明行为图片、感悟和警示语）进行筛选、归类后，进行编号，在课堂上进行展示评比，由全体同学做评委，评出一、二、三等奖，并就作品呈现的校园文明行为和不文明行为进行全班讨论，引导学生思考。

6. 实践成果。照片、图画或漫画、感言及警示语。

【考核评价】

1. 评价方式：任课教师根据学生参与活动情况和每组同学提交的照片、图画或漫画、感言及警示语，综合评定学生实践教学环节成绩。成绩分为四个等级：优秀、良好、及格和不及格。

2. 教师评语：_____

"走进校园,发现美丑"活动记录表

活动时间			
行走路线			
证明材料			
参加同学	姓名	学号	对活动的贡献
活动成果	1		
	2		
	3		
	4		
心灵感悟 (100字左右)			
校园警示语 (50字左右)			

实践项目四

观看"圆梦中国 德耀中华
——第六届全国道德模范授奖仪式"视频

【目的要求】

一个道德模范就是社会道德建设的一面旗帜。通过观看"圆梦中国 德耀中华——第六届全国道德模范授奖仪式"视频,促使大学生把道德模范人物作为自己心目中的偶像,弘扬真善美,传播正能量,激励大学生崇德向善、见贤思齐,鼓励大学生积善成德、明德惟馨,为实现中华民族伟大复兴的中国梦凝聚起强大的精神力量和有力的道德支撑。

【实践方案】

1. 要准备好画面清晰的"圆梦中国 德耀中华——第六届全国道德模范授奖仪式"视频录像。

2. 要向学生说明此次实践活动的具体要求。
3. 要求学生认真观看,深入思考,要以道德模范为镜,省悟自我,并写出较深刻的观后感。

【考核评价】
1. 评价方式:任课教师根据撰写的观后感,综合评定学生实践教学环节成绩。成绩分为四个等级:优秀、良好、及格和不及格。
2. 教师评语:_____
_____

想一想

请写出令你感动的道德模范人物的名字及先进事迹:
_____
_____
_____
_____
_____
_____

实践项目五

写一封"感恩家书"

【目的要求】
尊老爱幼是中华民族的传统美德,也是一种法律责任和道德义务。通过开展书写"感恩家书"活动,培养大学生的感恩意识,积极投身到感恩与感谢的实践行动中来。通过感恩教育,激发大学生的学习热情与动力,做一名德才兼备的大学生。

【实践方案】
1. 任课教师讲清开展书写"感恩家书"活动的目的、意义。
2. 教师要讲清楚书写"感恩家书"的具体要求,格式、内容、语言风格等。"感恩家书"的必备内容是:一是预算上大学的成本。在任课教师的指导下,所有学生完成了大学成本的预算,包括学费成本、时间成本和家人付出的成本,使大学生明白父母为自己成长成才所付出的心血与汗水,从而倍加珍惜时间,努力拼搏学习。二是制定合理的大学生活规划。同学们根据自身的实际情况,制定出切实可行的大学生活规划,脚踏实地为实现人生理想而不懈奋斗。三是表达对父母的感激之情。
3. 任课教师评选出 3~5 篇质量水平较高的"感恩家书"在课堂进行交流并做点评。

【考核评价】
1. 评价方式:任课教师根据学生书写的"感恩家书"的质量与水平,评定学生实践教学环节成绩。成绩分为四个等级:优秀、良好、及格和不及格。

2. 教师评语：_____

写一写

"感恩家书"

名言解读背诵

1. 人人好公，则天下太平；人人营私，则天下大乱。——刘鹗
2. 如烟往事俱忘却，心底无私天地宽。——陶铸
3. 君子喻于义，小人喻于利。——《论语·里仁》
4. 人不能像走兽那样活着，应该追求知识和美德。——但丁
5. 勿以恶小而为之，勿以善小而不为。惟贤惟德，能服于人。——刘备
6. 强本而节用，则天不能贫。——荀况
7. 夫君子之行，静以修身，俭以养德，非淡泊无以明志，非宁静无以致远。——诸葛亮
8. 历览前贤国与家，成由勤俭破由奢。——李商隐
9. 礼貌是人类共处的金钥匙。——松苏内吉
10. 礼貌使有礼貌的人喜悦，也使那些受人以礼貌相待的人们喜悦。——孟德斯鸠
11. 廉者常乐无求，贪者常忧不足。——王通
12. 君子坦荡荡，小人长戚戚。——《论语·述而》
13. 意诚而心正，心正而身修，身修而家齐，家齐而国治，国治而天下平。——谭嗣同
14. 俭节则昌，淫佚则亡。——《墨子·节用下》
15. 薄于身而厚于民，约于身而广于世。——《晏子春秋·内篇问上》

16. 贫贱之交不可忘，糟糠之妻不下堂。——《后汉书·宋弘传》
17. 廉者，政之本也；让者，德之主也。——《晏子春秋·内篇杂下》
18. 心高志洁，智深虑广；轻荣重义，薄利厚德。——曹操
19. 举世皆浊我独清，众人皆醉我独醒。——屈原
20. 出淤泥而不染，濯清涟而不妖。——周敦颐
21. 道德的基础是人类精神的自律。——马克思
22. 才者，德之资也；德者，才之帅也。——《资治通鉴》
23. 美德有如名香，经燃烧或压榨而其香愈烈，盖幸运最能显露恶德而厄运最能显露美德也。——培根
24. "仁者爱人""己欲立而人，己欲达而达人""己所不欲，勿施于人""父慈子孝""义以为上""义以为质""先义后利"。——孔子
25. "吾日三省吾身，为人谋而不忠乎？与朋友交往不信乎？传不习乎？"——曾子
26. "三人行，必有我师焉，择其善者而从之，其不善者而改之。"——《论语·述而》
27. 君子养心，莫善于诚。——荀子
28. 内不欺己，外不欺人，上不欺天，君子所以慎独。——弘一大师
29. 富贵不能淫，贫贱不能移，威武不能屈。——《孟子·滕文公下》
30. 穷则独善其身，达则兼善天下。——《孟子·尽心上》
31. 人固有一死，或重于泰山，或轻于鸿毛。——司马迁
32. 宁可玉碎，不可瓦全。——《北齐书·元景安列传》
33. 名节重泰山，利欲轻鸿毛。——于谦
34. 粉身碎骨浑不怕，留得清白在人间。——于谦
35. 与朋友交，言而有信。——《论语·学而》
36. 人而无信，不知其可也。——《论语·为政》
37. 民无信不立。——《论语·颜渊》
38. 言必信，行必果。——《论语·子路》
39. 一诺千金。——《史记·季布栾布列传》
40. 人不可以无耻，无耻之耻，无耻矣。——《孟子·尽心上》
41. 以铜为镜，可以正衣冠；以古为镜，可以知兴替；以人为镜，可以明得失。——《旧唐书·魏征列传》
42. 忠言逆耳利于行，良药苦口利于病。——《增广贤文》
43. 老吾老，以及人之老；幼吾幼，以及人之幼。——《孟子·梁惠王上》
44. 爱人者，人恒爱之；敬人者，人恒敬之。——《孟子·离娄下》
45. 二人同心，其利断金。——《周易·系辞上》
46. 亲仁善邻，国之宝也。——《左传·隐公六年》
47. 礼之用，和为贵。——《论语·学而》
48. 谁言寸草心，报得三春晖。——孟郊
49. 兄弟敦和睦，朋友笃诚信。——陈子昂
50. 先义而后利者荣，先利而后义者辱。——《荀子·荣辱》

比一比

看谁解读得好、解读得多，请把你解读好的名言写出来：＿＿＿＿＿＿＿＿＿＿

看谁背诵得快、背诵得多，请把你知道的其他关于美德的名言写下来：＿＿＿＿＿

学习实践收获

请从知识、能力、素质方面谈本章学习与实践的收获：＿＿＿＿＿＿＿＿＿＿

第六章　尊法学法守法用法

理论学习指导

一、学习目标要求

1. 掌握法律的含义，了解法律的历史发展过程，明确社会主义法律的本质特征和运行过程。了解我国宪法的形成和发展过程；明确我国宪法的地位和确立的制度；掌握我国宪法的基本原则；明确以宪法为核心的中国特色社会主义法律体系。

2. 理解建设中国特色社会主义法治体系的重大意义；掌握建设中国特色社会主义法治体系的主要内容，掌握全面依法治国的基本格局；明确坚持走中国特色社会主义法治道路的途径。

3. 掌握法治思维的内涵，自觉树立社会主义法治思维；明确尊重和维护法律权威的重要性；重点掌握培养法治思维方式的途径，培养学生运用法治思维解决问题的能力；掌握我国公民的基本权利和义务；明确法律权利与法律义务的含义与特征及关系。

4. 大学生要自觉尊法学法守法用法，养成良好的法治思维和行为方式，提高法治素养，成为法治中国建设的中坚力量。

二、理论要点展示

（一）社会主义法律的特征和运行

法律是由国家制定或认可并以国家强制力保证实施的，反映由特定社会物质生活条件所决定的统治阶级意志的规范体系。

法律不是从来就有的，也不是永恒存在的。它随着私有制、阶级和国家的产生而产生，也将随着私有制、阶级和国家的消亡而消亡。奴隶制法律、封建制法律、资本主义法律都是建立在私有制经济基础上的剥削阶级类型法律，而社会主义法律是人类历史上唯一以公有制为基础的新型法律制度。

我国社会主义法律的本质特征有：第一，我国社会主义法律体现了党的主张和人民意志的统一。党领导人民制定宪法法律，党领导人民实施宪法法律，党自身必须在宪法法律范围内活动，这就是党的领导力量的体现，也是我国社会主义法律最本质特征的具体表现。第二，我国社会主义法律具有科学性和先进性。我国法律坚持马克思主义世界观和方法论，并指导人们在法律实践中尊重和反映客观规律。我国法律适应时代发展要求，改革创新立法体制、立法程序、立法技术，使立法的质量和水平不断提高。第三，我国社会主义法律是中国特色社会主义建设的重要保障。我国法律的社会作用体现了社会主义的本质要求，经济发展、政治清明、文化昌盛、社会公正、生态良好，都离不开社会主义法律的引领、规范和保障。

法律的运行是一个从创制、实施到实现的过程。我国社会主义法律的运行具有鲜明的中国特色，这个过程主要包括法律制定、法律执行、法律适用、法律遵守等环节。

（二）以宪法为核心的中国特色社会主义法律体系

中国特色社会主义法律体系是由多个法律部门组成的有机统一整体，是中国特色社会主义永葆本色的法制根基，是中国特色社会主义创新实践的法制体现，是中国特色社会主义兴旺发达的保障。

宪法是国家的根本法，是治国安邦的总章程，是党和人民意志的集中体现，是中国特色社会主义法律体系的核心，在全面依法治国中具有突出地位和重要作用。

我国宪法的形成和发展。我国现行宪法可以追溯到1949年具有临时宪法作用的《中国人民政治协商会议共同纲领》和1954年一届全国人大一次会议通过的《中华人民共和国宪法》。我国现行宪法是1982年12月4日，五届全国人大五次会议通过的《中华人民共和国宪法》，即1982年宪法。1988年、1993年、1999年、2004年，全国人大分别对我国宪法个别条款和部分内容做出必要的也是十分重要的修正，使我国宪法在保持稳定性和权威性的基础上紧跟时代前进步伐，不断与时俱进。

2018年1月，党的十九届二中全会审议通过了《关于修改宪法部分内容的建议》。2018年3月，十三届全国人大一次会议根据党的十九届二中全会提出的建议，审议通过了《中华人民共和国宪法修正案》，为新时代坚持和发展中国特色社会主义、实现"两个一百年"奋斗目标和中华民族伟大复兴的中国梦提供了有力的宪法保障。

我国宪法的至上地位主要体现在其特有的作用、效力和内容等方面。一是我国宪法是国家的根本法，是治国安邦的总章程，是党和人民意志的集中体现。二是我国宪法是国家各项制度和法律法规的总依据，在中国特色社会主义法律体系中居于统帅地位。三是我国宪法规定了国家的根本制度。

我国宪法的基本原则集中反映了规范权力运行、保障公民权利的基本精神，体现了社会主义法治的根本性质。主要有：党的领导原则、人民主权原则、尊重和保障人权原则、社会主义法治原则、民主集中制原则。

我国宪法确立的制度主要有：一是国体和根本政治制度。国体即国家性质，是国家的阶级本质，人民民主专政是我国的国体。二是基本政治制度。我国宪法确立的基本政治制度，主要有中国共产党领导的多党合作和政治协商制度、民族区域自治制度和基层群众自治制度。三是基本经济制度。我国宪法规定："中华人民共和国的社会主义经济制度的基础是生产资料的社会主义公有制，即全民所有制和劳动群众集体所有制。国家在社会主义初级阶段，坚持公有制为主体、多种所有制经济共同发展的基本经济制度，坚持按劳分配为主体、多种分配方式并存的分配制度。"

目前，我国现行有效法律已有260多部，中国特色社会主义法律体系已经形成并不断发展。这一法律体系是由多个法律部门组成的有机统一整体。其中，实体法律部门包括宪法相关法、民法商法、行政法、经济法、社会法、刑法等。

我国的程序法律部门包括诉讼法与非诉讼程序法。诉讼与非诉讼程序法是规范解决社会纠纷的诉讼活动与非诉讼活动的法律规范。诉讼程序法有刑事诉讼法、民事诉讼法、行政诉讼法。非诉讼程序法有仲裁法、人民调解法。此外，我国还制定了引渡法、海事诉讼特别程序法、劳动争议调解仲裁法、农村土地承包经营纠纷调解仲裁法等法律，建立健全了非诉讼程序法律制度。

（三）建设中国特色社会主义法治体系

建设中国特色社会主义法治体系是全力推进法治中国建设的重要内容，是实现国家治理体系和治理能力现代化的重大战略部署，对全面依法治国具有纲举目张的意义。全面依法治国的总目标就是建设中国特色社会主义法治体系、建设社会主义法治国家。

建设中国特色社会主义法治体系的重大意义。第一，中国特色社会主义的本质要求和重要保障。新时代中国特色社会主义的总任务是实现社会主义现代化和中华民族伟大复兴，在全面建成小康社会的基础上，分两步走在本世纪中叶建成富强、民主、文明、和谐、美丽的社会主义现代化强国。中国特色社会主义法治体系为这一总任务的实现提供了推动力量和制度保障。第二，推进国家治理体系和治理能力现代化的重要举措。建设中国特色社会主义法治体系，能够有效推进党、国家、社会各项事务治理制度化、规范化、程序化，能够有效提高党科学执政、民主执政、依法执政水平。第三，全面依法治国的总抓手。建设中国特色社会主义法治体系是总揽全局、牵引各方的总抓手，必须从依法治国、依法执政、依法行政共同推进和法治国家、法治政府、法治社会一体建设方面，对法治中国建设做出战略部署和总体安排。

建设中国特色社会主义法治体系的主要内容。第一，完备的法律规范体系。完备的法律规范体系，是以宪法为核心，由部门齐全、结构严谨、内部协调、体例科学、调整有效的法律及其配套法规所构成的法律规范系统。第二，高效的法治实施体系。高效的法治实施体系，是指执法、司法、守法等各个环节有效衔接、协调高效运转、持续共同发力，实现效果最大化的法治实施系统。第三，严密的法治监督体系。它以有权必有责、用权受监督、违法必追究，坚决纠正有法不依、执法不严、违法不究行为等为主要任务，是宪法法律有效实施的重要保障，是加强对权力运行制约和监督的迫切要求。第四，有力的法治保障体系。是指在法律制定、实施和监督过程中形成的结构完整、机制健全、资源充分、富有成效的保障系统，包括政治和组织保障、人才和物质条件保障、法治意识和法治精神保障等。第五，完善的党内法规体系。完善的党内法规体系，是指结构科学、程序严密、配套完备、运行有效的党内制度及其运行、保障体系。

全面依法治国的基本格局。"科学立法、严格执法、公正司法、全民守法"十六字方针，展现了全面依法治国的基本格局。第一，科学立法。法律是治国之重器，立法是法治的龙头环节。科学立法以完善以宪法为核心的中国特色社会主义法律体系，加强宪法实施为目标。第二，严格执法。法律的生命力在于实施，法律的权威也在于实施。严格执法以深入推进依法行政，加快建设法治政府为目标。第三，公正司法。公正是法治的生命线，是司法活动最高的价值追求。公正司法是维护社会公平正义的最后一道防线。要保证公正司法，提高司法公信力，努力让人民群众在每一个司法案件中都能感受到公平正义。第四，全民守法。法律的权威源自人民的内心拥护和真诚信仰。全民守法以增强全民法治观念，推进法治社会建设为目标。

（四）坚持走中国特色社会主义法治道路

中国特色社会主义法治道路，明确了建设社会主义法治国家的性质和方向，是社会主义法治建设成就和经验的集中体现，是中国特色社会主义道路在法治领域的具体体现，是建设社会主义法治国家的正确道路。

坚持中国共产党的领导。党的领导是中国特色社会主义最本质的特征，是社会主义法治最根本的保证。社会主义法治必须坚持党的领导，党的领导必须依靠社会主义法治。坚持党的领导，是社会主义法治的根本要求，是全面依法治国的题中应有之义。要把党的领导贯彻到依法治国全过程和各方面，坚持党的领导、人民当家作主、依法治国有机统一。坚持党的领导，不是一句空的口号，必须具体体现在党领导立法、保证执法、支持司法、带头守法上。

坚持人民主体地位。在社会主义法治国家，人民是依法治国的主体和力量源泉，坚持人民主体地位是依法治国的基本原则。坚持人民主体地位，必须坚持法治建设为了人民、依靠人民、造福人民、保护人民，以保障人民根本权益为出发点和落脚点，保证人民依法享有广泛的权利和自由、承担应尽的义务，维护社会公平正义，促进共同富裕，为保证人民当家作主提供坚实的法治基础。人民权益要靠法律保障，法律权威要靠人民维护。

坚持法律面前人人平等。平等是社会主义法律的基本属性，是社会主义法治的基本要求。坚持法律面前人人平等，对于坚持走社会主义法治道路具有十分重要的意义。坚持法律面前人人平等，要求公民不分民族、种族、性别、职业、家庭出身、宗教信仰、教育程度、财产状况、居住期限等，都应当平等享受公民权利、平等履行公民义务。坚持法律面前人人平等，要坚决反对特权思想和特权现象。

坚持依法治国和以德治国相结合。法治和德治，是治国理政不可或缺的两种方式，如车之两轮或鸟之两翼，忽视其中任何一个，都将难以实现国家的长治久安。只有让法治和德治共同发挥作用，才能使法律与道德相辅相成，法治与德治相得益彰，做到法安天下，德润人心。法治主要依靠制定和实施法律规范的形式来推进和实施，实行法有禁止不得为；德治主要依靠培育和弘扬道德等途径来推进和实施，道德是内心的法律，违反道德不可为。

坚持从中国实际出发。走什么样的法治道路、建设什么样的法治体系，是由一个国家的基本国情决定的。当前，中国特色社会主义进入新时代，社会主要矛盾已经转化为人民日益增长的美好生活需要和不平衡不充分的发展之间的矛盾。建设法治中国，必须从我国实际出发，同完善和发展中国特色社会主义制度、推进国家治理体系和治理能力现代化相适应，既不能罔顾国情、超越阶段，也不能因循守旧、墨守成规。坚持从实际出发，就是要突出法治道路的中国特色、实践特色、时代特色。从我国实际出发，不等于关起门来搞法治。坚持走中国特色社会主义法治道路，必须学习借鉴世界上优秀的法治文明成果。

（五）培养法治思维

法治思维的含义与特征。法治思维是指以法治价值和法治精神为导向，运用法律原则、法律规则、法律方法思考和处理问题的思维模式。法治思维是一种正当性思维、规范性思维、可靠的逻辑思维、尊重事实的科学思维。

培养法治思维，必须抛弃人治思维。对公民而言，法治思维就是当自己的理想目标、思想感情、行为方式、权利诉求和利益关系等与法律的价值、规则或要求发生冲突时，能够服从法律，做出符合法律的选择，按照法律的指引实施自己的行为。

法治思维的基本内容。法治思维的内涵丰富、外延宽广，主要表现为价值取向和规则意识两个方面。价值取向是指如何看待和对待法律，规则意识是指如何用法律看待和对待自身。一般来讲，法治思维主要包括法律至上、权力制约、公平正义、权利保障、正当程序等内容。

尊重和维护法律权威。法律权威是指法律在社会生活中的作用力、影响力和公信力；是法律应有的尊严和生命。尊重法律权威，既要尊重一般法律的权威，更要尊重宪法至上的权威。大学生要培养法治思维，关键是要深刻认识尊重社会主义法律权威的重要意义，以实际行动维护社会主义法律权威。

尊重和维护法律权威的重要意义主要有：一是社会主义法治观念的核心要求和建设社会主义法治国家的前提条件；二是对于推进国家治理体系和治理能力现代化、实现国家的长治久安极为重要；三是实现人民意志、维护人民利益、保障人民权利的基本途径；四是维护个人合法权益的根本保障。

尊重和维护法律权威的基本要求是：第一，信仰法律。应当相信法律、信奉法律，树立崇尚法律、信仰法律的牢固观念，增强对法律的信任感、认同感；第二，遵守法律。要用实际行动捍卫法律尊严，保障法律实施。参与社会活动，实施个人行为，都要以法律为依据，不得违反法律规范。第三，服从法律。应当拥护法律的规定，接受法律的约束，履行法定的义务，服从依法进行的管理，承担相应的法律责任。对一切依据法律和事实做出的决定，真心接受与认可，自觉执行。第四，维护法律。争当法律权威的守望者、公平正义的守护者、具有良知的护法者。对违法犯罪行为，要敢于揭露、勇于抵制，消除袖手旁观、畏缩不前的恐惧心理，抵制遇事回避的惧法现象。

怎样培养法治思维。第一，学习法律知识，要求弄明白个人享有哪些权利和应当履行哪些义务，什么事能干、什么事不能干，心中高悬法律的明镜，手中紧握法律的戒尺；第二，掌握法律方法、法治思维的过程，就是运用法律方法思考、分析和解决法律问题的过程；第三，参与法律实践，应当积极参与立法讨论、依法行使监督权、旁听司法审判、参与模拟法庭、法律诊所、法律辩论等校园法治文化活动，增长法律知识，锻炼法治思维；第四，养成守法习惯，在生产生活中养成遇到纠纷去查找法律的习惯，而不是遇事习惯找"关系"、有问题习惯找政府，就是具备法治思维的具体表现；第五，守住法律底线，法律红线不可逾越、法律底线不可触碰，触犯法律底线就要受到追究。因此，大学生应当坚持从我做起，从身边小事做起，形成底线思维，严守法律底线，带头遵守法律。

（六）依法行使权利与履行义务

法律权利的含义与特征。法律权利是指反映一定的社会物质生活条件所制约的行为自由，是法律所允许的权利人为了满足自己的利益而采取的、由其他人的法律义务所保证的法律手段。法律权利具有以下四个方面的特征：一是法律权利的内容、种类和实现程度受社会物质生活条件的制约;二是法律权利的内容、分配和实现方式因社会制度和国家法律的不同而存在差异;三是法律权利不仅由法律规定或认可,而且受法律维护或保障,具有不可侵犯性;四是法律权利必须依法行使,不能不择手段地行使法律权利。

法律义务的含义与特征。法律义务是指反映一定的社会物质生活条件所制约的社会责任,是保障法律所规定的义务人应该按照权利人要求从事一定行为或不从事一定行为以满足权利人利益的法律手段。法律义务具有以下四个特点:一是法律义务是历史的;二是法律义务源于现实需要;三是法律义务必须依法设定;四是法律义务可能发生变化。

法律权利与法律义务的关系。一是法律权利和法律义务是相互依存的关系,法律权利的实现必须以相应法律义务的履行为条件,同样法律义务的设定和履行也必须以法律权利的行使为根据;二是法律权利与法律义务是目的与手段的关系;三是有些法律权利和法律义务具有复合性的关系,即一个行为可以同时是权利行为和义务行为。同时,法律权利与法律义务平等,是现代法治的基本原则,是社会公平正义的重要方面。在法律权利与法律义务相一致的情况下,一个人无论是行使权利还是履行义务,实际上都是对自己有利的。

我国宪法法律规定的基本权利。一是政治权利,是公民参与国家政治活动的权利和自由的统称,主要包括选举权、表达权、民主管理权、监督权;二是人身权利,是指公民的人身不受非法侵犯的权利,是公民参加国家政治、经济与社会生活的基础,是公民权利的重要内容,主要包括生命健康权、人身自由权、人格尊严权、住宅安全权也称住宅不受侵犯权、通信自由权;三是财产权利,是指公民、法人或其他组织通过劳动或其他合法方式取得财产和占有、使用、收益、处分财产的权利,主要包括私有财产权、继承权;四是社会经济权利,是指公民要求国家根据社会经济的发展状况,积极采取措施干预社会经济生活,加强社会建设,提供社会服务,以促进公民的自由和幸福,保障公民过上健康而有尊严的生活的权利,主要包括劳动权、休息权、社会保障权、物质帮助权;五是宗教信仰及文化权利,是指公民依法享有的与宗教信仰活动和文化生活相关联的自由和权利的总称,主要包括宗教信仰自由、文化教育权等。

行使法律权利的界限。依法行使法律权利要求公民行使权利时应严格依据法律进行,以法律的相关规定为界限,超出这个边界就可能侵犯到他人的权利或者损害到国家、社会的利益。在依法行使法律权利时要做到:一是明确权利行使的目的,保障权利行使的正当性;二是注意权利行使的限度,任何权利的行使都不是绝对的,都有其相应的限度,必须依照法律规定的限度来行使权利;三是选择权利行使的方式,权利行使的方式分为口头方式、书面方式和行为方式,有时口头方式和书面方式可以兼用;权利行使还可分为直接行使和间接行使,前者指权利主体直接行使权利,后者则指由其法定代理人或者委托代理人代为行使权利。四是遵守权利行使的程序,由于一个人行使权利的过程可能就是另一个人履行义务的过程,所以程序正当原则同样适用于权利行使过程。通常情况下,行使权利的程序是法律规定的,公民应当严格依照法律规定的程序行使相关权利。

公民应履行的基本法律义务,除了在各个部门法中规定了公民的法律义务外,我国宪法特别规定了公民的基本义务。具体包括:维护国家统一和全国各民族团结的义务;遵守宪法和法律、保守国家秘密、爱护公共财产、遵守劳动纪律、遵守公共秩序、尊重社会公德的义务;维护祖国安全、荣誉和利益的义务;保卫祖国、抵抗侵略和依法服兵役、参加民兵组织的义务;依法纳税的义务。此外,公民还有劳动的义务和受教育的义务,夫妻双方有实行计划生育的义务，父母有抚养教育未成年子女的义务，成年子女有赡养扶助父母的义务等。

违反法定义务应当承担的法律责任主要包括民事责任、行政责任和刑事责任。

三、重点难点剖析

（一）学习重点

1. 我国社会主义法律的本质特征

从本质上说，我国社会主义法律是中国特色社会主义制度的重要组成部分，是党领导人民当家作主的制度保障。

（1）我国社会主义法律体现了党的主张和人民意志的统一。我国社会主义法律既具有鲜明的阶级性，又具有广泛的人民性，体现了阶级性与人民性的统一。我国是中国共产党领导下的社会主义国家，人民是国家的主人，制定法律的权力属于人民。党领导人民制定宪法法律，党领导人民实施宪法法律，党自身必须在宪法法律范围内活动，这既是党的领导力量的体现，也是我国社会主义法律最本质特征的具体表现。

（2）我国社会主义法律具有科学性和先进性。我国社会主义法律反映的不是少数人的特殊利益，而是全体人民的共同利益，它与历史发展的基本方向和规律是一致的。我国社会主义法律更能尊重和反映社会发展规律，具有科学性和先进性。我国法律坚持马克思主义世界观和方法论，并指导人们在法律实践中尊重和反映客观规律。

（3）我国社会主义法律是中国特色社会主义建设的重要保障。法律的社会作用是从法律在社会生活中要实现的目的角度来认识的。我国法律的社会作用体现了社会主义的本质要求，经济发展、政治清明、文化昌盛、社会公正、生态良好，都离不开社会主义法律的引领、规范和保障。

2. 我国宪法的地位

我国宪法实现了党的主张和人民意志的高度统一，具有显著优势、坚实基础、强大生命力。宪法至上地位主要体现在其特有的作用、效力和内容等方面。

（1）我国宪法是国家的根本法，是治国安邦的总章程，是党和人民意志的集中体现。我国现行宪法颁布以来，在坚持中国共产党领导，保障人民当家作主，促进改革开放和社会主义现代化建设，推动社会主义法治国家建设进程，维护国家统一、民族团结、社会稳定等方面发挥了有力的推动作用。

（2）我国宪法是国家各项制度和法律法规的总依据。宪法在中国特色社会主义法律体系中居于统帅地位。我国宪法具有最高的法律地位、法律权威、法律效力，具有根本性、全局性、稳定性、长期性。

（3）我国宪法规定了国家的根本制度。我国宪法确立了中国共产党的领导地位，确立了工人阶级领导的、以工农联盟为基础的人民民主专政的国体，确立了社会主义制度是中华人民共和国的根本制度，确立了人民代表大会制度的政体，确立了中国共产党领导的多党合作和政治协商制度、民族区域自治制度以及基层群众自治制度，确立了公有制为主体、多种所有制经济共同发展的基本经济制度和按劳分配为主体、多种分配方式并存的分配制度。

3. 我国宪法的基本原则

宪法的基本原则是贯穿于宪法规范始终，对宪法的制定、修改、实施、遵守等环节起指导作用的基本准则。我国宪法的基本原则主要有以下五方面：

第一，党的领导原则。中国共产党是中国特色社会主义事业的领导核心。党的领导是人民当家作主的根本保证，是中国特色社会主义最本质的特征，是中国特色社会主义制度最大的优势。

第二，人民主权原则。在我国，人民当家作主是社会主义民主政治的本质和核心。我国宪法体现了人民主权原则，强调国家的一切权力属于人民。

第三，尊重和保障人权原则。我国宪法规定公民享有人身权、财产权、社会保障权、受教育权等权利和宗教信仰、言论出版、集会结社、游行示威等自由。

第四，社会主义法治原则。我国宪法明确规定实行依法治国，建设社会主义法治国家。社会主义法治原则要求坚持宪法法律至上、法律面前人人平等，推进国家各项工作法治化，维护社会公平正义，维护社会主义法制的统一、尊严、权威。

第五，民主集中制原则。我国宪法规定，中华人民共和国的国家机构实行民主集中制原则。国家权力统一由全国人民代表大会和地方各级人民代表大会行使，全国人民代表大会和地方各级人民代表大会由民主选举产生，对人民负责，受人民监督。

4. 建设中国特色社会主义法治体系的主要内容

在中国共产党领导下，坚持中国特色社会主义制度，贯彻中国特色社会主义法治理论，建设中国特色社会主义法治体系包括以下内容：

第一，完备的法律规范体系。完备的法律规范体系，是中国特色社会主义法治体系的前提，是法治国家、法治政府、法治社会的制度基础。基本要求包括：坚持立法先行，发挥立法在改革开放和经济社会发展中的引领和推动作用，科学立法、民主立法、依法立法，实现立法和改革决策相衔接，做到重大改革于法有据、立法主动适应改革和经济社会发展需要。

第二，高效的法治实施体系。建设高效的法治实施体系，是建设中国特色社会主义法治体系的重点。重点内容包括：健全宪法实施制度，加快建设法治政府，深化司法体制综合配套改革，着力培育公民和社会组织自觉守法的意识和责任感。

第三，严密的法治监督体系。严密的法治监督体系，是指以规范和约束公权力为重点建立的有效的法治化权力监督网络。重点内容包括：健全宪法实施和监督制度，强化对行政权力的制约和监督，加强对司法活动的监督，发挥党内监督、人大监督、民主监督、行政监督、司法监督、审计监督、社会监督、舆论监督的合力，深化国家监察体制改革。

第四，有力的法治保障体系。有力的法治保障体系，是全面依法治国的重要依托。重点内容包括：切实加强和改进党对全面依法治国的领导，加强高素质法治专门队伍和法律服务队伍建设，努力推动形成办事依法、遇事找法、解决问题用法、化解矛盾靠法的良好的守法社会氛围。

第五，完善的党内法规体系。建设完善的党内法规体系，是中国特色社会主义法治体系的本质要求和重要内容。重点内容包括党的组织法规制度、党的领导法规制度、党的自身建设法规制度、党的监督保障法规制度。

5. 坚持走中国特色社会主义法治道路

中国特色社会主义法治道路，明确了建设社会主义法治国家的性质和方向，是社会主义法治建设成就和经验的集中体现，是中国特色社会主义道路在法治领域的具体体现，是建设社会主义法治国家的正确道路。

第一，坚持中国共产党的领导。党的领导是中国特色社会主义最本质的特征，是社会主义法治最根本的保证。坚持党的领导，是社会主义法治的根本要求，是全面依法治国的题中应有之义。要把党的领导贯彻到依法治国全过程和各方面，坚持党的领导、人民当家作主、依法治国有机统一。

第二，坚持人民主体地位。必须把人民当家作主贯彻到依法治国的全过程之中，保证人民的广泛参与。坚持人民主体地位，必须坚持法治建设为了人民、依靠人民、造福人民、保护人民，以保障人民根本权益为出发点和落脚点，保证人民依法享有广泛的权利和自由、承担应尽的义务，维护社会公平正义，促进共同富裕，为保证人民当家作主提供坚实的法治基础。

第三，坚持法律面前人人平等。平等是社会主义法律的基本属性，是社会主义法治的基本要求。坚持法律面前人人平等，要求公民不分民族、种族、性别、职业、家庭出身、宗教信仰、教育程度、财产状况、居住期限等，都应当平等享受公民权利、平等履行公民义务。坚持法律面前人人平等，要坚决反对特权思想和特权现象。

第四，坚持依法治国和以德治国相结合。法治和德治，是治国理政不可或缺的两种方式，只有让法治和德治共同发挥作用，才能使法律与道德相辅相成，法治与德治相得益彰，做到法安天下，德润人心。具体要求是：正确认识法治和德治的地位、正确认识法治和德治的作用、正确认识法治和德治的实现途径、推动法治和德治的相互促进。

第五，坚持从中国实际出发。建设法治中国，必须从我国实际出发，同完善和发展中国特色社会主义制度、推进国家治理体系和治理能力现代化相适应，要突出法治道路的中国特色、实践特色、时代特色。必须学习借鉴世界上优秀的法治文明成果。法治的精髓和要旨对于国家治理和社会治理具有普遍意义。

6. 培养法治思维的基本内容

法治思维是指以法治价值和法治精神为导向，运用法律原则、法律规则、法律方法思考和处理问题的思维模式。法治思维的基本内容有以下五方面：

第一，法律至上。法律至上是指在国家或社会的所有规范中，法律是地位最高、效力最广、强制力最大的规范。法律至上具体表现为法律的普遍适用性、优先适用性和不可违抗性。

第二，权力制约。权力制约是指国家机关的权力必须受到法律的规制和约束。在我国，国家权力是人民的，即一切权力为民所有；国家权力是为人民服务的，即一切权力为民所用。权力制约分为权力由法定、有权必有责、用权受监督、违法受追究四项要求。

第三，公平正义。公平正义是指社会的政治利益、经济利益和其他利益，在全体社会成员之间合理、公平分配和占有。公平正义主要包括权利公平、机会公平、规则公平和救济公平。

第四，权利保障。权利保障主要是指对公民权利的法律保障，具体包括公民权利的宪法保障、立法保障、行政保护和司法保障。宪法保障是权利保障的前提和基础，立法保障是权利保障的重要条件，行政保护是权利保障的关键环节，司法保障是公民权利保障的最后防线。

第五，正当程序。只有严格按照法律程序办事办案，处理结果才可能公正并具有公信力和权威性。程序的正当，表现在程序的合法性、中立性、参与性、公开性、时限性等方面。

7. 尊重和维护法律权威的基本要求

就大学生而言，作为一个公民，要在尊重法律权威方面加强砥砺，在学习和生活中积极作为，养成敬畏法律的良好品质，努力成为尊重法律权威、信仰法律的先锋。具体要求有以下几方面：

第一，信仰法律，就应当相信法律、信奉法律，树立崇尚法律、信仰法律的牢固观念，增强对法律的信任感、认同感。对法律常怀敬畏之心，常思敬重之情。法律必须被信仰，否则形同虚设。法律要发生作用，全社会都要信仰法律。

第二，遵守法律，就要用实际行动捍卫法律尊严，保障法律实施。参与社会活动，实施个人行为，都要以法律为依据，不得违反法律规范。在处理矛盾和冲突时，要法字当头，依法化解，谨防采取非法方式导致关系的紧张与事态的恶化。

第三，服从法律，就应当拥护法律的规定，接受法律的约束，履行法定的义务，服从依法进行的管理，承担相应的法律责任。对一切依据法律和事实做出的决定，真心接受与认可，自觉执行。

第四，维护法律，就要争当法律权威的守望者、公平正义的守护者、具有良知的护法者。对违法犯罪行为，要敢于揭露、勇于抵制，消除袖手旁观、畏缩不前的恐惧心理，抵制遇事回避的惧法现象。

8. 怎样培养法治思维

在日常生活中，大学生可以通过各种途径提高法治思维能力，培养法治思维方式，具体体现在以下几方面：

（1）学习法律知识。学习和掌握基本的法律知识，是培养法治思维的前提。学习法律知识，就要求弄明白享有哪些权利和应当履行哪些义务，什么事能干、什么事不能干，心中高悬法律的明镜，手中紧握法律的戒尺。

（2）掌握法律方法。法治思维的过程，就是运用法律方法思考、分析和解决法律问题的过程。法律方法主要包括两个方面：一是正确理解法律的方法；二是正确运用法律的方法。

（3）参与法律实践。现在，人们参与法律实践的方式和途径越来越多。一是参与立法讨论；二是依法行使监督权；三是旁听司法审判；四是参与模拟法庭、法律诊所、法律辩论等校园法治文化活动，增长法律知识，锻炼法治思维。

（4）养成守法习惯。要在生产生活中养成遇到纠纷去查找法律的习惯，而不是办事遇事习惯找"关系"，有问题习惯找政府，指望行政化手段干涉等，这都是缺乏法治思维的具体表现。

（5）守住法律底线，法律红线不可逾越、法律底线不可触碰，触犯法律底线就要受到追究。

9. 我国公民的基本权利与基本义务

我国公民享有广泛的权利，同时承担相应的义务；法律上的权利和义务，不能只是写在纸上的条文，要让它们成为现实中的权利和义务。大学生应当正确把握依法行使权利、履行义务的基本要求，既珍惜自己权利又尊重他人权利，既善于行使权利又自觉履行义务。

因此这部分内容是本章的重点，主要把握以下几点：

(1) 我国宪法法律规定了公民享有一系列权利，主要包括政治权利、人身权利、财产权利、社会经济权利、宗教信仰及文化权利等。

(2) 我国宪法特别规定了公民的基本义务。具体包括：维护国家统一和全国各民族团结的义务；遵守宪法和法律，保守国家秘密、爱护公共财产、遵守劳动纪律、遵守公共秩序、尊重社会公德的义务；维护祖国安全、荣誉和利益的义务；保卫祖国、抵抗侵略和依法服兵役、参加民兵组织的义务；依法纳税的义务。此外，公民还有劳动的义务和受教育的义务，夫妻双方有实行计划生育的义务，父母有抚养教育未成年子女的义务，成年子女有赡养扶助父母的义务等。

（二）学习难点

1. 正确认识我国的人民代表大会制度

坚定中国特色社会主义道路自信、理论自信、制度自信、文化自信，要对我国宪法确立的国家指导思想、发展道路、奋斗目标充满自信，对我国宪法确认的中国共产党领导和我国社会主义制度充满自信。

(1) 人民代表大会制度的性质和地位。

人民代表大会制度是中国社会主义民主政治最鲜明的特点，是人民当家作主的重要途径和最高实现形式，是社会主义政治文明的重要制度载体，是我国的根本政治制度。

人民代表大会制度是我国的政权组织形式。政权组织形式，又称政体，是指掌握国家权力的阶级实现国家权力的政权体制，是形成和表现国家意志的方式，或者说是表现国家权力的政治体制。国体决定政体，政体体现国体。依照我国宪法，人民行使国家权力的机关是全国人民代表大会和地方各级人民代表大会。

国家机构实行民主集中制原则，通过民主选举组成全国人民代表大会和地方各级人民代表大会，并以人民代表大会为基础，建立全部国家机构，对人民负责，受人民监督，以实现人民当家作主的制度。国家行政机关、监察机关、审判机关、检察机关由人民代表大会产生，对它负责，受它监督，这与一些国家实行的立法机关、行政机关和司法机关平起平坐、三权分立有本质区别。

(2) 人民代表大会制度的优越性。

人民代表大会制度这一根本政治制度，能够有效保证人民享有更加广泛、更加充实的权利和自由，保证人民广泛参加国家治理和社会治理；能够有效调节国家政治关系，发展充满活力的政党关系、民族关系、宗教关系、阶层关系、海内外同胞关系，增强民族凝聚力，形成安定团结的政治局面；能够集中力量办大事，有效促进社会生产力解放和发展，促进现代化建设各项事业，促进人民生活质量和水平不断提高；能够有效维护国家独立自主，有力维护国家主权、安全、发展，维护中国人民和中华民族的福祉。

2. 我国全面依法治国的基本格局

"科学立法、严格执法、公正司法、全民守法"十六字方针，展现了全面依法治国的基本格局。推进全面依法治国，必须从立法、执法、司法、守法四个方面统筹推进。

（1）科学立法。"立善法于天下，则天下治；立善法于一国，则一国治。"法律是治国之重器，立法是法治的龙头环节。要坚持以民为本、立法为民理念，要把公正、公平、公开原则贯穿立法全过程，加强党对立法工作的领导，加强重点领域立法，实现立法和改革决策相衔接，做到重大改革于法有据、立法主动适应改革和经济社会发展需要。

（2）严格执法。"天下之事，不难于立法，而难于法之必行。"法律的生命力在于实施，法律的权威也在于实施。严格执法以深入推进依法行政，加快建设法治政府为目标。要加快建设职能科学、权责法定、执法严明、公开公正、廉洁高效、守法诚信的法治政府，推进各级政府机构、职能、权限、程序、责任法定化，推行政府权力清单制度。健全依法决策机制，深化行政执法体制改革，全面推进政务公开。

（3）公正司法。"理国要道，在于公平正直。"公正是法治的生命线，是司法活动最高的价值追求。公正司法是维护社会公平正义的最后一道防线。要保证公正司法，提高司法公信力，努力让人民群众在每一个司法案件中都能感受到公平正义。要完善确保依法独立公正行使审判权和检察权的制度，要优化司法职权配置，要坚持严格司法，要保障人民群众参与司法，加强人权司法保障，规范媒体对案件的报道。

（4）全民守法。"邦国虽有良法，要是人民不能全部遵循，仍然不能法治。"法律的权威源自人民的内心拥护和真诚信仰。全民守法以增强全民法治观念，推进法治社会建设为目标。要弘扬社会主义法治精神，建设社会主义法治文化，要推进多层次多领域依法治理，要建设完备的法律服务体系，健全依法维权和化解纠纷机制，完善立体化社会治安防控体系。

3. 行使法律权利的界限

依法行使法律权利要求公民行使权利时应严格依据法律进行，以法律的相关规定为界限，超出这个边界就可能侵犯到他人的权利或者损害到国家、社会的利益。在依法行使法律权利时要做到：

一是明确权利行使的目的，保障权利行使的正当性；此外，行使权利不得破坏公序良俗，妨碍法律的社会功能和法律价值的实现。

二是注意权利行使的限度，任何权利的行使都不是绝对的，都有其相应的限度，必须依照法律规定的限度来行使权利；我国宪法规定，公民在行使自由和权利的时候，不得损害国家的、社会的、集体的利益和其他公民的合法的自由和权利。

三是选择权利行使的方式，权利行使的方式分为口头方式、书面方式和行为方式，有时口头方式和书面方式可以兼用；权利行使还可分为直接行使和间接行使，前者指权利主体直接行使权利，后者则指由其法定代理人或者委托代理人代为行使权利。

四是遵守权利行使的程序，由于一个人行使权利的过程可能就是另一个人履行义务的过程，所以程序正当原则同样适用于权利行使过程。通常情况下，行使权利的程序是法律规定的，公民应当严格依照法律规定的程序行使相关权利。

四、学习热点探讨

深刻认识和把握宪法修改的重大意义

十三届全国人大一次会议，表决通过了宪法修正案。宪法修改，是党和国家政治生活中的一件大事，是以习近平同志为核心的党中央从新时代坚持和发展中国特色社会主义全局和战略高度做出的重大决策，是法治中国建设的新的里程碑，对于决胜全面建成小康社会、开启全面建设社会主义现代化国家新征程、实现中华民族伟大复兴的中国梦，推进国家治理体系和治理能力现代化、提高党长期执政能力，具有重大现实意义和深远历史意义。

1. 宪法修改是时代大势所趋

宪法只有不断适应新形势、吸纳新经验、确认新成果、做出新规范，才具有持久生命力。我国宪法是治国理政的总章程，必须体现党和人民事业的发展和进步，必须随着党领导人民建设中国特色社会主义实践的发展而不断完善发展。从1954年我国第一部宪法诞生至今，我国宪法一直处在探索实践和不断完善过程中。1982年宪法公布施行后到本次宪法修改前，根据我国改革开放和社会主义现代化建设的实践和发展，在党中央领导下，全国人大先后4次以宪法修正案的形式对宪法做出修改。这些修改，有力推动和保障了党和国家事业发展，有力推动和加强了我国社会主义法治建设。实践表明，宪法只有不断适应新形势、吸纳新经验、确认新成果、做出新规范，才具有持久生命力。可以说，随着党领导人民建设中国特色社会主义实践的发展而不断与时俱进、完善发展，是我国宪法发展的一个显著特点，也是一条基本规律。

自2004年宪法修改以来，党和国家事业又有了许多重要发展变化。特别是党的十八大以来，以习近平同志为核心的党中央团结带领全党全国各族人民，毫不动摇地坚持和发展中国特色社会主义，推动党和国家事业取得历史性成就、发生历史性变革。党的十九大对新时代坚持和发展中国特色社会主义做出重大战略部署，确定了新的奋斗目标。通过宪法修改，把党和人民在实践中取得的重大理论创新、实践创新、制度创新成果上升为宪法规定，有利于更好发挥宪法的规范、引领、推动、保障作用。因此，对我国宪法做出适当修改是必须的、适时的，是党和国家事业蓬勃发展的需要，是为新时代中国特色社会主义提供法治保障的需要，是筑牢实现中华民族伟大复兴共同理想基础的需要。

2. 宪法修改是事业发展所需

坚持依法治国首先要坚持依宪治国，坚持依法执政首先要坚持依宪执政，完善以宪法为核心的中国特色社会主义法律体系，是全面推进依法治国的必然要求。全面依法治国是党治国理政的基本方略，是实现国家治理现代化的重要依托。习近平总书记强调，没有全面依法治国，我们就治不好国、理不好政，我们的战略布局就会落空。必须坚持把依法治国作为党领导人民治理国家的基本方略、把法治作为治国理政的基本方式，不断把法治中国建设推向前进。

宪法是国家的根本法，是治国安邦的总章程，是党和人民意志的集中体现，具有最高的法律地位、法律权威、法律效力。坚持依法治国首先要坚持依宪治国，坚持依法执政首先要坚持依宪执政。新中国成立以来特别是改革开放40年来，宪法在我们党治国理政实践中发挥了十分重要的作用。而完善以宪法为核心的中国特色社会主义法律体系，则是全面推进依法治国的必然要求。宪法修正案站在健全完善党和国家领导制度、推进国家治理体系和治理能力现代化的高度，做出了一系列重大制度设计，包括坚持党的领导、人大制度、统一战线制度、宪法宣誓制度、国家主席任期制度、地方立法制度、监察制度等。这些重大修改，是保证党和国家长治久安的顶层设计和制度安排，充分体现了党的领导、人民当家作主和依法治国的有机统一,体现了党的主张与人民意志的有机统一,体现了党和国家事业发展的新成就、新经验、新要求,有力地维护和彰显了宪法权威,对推动宪法与时俱进、完善发展,在新时代发挥"治国安邦总章程"的根本性作用,对全面贯彻党的十九大精神、广泛动员和组织全国各族人民为夺取新时代中国特色社会主义伟大胜利而奋斗,提供了有力宪法保障,从而将全面推进依法治国提升到了一个新的高度。

3. 宪法修改是党心民心所向

本次修宪是一次完善中国特色社会主义制度、推进社会主义民主政治的重大创新,充分体现了人民当家作主这一社会主义民主政治的本质属性,反映了党和人民的共同意愿。习近平总书记强调,宪法是人民的宪法,宪法修改要广察民情、广纳民意、广聚民智,充分体现人民的意志。本次宪法修改是一次完善中国特色社会主义制度、推进社会主义民主政治的重大创新,充分体现了新时代坚持和发展中国特色社会主义的根本要求。宪法修正案,将科学发展观、习近平新时代中国特色社会主义思想写入宪法,确立其在国家政治和社会生活中的指导地位,进一步巩固全党全国各族人民团结奋斗的共同思想基础;充实坚持和加强中国共产党全面领导的内容,巩固党的执政基础和执政地位,为国家发展和民族复兴提供坚强政治保证;修改国家主席任职方面有关规定,着眼于健全完善党、国家和军队三位一体领导体制,是保证党和国家长治久安的制度设计,是中国特色社会主义政治优势和制度优势的重要体现;增加有关监察委员会的各项规定,势必为夺取反腐败斗争压倒性胜利提供最强有力组织保障;把我国建设成为富强民主文明和谐美丽的社会主义现代化强国,实现中华民族伟大复兴的奋斗目标写进宪法,使宪法具有鲜明的时代特征,确保全国人民团结一心、拼搏奋斗完成这一目标。总之,对我国现行宪法作出21条修改,充分体现了人民当家作主这一社会主义民主政治的本质属性,反映了全党和全国各族人民的共同意愿,为党和国家兴旺发达、长治久安提供了更加坚实的基础和保障。

资料来源:2018年03月26日《宁夏日报》第10版

扫码学习平台

一、扫码随堂听——欣赏并回答:请你谈谈欣赏歌曲后的感悟。

北京市丰台区第五小学－公正歌　　程源－法治歌　　欧小娟－法制员之歌　　王晓亮－法治　　肖杰－依法治国兴天下一

二、扫码随堂看——观看并回答：请说出你印象深刻的内容及感悟。

| 《道德观察（日播版）》_20180501_信仰与力量 | 《法治中国》第一集《奉法者强》4分钟速览 | 《法治中国》第二集《大智立法》 | 《法治中国》第三集《依法行政》4分钟速览 |

| 《法治中国》第四集《公正司法》（上）4分钟速览 | 《法治中国》第五集《公正司法》（下）4分钟速览 | 《法治中国》第六集《全民守法》4分钟速览 | 微视频：法治的力量 |

三、扫码随堂读——阅读并回答：请概括习近平总书记讲话的核心思想。

知识运用练习

一、名词解释

1. 法律：

2. 法律制定：

3. 法律适用：

4. 法律遵守：

5. 国体：

6. 人民代表大会制度：

7. 政体：

8. 基层群众自治制度：

9. 基本经济制度：

10. 民法：

11. 行政法：

12. 经济法：

13. 社会法：

14. 刑法：

15. 以德治国：

16. 法治思维：

17. 机会公平：

18. 法律权利：

19. 法律义务：

20. 人身权利：

21. 财产权利：

二、填空题

1. 物质资料的生产方式包括（   ）与（   ）两个方面，对法律产生决定性影响。
2. 法律是（   ）意志的体现。
3. （   ）法律是最广大人民群众意志的集中体现，是实现人民（   ）、实行（   ）专政的重要保证。
4. 我国社会主义法律体现了（   ）的主张和（   ）意志的统一，具有（   ）性和（   ）性。
5. 完善以（   ）为核心的中国特色社会主义法律体系，是全面依法治国的重要内容。
6. 1982年12月4日，五届全国人大五次会议通过了（   ）。
7. 2018年3月，十三届全国人大一次会议根据党的十九届二中全会提出的建议，审议通过了（   ）。
8. 我国宪法确立了中国特色社会主义（   ）、中国特色社会主义（   ）、中国特色社会主义（   ）、中国特色社会主义（   ）的发展成果，反映了我国各族人民的共同意志和根本利益。
9. 我国宪法规定了国家的（   ）制度。
10. （   ）是中国社会主义民主政治最鲜明的特点，是人民当家作主的重要途径和最高实现形式，是社会主义政治文明的重要制度载体，是我国的根本政治制度。
11. 实体法律部门包括（   ）、（   ）、（   ）、（   ）、（   ）、（   ）等。
12. 我国制定的（   ）是民法典的开篇之作，在民法典中起统领性作用。

13. 我国规定了刑罚的种类,包括(   )、(   )、(   )、(   )、(   )五种主刑以及(   )、(   )、(   )三种附加刑。

14. 新时代中国特色社会主义的总任务是实现(   )和(   ),在全面建成小康社会的基础上,分两步走在本世纪中叶建成富强、民主、文明、和谐、(   )的社会主义现代化(   )。中国特色社会主义法治体系为这一总任务的实现提供了推动力量和制度保障。

15. (   )是治国之重器,(   )是法治的龙头环节。

16. (   )是法治的生命线,是司法活动最高的价值追求。

17. (   )是社会主义法律的基本属性,是社会主义法治的基本要求。

18. 走什么样的法治道路、建设什么样的法治体系,是由一个国家的(   )决定的。

19. 权利公平包括三重含义:一是(   )平等,国家对每个权利主体"不偏袒""非歧视";二是享有的权利特别是(   )平等;三是(   )平等。

20. 尊重和维护(   ),对全面依法治国至关重要。

21. 法律方法主要包括两个方面:一是正确(   )法律的方法;二是正确(   )法律的方法。

22. 法律权利与法律义务(   ),是现代法治的基本原则,是社会公平正义的重要方面。

23. 人格尊严的基本内容有(   )权、(   )权、(   )权、(   )权、(   )权。

24. 在现代社会中,(   )是国家财政收入的主要来源,(   )是公民应该履行的一项基本义务。

25. 公民未能依法履行义务,根据情节轻重,应当承担相应的法律责任。具体的法律责任主要包括(   )责任、(   )责任和(   )责任。

三、单项选择题

1. (   )是现代文明的制度基石。
   A. 宪法　　　　B. 法制　　　　C. 法治　　　　D. 法律

2. 法律由一定的(   )条件所决定。
   A. 社会物质生活　　　　　　B. 社会精神生活
   C. 人民生活水平　　　　　　D. 社会道德生活

3. (   )是以农业为基础的自然经济占主导地位的社会。
   A. 原始社会　　B. 奴隶社会　　C. 封建社会　　D. 资本主义社会

4. (   )是新型的法律制度,有着与以往剥削阶级类型法律制度不同的经济基础与阶级本质。
   A. 社会主义法律　　　　　　B. 奴隶制法律
   C. 封建制法律　　　　　　　D. 资本主义法律

5. 完善以(   )为核心的中国特色社会主义法律体系,是全面依法治国的重要内容,是建设中国特色社会主义法治体系的前提和基础。

A. 宪法　　　　　B. 法制　　　　　C. 法治　　　　　D. 法律

6. 我国现行宪法公布施行至今已经（　　）多年了。
A. 20　　　　　B. 30　　　　　C. 40　　　　　D. 50

7. 我国（　　）是国家的根本法，是治国安邦的总章程，是党和人民意志的集中体现。
A. 宪法　　　　　　　　　　　　B. 法律
C. 人民代表大会制度　　　　　　D. 人民民主专政制度

8. 为了保证（　　），我国宪法规定了人民代表大会制度这项根本政治制度。
A. 人民民主专政　　B. 言论自由　　C. 人民当家作主　　D. 选举权

9. 社会主义（　　）是我国经济制度的基础。
A. 全民所有制　　B. 公有制　　C. 集体所有制　　D. 个体经济

10. 下面关于宪法的叙述，不正确的是（　　）。
A. 我国宪法是国家的根本法，是治国安邦的总章程，是党和人民意志的集中体现
B. 我国宪法规定，人民代表大会制度是我国的国体
C. 宪法的生命在于实施，宪法的权威也在于实施
D. 宪法的基本原则是贯穿于宪法规范始终

11. （　　）以完善以宪法为核心的中国特色社会主义法律体系，加强宪法实施为目标。
A. 科学立法　　B. 严格执法　　C. 公正司法　　D. 全民守法

12. （　　）以深入推进依法行政，加快建设法治政府为目标。
A. 科学立法　　B. 严格执法　　C. 公正司法　　D. 全民守法

13. （　　）是维护社会公平正义的最后一道防线。
A. 科学立法　　B. 严格执法　　C. 公正司法　　D. 全民守法

14. 下面的叙述，能体现科学立法重要性的是（　　）。
A. "天下之事，不难于立法，而难于法之必行。"
B. "理国要道，在于公平正直。"
C. "邦国虽有良法，要是人民不能全部遵循，仍然不能法治。"
D. "立善法于天下，则天下治；立善法于一国，则一国治。"

15. （　　）是中国特色社会主义最本质的特征，是社会主义法治最根本的保证。
A. 党的领导　　　　　　　　B. 以德治国
C. 依法治国　　　　　　　　D. 从中国实际出发

16. "为国也，观俗立法则治，察国事本则宜。不观时俗，不察国本，则其法立而民乱，事剧而功寡。"这段话说明的道理是（　　）。
A. 走中国特色社会主义法治道路，必须坚持中国共产党的领导
B. 走中国特色社会主义法治道路，坚持人民主体地位
C. 走中国特色社会主义法治道路，坚持法律面前人人平等
D. 走中国特色社会主义法治道路，坚持从中国实际出发

17. （　　）的精髓和要旨对于国家治理和社会治理具有普遍意义。
A. 法治　　　　　B. 法制　　　　　C. 德治　　　　　D. 宪法

18. （　　）是指在国家或社会的所有规范中，法律是地位最高、效力最广、强制力最

大的规范。

  A. 权力制约 B. 法律至上 C. 公平正义 D. 权利保障

19. （ ）是指国家机关的权力必须受到法律的规制和约束。

  A. 权力制约 B. 法律至上 C. 公平正义 D. 权利保障

20. （ ）是指社会的政治利益、经济利益和其他利益在全体社会成员之间合理、公平分配和占有。

  A. 权力制约 B. 法律至上 C. 公平正义 D. 权利保障

21. （ ）是指法律在社会生活中的作用力、影响力和公信力，是法律应有的尊严和生命。

  A. 法律权威 B. 法律尊严 C. 法律至上 D. 法律公信力

22. 全体社会成员尊重社会主义（ ），不仅是保证法律发挥作用的基本前提和要求，也是保障个人平安幸福的底线和红线。

  A. 法律权威 B. 法律尊严 C. 法律至上 D. 法律公信力

23. 学习和掌握基本的（ ），是培养法治思维的前提。

  A. 法律知识 B. 法律权威 C. 法律尊严 D. 法律条款

24. 下面关于培养法治思维的叙述，不正确的是（ ）。

  A. 法治思维以法治价值和法治精神为指导

  B. 培养法治思维必须抛弃人治思维

  C. 法治思维主要表现为价值取向和规则意识两个方面

  D. 培养法治思维与维护法律权威无关

25. 下面关于行使权利的叙述，不正确的是（ ）。

  A. 行使权利时在形式上要符合法律规定

  B. 行使权利的程序是法律规定的

  C. 权利行使可以兼用口头方式和书面方式

  D. 任何权利的行使都是绝对的

26. 通常情况下，行使权利的（ ）是法律规定的。

  A. 过程 B. 方法 C. 原则 D. 程序

27. （ ）是整个社会共同体存在和发展的基础，也是以宪法为核心的整个法律制度存在的基础。

  A. 国家领土完整   B. 国家主权独立

  C. 维护国家统一   D. 人民当家作主

28. （ ）是国家政权稳定和公民依法行使权利与自由的根本保障。

  A. 祖国统一 B. 领土完整 C. 祖国安全 D. 人民幸福

四、多项选择题

1. 深刻理解社会主义法律的本质特征和运行机制，整体把握中国特色社会主义（ ）的精髓。

  A. 法律体系 B. 法治体系 C. 法治道路 D. 法律义务

2. 封建制法律的基本特征有（　　）。
   A. 确立农民对封建地主的人身依附关系
   B. 实行封建等级制度
   C. 维护专制皇权
   D. 刑罚严酷
3. 社会主义法律运行过程主要包括（　　）等环节。
   A. 法律制定　　　B. 法律执行　　　C. 法律适用　　　D. 法律遵守
4. （　　）全国人大分别对我国宪法个别条款和部分内容做出必要的也是十分重要的修正，使我国宪法在保持稳定性和权威性的基础上紧跟时代前进步伐，不断与时俱进。
   A. 1988 年　　　B. 1993 年　　　C. 1999 年　　　D. 2004 年
5. 制定和实施宪法，推进依法治国，建设法治国家，是实现（　　）的必然要求。
   A. 国家富强　　　B. 民族振兴　　　C. 社会进步　　　D. 人民幸福
6. 实践证明，我国现行宪法是（　　）发展要求的好宪法。
   A. 符合国情　　　B. 符合实际　　　C. 符合时代　　　D. 符合世界
7. 我国宪法确立的基本政治制度，主要有（　　）。
   A. 中国共产党领导的多党合作和政治协商制度
   B. 人民代表大会制度
   C. 民族区域自治制度
   D. 基层群众自治制度
8. 商法遵循民法的基本原则，同时秉承保障商事（　　）等原则。
   A. 罪刑法定　　　B. 交易自由　　　C. 等价有偿　　　D. 便捷安全
9. 下面关于我国基本制度的叙述，正确的是（　　）。
   A. 人民民主专政是我国的政体
   B. 人民代表大会制度是基本政治制度
   C. 基层群众自治制度是基本政治制度
   D. 社会主义公有制是我国经济制度的基础
10. 建设中国特色社会主义法治体系，能够有效推进党、国家、社会各项事务治理（　　），能够有效提高党科学执政、民主执政、依法执政水平。
    A. 制度化　　　B. 规范化　　　C. 时代化　　　D. 程序化
11. 全面推进依法治国，涉及（　　）等各个方面，涉及中国特色社会主义事业"五位一体"总体布局的各个领域，必须加强顶层设计、统筹谋划。
    A. 立法　　　B. 执法　　　C. 司法　　　D. 守法
12. 下面关于中国特色社会主义法治体系的叙述，正确的是（　　）。
    A. 建设中国特色社会主义法治体系是全力推进法治中国建设的重要内容
    B. 建设中国特色社会主义法治体系是实现国家治理体系和治理能力现代化的重大战略部署
    C. 完备的法律规范体系是中国特色社会主义法治体系的前提
    D. 建设高效的法治实施体系是建设中国特色社会主义法治体系的重点
13. 坚持人民主体地位，必须坚持法治建设（　　），以保障人民根本权益为出发点和落脚点。

A. 为了人民　　B. 依靠人民　　C. 造福人民　　D. 保护人民

14. 坚持法律面前人人平等，要坚决反对（　　）。

A. 特权思想　　　　　　　　B. 特权现象
C. 以德治国　　　　　　　　D. 依法治国

15. 坚持从实际出发，就是要突出法治道路的（　　）。

A. 中国特色　　　　　　　　B. 实践特色
C. 逻辑特色　　　　　　　　D. 时代特色

16. 下面关于坚持中国共产党的领导的叙述，正确的是（　　）。

A. 党的领导是中国特色社会主义最本质的特征
B. 党的领导是社会主义法治最根本的保证
C. 坚持党的领导、人民当家作主、依法治国有机统一
D. 我们讲依宪治国、依宪执政，不是要否定和放弃党的领导

17. 一般来讲，公平正义主要包括（　　）。

A. 权利公平　　　　　　　　B. 机会公平
C. 规则公平　　　　　　　　D. 救济公平

18. 尊重和维护法律权威的基本要求有（　　）。

A. 信仰法律　　　　　　　　B. 遵守法律
C. 服从法律　　　　　　　　D. 维护法律

19. 下面关于尊重和维护法律权威的叙述，正确的是（　　）。

A. 法律权威是法律应有的尊严和生命
B. 法律权威源自人民的内心拥护和真诚信仰
C. 法律权威是国家治理的坚实基础和关键
D. 尊重法律权威是人民法定义务和必备素质

20. 我国宪法法律规定了公民享有一系列权利，主要包括（　　）、宗教信仰及文化权利等。

A. 政治权利　　　　　　　　B. 人身权利
C. 财产权利　　　　　　　　D. 社会经济权利

21. 政治权利主要包括（　　）。

A. 选举权利　　　　　　　　B. 表达权利
C. 民主管理权　　　　　　　D. 监督权

22. 人身权利主要包括（　　）。

A. 生命健康权　　　　　　　B. 人身自由权
C. 人格尊严权　　　　　　　D. 通信自由权

23. 财产权利主要包括（　　）。

A. 私有财产权　　　　　　　B. 监督权
C. 继承权　　　　　　　　　D. 人身自由权

24. 社会经济权利主要包括（　　）。

A. 劳动权　　　　　　　　　B. 休息权

C. 社会保障权　　　　　　　　D. 物质帮助权
25. 权利行使的方式分为（　　）。
A. 口头方式　　　　　　　　　B. 书面方式
C. 暴力抗法　　　　　　　　　D. 行为方式
26. 根据我国刑法的规定，刑事处罚包括（　　）两部分。
A. 主刑　　　　　　　　　　　B. 劳动改造
C. 附加刑　　　　　　　　　　D. 刑事拘留

五、辨析题

1. 法律是由社会组织创制和实施的行为规范。
答：

2. 法律作为上层建筑的重要组成部分，是凭空出现的。
答：

3. 法律是从来就有的，也是永恒存在的。
答：

4. 从本质上说，我国社会主义法律是中国特色社会主义制度的重要组成部分，是党领导人民当家作主的制度保障。
答：

5. 我国宪法确认了党领导人民长期奋斗取得的辉煌成果，规定了人民民主专政国家政权的性质和根本制度，明确了国家未来建设发展的根本任务和总的目标，是党的指导思想、中心工作、基本原则、重大方针、重要政策在国家法制上的最高体现。
答：

6. 党的十九届二中全会认为，宪法修改是国家政治生活中的一件大事，是党中央从新时代坚持和发展中国特色社会主义全局和战略高度作出的重大决策，也是推进全面建成小康社会、推进深化改革和从严治党的重大举措。
答：

7. 维护宪法尊严和权威，是维护国家法制统一、尊严、权威的前提，也是维护最广大人民根本利益、确保国家长治久安的重要保障。

答：

8. 宪法在中国特色社会主义法律体系中居于统帅地位。

答：

9. 中国共产党是中国特色社会主义事业的领导核心。党的领导是人民当家作主的根本保证，是中国特色社会主义最本质的特征，是中国特色社会主义制度最大优势。

答：

10. 共产党执政、多党派参政是中国共产党领导的社会制度的基本特色，也是我国政治制度的一大优势。

答：

11. 混合所有制和劳动群众集体所有制是我国社会主义公有制的两种基本形式。

答：

12. 民法是调整平等主体的公民、法人和非法人组织之间的人身关系和财产关系的法律规范，遵循民事主体地位平等、自愿、公平、诚信、公序良俗、有利于节约资源和保护生态环境等基本原则。

答：

13. 全面依法治国，是国家治理的一场深刻革命。

答：

14. 推进全面依法治国，必须从立法、执法、司法、守法四个方面统筹推进。

答：

15. 法治是治国理政的基本方式,依法治国是基本方略。
答:

16. 从我国实际出发,就要关起门来搞法治。
答:

17. 法治思维是一种融法律的社会属性和工具理性于一体的特殊的高级法律意识。
答:

18. 我国宪法法律是党的主张和统治阶级意志的统一体现,具有最高的权威。
答:

19. 在法律权利与法律义务相一致的情况下,一个人无论是行使权利还是履行义务,实际上都是对自己有利的。
答:

20. 由于一个人行使权利的过程不可能就是另一个人履行义务的过程,所以程序正当原则不适用于权利行使过程。
答:

六、简答题

1. 我国社会主义法律的本质特征有哪些?
答:

2. 我国制定的宪法相关法有哪些?
答:

3. 我国制定的民法商法有哪些?
答:

4. 简述建设中国特色社会主义法治体系的主要内容。
答:

5. 简述全面依法治国的基本格局。
答:

6. 坚持法律面前人人平等的重要意义是什么?
答:

7. 如何理解推动法治和德治的相互促进?
答:

8. 法治思维的含义及特征是什么?
答:

9. 法律权威的要素有哪些?
答:

10. 尊重和维护法律权威的重要意义是什么?
答:

11. 如何培养法治思维?
答:

12. 简述尊重和维护法律权威的基本要求。
答：

13. 简述我国公民的基本权利。
答：

14. 简述我国公民的基本义务。
答：

七、论述题

1. 论述我国宪法确立的基本制度有哪些。
答：

2. 论述建设中国特色社会主义法治体系的重大意义。
答：

3. 培养法治思维为什么必须抛弃人治思维？
答：

八、案例分析

案例分析 1

手续不全就颁证
某市规划局具体行政行为违法被判撤销

城市人民政府编制的城市规划，是城市规划主管部门执行的依据。然而，河南省某市规划局竟带头违背人民政府指令，超越权限，给他人规划房产；并在申请建房人手续不全、未经四邻权利人签字确认的情况下，盲目地给建房人颁发建设工程许可证。2008年1月30日，河南省南阳市中级人民法院经终审审理后，行使监督权依法撤销了某市人民法院一审判决，直接改判确认某市规划局2006年8月3日，给建房人张某颁发的建设工程规划许可证违法，从而纠正了一个错判和一个错误的行政行为，维护了法律尊严。

经南阳市中级人民法院审理查明，2006年4月20日，居住在某市古城路的张某拿着土地使用证，向某市规划局申请拆旧房建新房，建房三层，面积450平方米，某市规划局当即向他颁发了工程建设规划许可证，并为其放线，同意其建房施工。张某得到这一证后，迅速动工建房。在建房垒第一层时，马某等四人以未经过其签字，且影响其通风采光为由，向某市法院提起行政诉讼，要求撤销该证。

一审法院认为，某市规划局依法享有批准城市工程建设规划许可的法定职权，其为第三人张某颁发许可证的行为，事实清楚，但程序上存在缺陷。原告马某等四人诉请影响通风采光（相对权利）及消防，属民法调整范畴，以此为由剥夺第三人张某的土地使用权（绝对权利），显失公平。虽然，被告某市规划局的具体行政行为程序有瑕疵，但不能撤销。依据《最高人民法院关于执行〈中华人民共和国行政诉讼法〉若干问题的解释》第五十六条之规定，做出判决：驳回原告马某等四人的诉讼请求。

2007年9月6日，一审判决下发后，马某等四人不服，在河南某律师事务所兰某的法律帮助下，以"一审判决认定的事实大部分严重失误，漏掉了被告违法、违规颁证的事实，对第一北邻和第二北邻马某等四人这一基本事实只字不提"，457号规划证所依据的主要证据不合法为由，上诉。

南阳市中级法院在审理中，查明某市人民政府城市规划令的要求是坐落在老城区的只准许建二层楼房的事实。为此，南阳中院认为，城市人民政府编制的城市规划是城市规划主管部门执行的依据。一审第三人张某建房位置处于某市老城区，按某市人民政府城市规划的要求只准许建二层楼房，而某市规划局未严格履行法定职责，超越职权盲目地批准张某所建楼房高度为三层，其行政许可行为显然是错误的，况且张某申请建设工程规划许可时提交的材料不全，又未经北邻马某等四人签字同意，审批程序有漏项，批准的建筑面积超出了申请人的申请建筑面积，属于程序违法。一审法院对以上存在的问题仅视为瑕疵，而判决维持某市规划局为张某颁发的规管字（2006）第457号建设工程规划许可证，显属不当，二审法院依法应予纠正。上诉人的上诉理由成立，二审法院依法予以支持。故根据最高人民法院关于执行《中华人民共和国行政诉讼法》若干问题的解释第五十七条第二款第（一）项之规定，做出了"一、撤销某市人民法院（2006）行初字第069号行政判决。二、确认某市规划局2006年8月3日为张某颁发规管字（2006）第257号建设工程许可证的具体行政行为违法。一、二审诉讼费100元，由某市规划局负担"的终审判决。

资料来源：中国法院网 http://www.chinacourt.org/2008-02-04

思考题

1. 结合本案例，谈谈什么是法律执行和法律适用？

答：

2. 请联系实际谈如何建设法治政府。
答：

案例分析 2

女职工享有平等的就业权

申诉人：林某某，女，19 岁，某市待业人员。

被诉方：某市某公司

法定代表人：彭某，男，某市某公司总经理。

某市某公司为一家中外合资企业，拟于 1999 年 5 月 8 日正式投产。1999 年 4 月 2 日，某公司在当地日报上登出招工启事："本公司为中外合资企业，总投资为 1000 万美元，实力雄厚。现招聘工人 210 人，条件如下：男女性别不限，均要求高中以上文化程度（因生产需要限理科生），有本市城镇正式户口，身体健康，年龄在 24 岁以下。"并有其他事项的规定。

林某某（女）去年高考后没能升上大学，家里经济条件较差，不能继续补习，现正在做临时工。她的高中同学约她一起前去应聘，林某某认为某公司将来发展前景不错，遂请假前往。

报名后，林某某等人于 4 月 20 日参加了永声家电公司举行的文化考试，成绩优秀。4 月 26 日，胡某读高中时的男同学李某成绩还不如林某某，已经收到了录用通知，林某某认为自己也一定会被录用，遂向老板约定，临时工做到 4 月底，从 5 月份起她就不干了。

5 月 1 日，林某某不再做临时工，却仍未收到录用通知。直到 5 月 6 日，某公司即将投产，其他工人已经接受了近一周的培训，林某某仍未收到录用通知。林某某遂找到某公司，公司人事部经理告诉她："你的学历太低，不适合公司的工作，所以没有被录用。"林某某认为自己具备了招工启事上所要求的"高中文凭"，符合"高中以上文化程度"的条件。人事部经理遂告诉林某某，公司总经理彭某特意指出，男职工是高中以上就可以了，女职工是大专以上文化程度才行，当初的表述是因为限于篇幅，"大专以上也是高中以上，并不矛盾嘛。"

胡某认为公司的前后标准不一样，致使其辞掉了原工作，现在无工可做。况且，某公司的工作并不需要很多体力，因此招工时应当男女同等标准。林某某还了解到，公司总经理彭某曾表示过"女工将来事太多，不如男工利索"，并授意公司人事部搞区别对待。林某某遂于 1995 年 5 月 10 日向当地劳动争议仲裁委员会提出处理申请，请求责令市某公司与其签订劳动合同。

某公司答辩称，公司拟招的女工名额已满，因而无法与胡某再签订劳动合同，建立劳动关系。

劳动争议仲裁委员会经审理查明下列事实：某公司最初向市劳动局报批招工时，就规定男工高中以上文化水平，女工大专以上文化水平，劳动局以男女不同标准，并不属特殊工种为由未予批准。某公司改为男女均高中以上文化水平后获得批准。公司总经理彭某曾授意公司人事部在招工中，实际提高女工的录用标准，以减少女工录用数量，因为彭某认为"女工将来结婚、生育，麻烦较多"。

经过进行法律教育，某公司认识到错误、在劳动争议仲裁委员会的主持之下，双方达成协议：某公司录用林某某，并与之签订了为期5年的劳动合同。

资料来源：首都女职工网 http://www.sdnzg.com/2006-08-16

思考题

1. 结合本案例，分析我国宪法关于平等权、劳动权是如何规定的。

答：

2. 结合本案例，谈谈你对平等权具体含义是怎样理解的。

答：

案例分析3

河南省高级法院宣告赵某无罪释放

备受社会关注的赵某故意杀人案2010年5月9日上午宣判。河南省高级人民法院于2010年5月8日做出再审判决：撤销省法院复核裁定和商丘中院判决，宣告赵某无罪。立即派人赶赴监狱，释放赵某，并安排好其出狱后的生活。省法院纪检组、监察室同时启动责任追究机制。

1998年2月15日，商丘市某村赵某某的侄子到公安机关报案，其叔父赵某某于1997年10月30日离家后已失踪4个多月，怀疑被同村的赵某杀害，公安机关当年进行了相关调查。1999年5月8日，某村在挖井时发现一具高度腐烂的无头、膝关节以下缺失的无名尸体，公安机关遂把赵某作为重大嫌疑人于5月9日刑拘。5月10日至6月18日，赵某做了9次有罪供述。2002年10月22日，商丘市人民检察院以被告人赵某犯故意杀人罪向商丘市中级人民法院提起公诉。2002年12月5日商丘中院作出一审判决，以故意杀人罪判处被告人赵某死刑，缓期二年执行，剥夺政治权利终身。省法院经复核，于2003年2月13日做出裁定，核准商丘中院上述判决。

2010年4月30日，赵某某回到商丘市某村。商丘中院在得知赵某某在本村出现后，立即会同检察人员赶赴某村，经与村干部座谈、询问赵某某本人及赵某某的姐姐、外甥女等，确认赵某某即是本案的被害人。同时并从赵某某本人处了解到：1997年10月30日（农历9月29日）夜里，其对赵某到杜某某家比较生气，就携自家菜刀在杜某某家中照赵某头上砍了一下，怕赵某报复，也怕赵某被砍死了，就收拾东西于1997年10月31日凌晨骑自行车，带400元钱和被子、身份证等外出，以捡废品为生。因去年得偏瘫无钱医治，才回到村里。

2010年5月5日下午，省法院听取了商丘中院关于赵某案件情况汇报后，决定启动再审程序。2010年5月7日下午，商丘中院递交了对赵某某身份确认的证据材料。2010年5月8日下午，省法院院长亲自主持召开审委会，河南省人民检察院副检察长列席审判委员会，对案件进行了认真研究，认为赵某故意杀人一案是一起明显的错案。审判委员会决定：一、撤销省法院〔2003〕豫法刑一复字第13号刑事裁定和商丘市中级人民法院〔2002〕商刑初字第84号刑事判决，宣告赵某无罪。二、省法院连夜制作法律文书，派员立即送达判决书，并和监狱管理机关联系放人。三、安排好赵某出狱后的生活，并启动国家赔偿程序。5月13日上午，河南省高院召开新闻发布会宣布：给予赵某国家赔偿及生活困难补助共计65万元。

资料来源：中国法院网 http：//www.chinacourt.org/2010-05-09

思考题

1. "赵某无罪释放案"给我们的重要启示是什么？

答：

2. 结合本案例，谈如何进一步实现公正司法。

答：

案例分析4

收受贿赂滥用职权　陈某某在津被判18年

2008年，备受关注的某市委书记陈某某案在天津法院系统审理。天津市第二中级人民法院于2008年3月25日公开开庭审理，4月11日一审宣判。至上诉期限届满，陈某某没有上诉，判决生效。法院认定陈某某犯受贿罪，判处其有期徒刑14年，没收个人财产人民币30万元；犯滥用职权罪，判处其有期徒刑7年，两罪并罚，决定执行有期徒刑18年，没收个人财产人民币30万元。

法院经审理认定：1988年至2006年，陈某某利用担任某市某区人民政府区长、某市人民政府副市长、市长、某市委副书记、书记的职务便利，为某某（集团）公司、某市某足球俱乐部等单位在拆迁补偿、获得财政补贴款、解决楼盘闲置问题等方面谋取利益，索取或收受有关单位和个人财物共计折合人民币 239 万余元。案发后，陈某某动员其亲属退缴全部赃款。

2002 年，陈某某在担任某市人民政府代理市长、市长期间，违反有关程序规定，擅自决定某市某建设投资开发总公司持有的某市某发展股份有限公司的股权限期转让给某投资控股有限公司，导致该股权价值未按规定进行评估而被低价转让，给国家造成直接经济损失人民币 3.2 亿余元。

2002 年至 2003 年，陈某某在担任某市人民政府市长、某市委书记期间，明知其弟陈某不具备土地开发的资质和条件，为徇私情同意有关部门违规为陈某征用土地，导致 537 亩土地被征用，其中 183 亩系由耕地转为建设用地。陈某最终违规获得 354 亩土地使用权，给国家造成直接经济损失人民币 3441 万余元。后陈某将其获得的土地使用权变相倒卖，非法获利人民币 1.18 亿元。

2004 年，陈某某在担任某市委书记期间，违反规定，帮助某公司从某市劳动和社会保障局融资，致使 10 亿元社会保险基金被违规动用而置于巨大的风险之中。天津市第二中级人民法院认为，陈某某犯受贿罪，数额特别巨大；犯滥用职权罪，致使公共财产、国家和人民利益遭受重大损失，情节特别严重。鉴于其对于所犯受贿罪有悔罪表现，能够退缴全部赃款，可对其酌情从轻处罚，遂依法做出上述判决。

资料来源：新华网天津频道－天津网 http://www.tj.xinhuanet.com/

思考题

1. 本案的判决结果体现了何种法治精神？
答：

2. 结合本案例，谈大学生如何树立社会主义法治理念。
答：

案例分析 5

依法行使自己的权力

习近平在中央政法工作会议上指出，各级领导干部要带头依法办事，带头遵守法律，牢固树立法律红线不能触碰、法律底线不能逾越的观念，不要去行使依法不该由自己行使的权力，更不能以言代法、以权压法、徇私枉法。这一论述体现了马克思主义权力观，是依法执政境界的新提升，是法治中国建设的新开拓，也是坚决维护最广大人民根本利益的政治宣示，对于政治文明建设和依法治国方略的实施具有重大而深远的意义。

法治精神的体现

现代法治的实质是治权，限制权力扩张、防止权力滥用是法治的核心，也是国家治理体系现代化的关键。"不要去行使依法不该由自己行使的权力"申明了权力的边界。权力具有自我扩张性，权力是支配他人的力量，一旦超出法律边界就会给公民权利造成损害，因此必须将权力纳入法治轨道。博登海默说："在法统治的地方，权力的自由行使受到了规则的阻碍，这些规则使掌权者受到一定行为方式的约束。"任何权力都必须来自法律的明确授权，法不授予则不为，没有法律依据的权力不具有合法性。与权力相对应的是政治义务和法律责任，因此要求掌握公权力的领导干部必须对宪法法律怀敬畏之心，防止专断恣意，让权力不越界，让权力在阳光下运行。权力具有有限性，领导干部必须在法定职权范围内遵循法定程序行使权力。现实中所存在的打招呼、递条子、越权干预司法等现象，是人治思想在起作用。

司法权是专属性权力，由法定的审判机构、司法机关依法行使，不受行政机关、社会组织和个人的干涉。公务人员应树立法治信仰，将遵守宪法法律融入日常工作和生活中，既要在职权范围内认真履行职责，又要支持司法机关依法办案，独立行使职权，使裁断是非、定分止争、生杀予夺的权力不受外部因素干扰。十八届三中全会通过的全面深化改革的决定提出，推动省以下法院、检察院人财物统一管理，探索建立与行政区划适当分离的司法管辖制度，这一改革对于促进司法机关依法独立行使司法权具有重大意义，但是也要看到，司法机关实行省级垂直管理还需要一个试点、完善、稳妥推进的过程，不可能一步到位，也不会包治百病。我们不必对司法机关"去地方化"改革做过度阐释。关键的问题还是加强对权力的监督制约，真正树立司法权威，消除党政领导干部干预司法的精神土壤和制度漏洞。

公平正义的呼唤

"不要去行使依法不该由自己行使的权力"强调了权力运行的规范。马克斯·韦伯认为权力是"在社会交往中一个行动者把自己的意志强加在其他行为者之上的可能性"。只有规范权力运行的程序，对越权行为"零容忍"，才能使权力意志受到法律的约束和控制。公权力部门权力失范是影响公平正义的重要因素，也是导致社会冲突的重要诱因。因为，任何越权行为都会给公民权利带来损害。我们既要旗帜鲜明地反对司法腐败，又要提防干预司法的腐败，将加强司法权运行的监督与加强影响司法权健康运行的监督有机结合起来。

要大力推进司法公开，消除暗箱操作，让公民充分参与司法，保障律师正当权利，杜绝诉讼参与人的法外博弈，使"潜规则"无法在诉讼程序中大行其道。要严防党政领导干部以"过问案件"的形式，将"长官意志"强加给法官。建立违反法定程序干预执法司法的登记备案通报制度和责任追究制度的构想十分好，笔者认为，各级党委政法委应当成为落实这项制度的主体，将之纳入社会管理综合治理一票否决的范围。

政治文明的要求

"不要去行使依法不该由自己行使的权力"体现了政治自信。日本思想家福泽谕吉说："促进世界文明的工具，除了法制以外别无其他更好的办法。"现代政治是控权政治。依法行使权力是治国理政的主要方式。权为民所用是中国共产党人的执政追求。受封建传统影响，官本位、权大于法、长官意志还在严重影响政治生态，个别领导干部把自己当成泛化的权力主体，没有时刻认识到权力是严格以法律规定内容为限，自以为有权就有一切，自觉不自觉地超出法律规定范围。邓小平同志曾经这样总结不讲法治的历史教训："法律很不完备，很多法律还没有制定出来。往往把领导人说的话当作'法'，不赞成领导人说的话就叫作'违法'，领导人的话改变了，'法'也就跟着变。"习近平同志强调，"要把权力关进制度的笼子里"，"任何组织和个人，都不得有超越宪法和法律的特权。一切违反宪法和法律的行为，都必须予以追究"。

推进政治文明建设必须对官本位传统和人治文化进行反思批判。法学家吕世伦指出："中华人民共和国的成立，是中国历史上权力性质最剧烈、最根本性的一个变革。但是在此过程中，未曾中断的传统正是国家主义亦即权力主义。这种观点本源于悠久的、不间断的'王（皇）权至上'的绝对集权的政治法律文化。"打破权力本位主义，培育慎用权力的政治文化，确保公权为民，是政治文明建设的迫切要求。邓小平说："我们执了政，拿了权，更要谨慎……不要以为有了权就好办事，有了权就可以为所欲为，那样就非弄坏事情不可。"滥用权力不但会破坏政治生态环境，也使执政党难以应对执政的风险，经受执政的考验，也极容易将执政党推向历史周期率的边缘。政治体制改革的主要目标是法治成为社会核心价值，公共权力监督制约机制日趋完善，权力交叉重叠的问题得到有效解决。

习近平在十八届中央纪委三次会议上指出："要强化监督，着力改进对领导干部特别是一把手行使权力的监督。"将改进对领导干部行使权力的监督作为执政党建设的重要任务，提到重要议事日程，体现了党对执政规律的深刻认识和把握。领导干部担负着更加严格的守法义务，应当将依法办事作为基本的工作方式和行为方式。领导干部如果逾越权力边界去行使依法不该由自己行使的权力，就必然会丧失权力运行的透明性、权利保护的平等性和监督权力的民主性，最终失去人民群众的信任。（作者：丁国强，责任编辑：李纪平）

资料来源：法制网http：//www.legaldaily.com.cn/bm/content/2014-01/29/content_5242311.htm？node=20737

思考题

1. 结合本案例，分析为什么要强调"依法行使自己的权力"。

答：

2. 结合本案例，谈如何理解"不要去行使依法不该由自己行使的权力"。

答：

案例分析6

谈谈法治中国建设
——学习习近平总书记关于法治的重要论述

党的十八大以来，习近平总书记站在党和国家前途命运的战略高度，提出建设法治中国的奋斗目标，并就法治建设发表了一系列重要论述，为加快建设社会主义法治国家进一步指明了方向和道路。讲话内涵深刻、务实创新，饱含着以人为本、心系人民的真挚情感，为推进法治中国建设提供了强大的理论指导，标志着社会主义法治国家建设迈入了新的历史阶段。

一、让法治成为一种全民信仰

2013年1月，习近平同志就做好新形势下政法工作做出重要指示，首次提出建设法治中国的宏伟目标。中国特色社会主义法律体系的形成，总体上解决了有法可依的问题，但法治建设依然任重道远。法律不能只是纸上的条文，而要写在公民的心中，使法治成为一种全民信仰。习近平同志指出，要在广大干部群众中树立法律的权威，使人们充分相信法律、自觉运用法律，形成全社会对法律的信仰，弘扬法治精神，培育法治文化，在全社会形成学法、尊法、守法、用法的良好氛围。这对于加快建设社会主义法治国家具有重大而深远的意义。

法治信仰引领法治中国建设。法治信仰，是发自内心地认同法律、信赖法律、遵守和捍卫法律。一旦法治成为一种信仰，人们就会长期持续、自觉自愿地遵守法律，把依法办事当成自己的生活习惯。法律只有被信仰，成为坚定的信念，才能内化为人们的行为准则。随着国家法治建设的深入，我们的法律条文越来越完善，人们对法律知识的了解越来越丰富，但为什么立法、执法、司法、守法中还有许多深层次的问题？为什么法律悬空、制度空转现象依然存在？原因就在于对法治的信仰没有真正树立。对于执政者来说，法治信仰是法治思维和法治方式的基础。只有对法治有着发自内心的信仰，才有可能形成法治思维，才能主动、自觉和善于运用法治方式。对于一般公民来说，法治的根基在于人民发自内心的拥护，法治的伟力在于人民真诚的信仰。只有努力把法治精神、法治观念熔铸到人们的头脑中，形成办事依法、遇事找法、解决问题用法、化解矛盾靠法的习惯，法治才能源源不断地释放出规则的正能量。习近平同志把法治上升到信仰的高度，抓住了法治中国建设的最核心问题，凸显了法治信仰在法治中国建设中的引领作用，具有鲜明的时代特色和重大的现实意义。

在法治实践中培育法治信仰。对法治的信仰需要在科学立法、严格执法、公正司法、全面守法的具体实践中逐渐积累形成。人民群众对法治的信仰不会凭空而来，让人民群众信仰法治，首先要让他们切实感受到法律能够有效地发挥作用，信仰法治能够给他们带来实实在在的好处。习近平同志强调："我们要通过不懈努力，在全社会牢固树立宪法和法律的权威，让广大人民群众充分相信法律、自觉运用法律，使广大人民群众认识到宪法不仅是全体公民必须遵循的行为规范，而且是保障公民权利的法律武器"。这就要求立法必须真正反映公众的利益和诉求；要求执法机关、司法机关在老百姓需要保护他们合法权益的时候，能够依法办事，为他们主持公道。从而使人们相信，只要是合理合法的诉求，通过法律程序就能得到合理合法的结果。当人们从一个又一个的执法、司法过程中感受到了公平正义，获得了切实帮助，对法律的信仰自然就会在人们心中、在全社会建立起来。当法治成为全社会的普遍信仰时，法治国家才能实现。

二、以严格执法为重点全面推进法律实施

习近平同志高度重视执法问题，强调"法律的生命力在于实施"，明确指出立法机关、行政机关、司法机关和广大公民在法律实施中的地位和作用，要求行政机关带头严格执法，提高各级领导机关和领导干部运用法治思维和法治方式的能力，加强对执法活动的监督，坚

决排除对执法活动的非法干预。

法律实施成为法治中国建设的主要矛盾。落实依法治国基本方略，加快建设社会主义法治国家，必须保证宪法和法律的全面有效实施。维护宪法和法律的权威，就是维护党和人民共同意志的权威。捍卫宪法和法律的尊严，就是捍卫人民共同意志的尊严。保证宪法和法律的实施，就是保证人民根本利益的实现。目前我国法治建设中面临的主要问题，大多数存在于法律实施领域，如保证宪法和法律实施的监督机制和具体制度还不健全；关系人民群众切身利益的执法司法问题还比较突出；一些公职人员滥用职权、失职渎职、执法犯法甚至徇私枉法严重损害国家法制权威；公民包括一些领导干部的宪法和法律意识还有待进一步提高。对此，习近平同志要求："必须加强宪法和法律实施，维护社会主义法制的统一、尊严、权威，形成人们不愿违法、不能违法、不敢违法的法治环境，做到有法必依、执法必严、违法必究。"通过宪法和法律的全面实施，实现从"法律体系"向"法治体系"的转变。

严格执法是法律实施的重中之重。在我国，有80%的法律法规是由行政机关执行的。习近平同志指出："行政机关是实施法律法规的重要主体，要带头严格执法，维护公共利益、人民权益和社会秩序。执法者必须忠于法律，既不能以权压法、以身试法，也不能法外开恩、徇情枉法。各级领导机关和领导干部要提高运用法治思维和法治方式的能力，努力以法治凝聚改革共识、规范发展行为、促进矛盾化解、保障社会和谐。"对执法者的要求从单纯地严格执法，上升到对法律的忠诚和运用法治思维、法治方式能力的提高上，这就抓住了问题的关键。目前执法领域存在的一些突出问题，如强势执法、趋利执法、选择性执法、随意执法等，根源就在于一些执法者对法律、法治缺乏发自内心的尊崇和忠诚。只有确立了对法律的忠诚，执法犯法的问题才能从思想源头上得到彻底解决。同时，还要加强对执法活动的监督，坚决排除对执法活动的非法干预，坚决防止和克服地方保护主义和部门保护主义，坚决防止和克服执法工作中的利益驱动，坚决惩治腐败现象，做到有权必有责、用权受监督、违法必追究。

三、更加重视人民在法治建设中的主体地位

人民群众是法治中国建设的主体，人民群众满意是衡量法治中国建设的最终标准。习近平同志指出：人民对美好生活的向往，就是我们的奋斗目标；要随时随刻倾听人民呼声、回应人民期待，保证人民平等参与、平等发展权利，维护社会公平正义；要以最广大人民利益为念，坚持司法为民。这些重要论述，体现了以人为本的执政理念，也使法治中国建设拥有广泛而深厚的群众基础。

把实现好、维护好、发展好最广大人民根本利益作为法治建设的目标。坚持和尊重人民的主体地位，首先体现在切实保障人民的宪法、法律权利上。习近平同志指出："只有保证公民在法律面前一律平等，尊重和保障人权，保证人民依法享有广泛的权利和自由，宪法才能深入人心，走入人民群众，宪法实施才能真正成为全体人民的自觉行动。"要提高立法科学化、民主化水平，完善立法工作机制和程序，扩大公众有序参与，充分听取各方面意见，使法律准确反映经济社会发展要求，更好协调利益关系。要坚持司法为民，改进司法工作作风，通过热情服务，切实解决好老百姓打官司难问题。这就要求我们树立以人民为中心的工作导向，始终把人民放在心中最高位置，将党的群众路线贯彻到立法、执法、司法的各个环节中去，坚持联系群众、贴近群众、依靠群众、服务群众。

把依靠人民参与作为法治建设的基本方式。群众对自身利益最关切，对矛盾纠纷产生的原因、存在的症结最清楚，解决起来最有智慧。习近平同志要求，要把"枫桥经验"坚持好、发展好，善于运用法治思维和法治方式解决涉及群众切身利益的矛盾和问题。要创新工作方法，把群众路线和法治思维结合起来，紧紧依靠基层组织和广大群众预防化解社会矛盾，让群众自己组织起来通过法治方式解决自己的问题。坚持科学决策、民主决策，使政策制定的过程成为倾听民意、化解民忧、赢得群众支持的过程。要充分依靠人民群众，自觉接受人民群众监督，实行专门机关和群众参与相结合，坚持走群众路线。要加大司法公开力度，最大限度地增加执法透明度，保障当事人和人民群众的知情权、监督权，回应人民群众对司法公正公开的关注和期待。完善人民陪审员、人民监督员制度，拓展人民群众有序参与司法的途径。要通过制度设计赋予并切实保障当事人及其代理人充分的程序权利，对司法权力运行形成有效的制约监督机制。

把人民满意作为检验法治建设成效的根本标准。立法、执法、司法机关必须坚持以人民满意为目标，不断提高人民群众的认同感和信任度。习近平同志指出，所谓公正司法，就是受到侵害的权利一定会得到保护和救济，违法犯罪活动一定要受到制裁和惩罚。只有人民群众通过司法程序能够保证自己的合法权利，司法才有公信力，人民群众才会相信司法，法律才能真正发挥定分止争的作用，司法裁判的终局性作用才能实现。人民是司法工作全部价值的最终评判者。习近平同志强调："要努力让人民群众在每一个司法案件中都感受到公平正义。"落实这一司法工作目标，一方面，要注重个案的公平正义。从提高每一个具体案件的办案质量做起，通过成千上万个个案的公正处理，积攒起人们对司法公正的整体信赖。坚决防止冤假错案，一个具体案件的不公正处理就是对公平正义的一次具体伤害。另一方面，要注重公平正义的可感受性，全面落实司法公开，加大程序法律的执行力度，使司法公正以人民群众感受得到的方式得以实现。要进一步提高群众工作能力，法律不应该是冷冰冰的，司法工作也是做群众工作。司法工作者要密切联系群众，如果不懂群众语言、不了解群众疾苦、不熟知群众诉求，就难以掌握正确的工作方法，难以发挥应有的作用。群众工作能力是司法能力的重要组成部分，要建立法官、检察官深入基层、联系群众机制，使司法人员在为民实践中不断提高境界、汲取力量、提升能力，真正把司法工作做到群众心坎上。

中国法学会作为党领导的人民团体，是党和政府联系广大法学法律工作者的桥梁和纽带，肩负着繁荣法学研究、推进依法治国、建设法治中国的重要职责。法学会的工作同样要树立正确的群众观，把实现好维护好发展好最广大人民根本利益作为一切工作的出发点和落脚点，做到"三个服务于"：服务于党和国家的工作大局，服务于基层和群众，服务于广大法学法律工作者。要紧紧围绕法治建设中与人民群众利益息息相关的问题，组织法学法律工作者深入调研，向中央提出对策建议。要充分发挥联系面广、人才荟萃的优势，组织动员广大法学法律工作者积极参与矛盾纠纷预防化解工作，参与政府重大决策法律风险评估。要加强与基层普通法学法律工作者的沟通联系，倾听他们的心声，了解他们的意见和要求，并一项一项地抓好落实。

四、领导干部带头是关键

习近平同志强调，各级领导干部要带头依法办事，带头遵守法律，对宪法和法律保持敬畏之心，牢固确立法律红线不能触碰、法律底线不能逾越的观念。各级组织部门要把能不能依法办事、遵守法律，作为考察识别干部的重要条件。要加强对权力运行的制约和监督，把权力关进制度的笼子里，形成不敢腐的惩戒机制、不能腐的防范机制、不易腐的保障机制。任何人都没有法律之外的绝对权力，任何人行使权力都必须为人民服务、对人民负责并自觉接受人民监督。这些重要论述，强调了领导干部带头在法治建设中的关键作用，揭示了制约监督权力的基本路径，表明我们党治国理念的新高度新境界。

领导干部带头守法是建设法治中国的关键。"带头"体现的是更高的标准、更严的要求、更实的作风。各级领导干部是党和国家政策法律的具体执行者，代表着党和国家的形象，其一言一行对一般干部和群众有着巨大的示范效应。只有国家机关及其工作人员特别是领导干部带头遵守法律，用法律约束自己的行为，法律才有可能得到平等执行，法治精神才能得以彰显，法治信仰才能得以塑造。最有可能对公众产生引导作用的，是国家机关和领导干部的实际行动。群众的眼睛是雪亮的，当权力运行与法律的规定不一致时，人们注重的不是写在纸上的法律，而是权力运行的实际规则。不管法律规定得有多么完备，只要权力实际上凌驾于法律，人们就会信奉强权、不信法律。要认真反思和彻底改正官方行为与法律规定不一致的地方，把权力严格控制在法律的轨道上。只有这样，人们才会见贤思齐，而不是以儆效尤。

坚决反对和克服特权思想、特权现象。特权是腐败产生的思想根源和重要条件。许多违法犯罪的领导干部认为自己犯罪与不懂法有关，事实上，他们缺乏的不仅是法律知识，而且是对法律的敬畏。在他们心中，权比法大，没有想到这些法律有一天会真的用到自己身上，以为只要自己手中有权就可以决定法律是否执行。习近平同志强调，反腐倡廉建设，必须反对特权思想、特权现象。惩治腐败不仅要一个一个地"打老虎""打苍蝇"，更要打掉腐败背后的特权思想。共产党员永远是劳动人民的普通一员，除了法律和政策规定范围内的个人利益和工作职权以外，所有共产党员都不得谋求任何私利和特权。要防止一些干部把公共权力异化为以权谋私的特权，必须加强权力运行的规范和制约，以权力制约权力、以权利制约权力，加大对特权行为的惩罚力度。在完善制度建设的同时，也需要领导者在内心深处牢固树立制度面前无例外的意识，不让权力"为尊者讳"，才能从源头上铲除滋生特权思想的土壤，保证位高不擅权、权重不谋私。（作者：陈冀平，中国法学会党组书记、常务副会长）

资料来源：求是理论网 http://www.qstheory.cn/zxdk/2014/201401/201312/t20131230_307473.htm

思考题

1. 结合本案例，谈为什么要"让法治成为一种全民信仰"。

答：

2. 结合本案例，分析为什么说"法律的生命力在于实施"。

答：

3. 结合本案例,谈如何正确理解"执法为民"这一社会主义法治理念。
答:

实践活动项目

实践项目一

弘扬法治精神,共建和谐校园
——法律专题讲座

【目的要求】

通过"法律专题讲座"主题实践活动,对于让大学生懂得如何尊法、学法、守法和用法起到了积极推动作用,为进一步增强大学生的法律意识和法律素质,弘扬法治精神,增强法治观念,构建和谐校园营造良好的法治环境。

【实践方案】

1. 邀请公安机关或司法机关的法律讲解员为大学生举行法律专题讲座。
2. 结合大学生及大学校园综合治安管理的实际情况,举实例现场说法。
3. 讲座内容要主题鲜明、宣传到位、方式得当、务求实效。
4. 听完法律专题讲座后,每名同学写一份心得体会,字数在 1000 字左右。
5. 评选出优秀的心得体会,在班级进行交流。

【考核评价】

1. 评价方式:任课教师根据学生听法律专题讲座活动情况和每组同学提交的心得体会质量,综合评定学生实践教学环节成绩。成绩分为四个等级:优秀、良好、及格和不及格。

2. 教师评语:_____

写一写

"法律专题讲座"主讲人:_____

讲座主要内容:_____

心得体会:_____

实践项目二

法治的力量
——制作"法治宣传"班报

【目的要求】

通过"法治宣传"班报的制作,增强大学生学习法律知识、宣传法律知识、运用法律知识的自觉性,使大学生学会从法律角度思考问题、分析问题、解决问题,真正实现知法、懂法、守法和用法的目的。

【实践方案】

1. 任课教师向学生说明开展此项活动的目的意义和总体要求。
2. 学生分组。将授课班级按8人一组分成若干小组,确定一名小组长。
3. 每组组长根据本组成员特长爱好,把组员分成栏目设计组、材料收集组、编辑组、班报制作组四个小组,并做好分工协调工作。
4. 制作完班报后,先在本班内各组之间进行交流。然后系内各班级之间进行交流。
5. 各系评选出优秀的"法治宣传"班报。
6. 对各系评选出优秀的"法治宣传"班报进行全校展览。

【考核评价】

1. 评价方式:任课教师根据各组每个学生参与栏目设计、材料收集、编辑、班报制作情况和各组交流、评选结果,综合评定学生实践教学环节成绩。成绩分为四个等级:优秀、良好、及格和不及格。
2. 教师评语:_____

"法治宣传"班报策划

班报主题						
小组成员名单及分工	组长姓名		专业班级		联系方式	
	栏目设计					
	材料收集					
	编辑					
	班报制作					

续表

班报内容	
设计方案	

实践项目三

法律知识进社区

【目的要求】

通过普法宣传活动增强大学生及社区居民的法律意识，保障自身的合法权益，做个懂法、守法、用法的公民，坚持依法治国、以德治国相结合、坚持法制教育与实践相结合，力求实效，积极推进依法治国进程，全面推进和谐社会的发展，让法律普及各个角落。

【实践方案】

1. 任课教师充分说明实践活动的目的和意义，同时对活动提出具体要求。

2. 进行安全教育。任课教师要对实践活动进行安全教育，要求学生在前往社区和返回学校时要注意人身和财产安全，讲清在与社区居民交流沟通以及宣讲法律知识时的注意事项。

3. 确定法律宣讲人员。每个团队要求选拔出懂得相关法律规定、交流沟通能力较强、语言表达能力好、有亲和力的学生担任宣讲员，其他学生也要安排工作内容。

4. 精心选定宣讲内容。要求宣讲的内容一定要结合重大的节日，或者是社区居民日常生活中会经常遇到的现象和问题，或者是平时关注比较多的话题。

5. 联系社区。要与社区负责人联系，完善活动方案，沟通、协调好宣讲内容、时间、地点，还有活动现场的准备工作，确保活动顺利进行。

6. 社区宣讲。学生以小组为单位前去相关社区宣讲，并安排专人负责新闻宣传报道。

7. 活动总结。每小组写一篇活动总结，并与其他小组进行交流，分享活动过程中的得与失。

8. 教师要对整个活动进行总结。

9. 每个学生撰写实践报告（1500字左右）。

【考核评价】

1. 评价方式：任课教师根据各组每个学生参与宣讲活动的情况和为搞好宣讲所做的准备，以及提交的实践报告质量，综合评定学生实践教学环节成绩。成绩分为四个等级：优秀、良好、及格和不及格。

2. 教师评语：_____

想一想

想一想你计划给社区群众讲哪些法律问题？

实践项目四

法律知识竞赛

【目的要求】

开展法律知识竞赛就是宣传和普及法律知识的过程，通过竞赛使学生明确学习和掌握基本的法律知识，是培养法治思维方式的前提，也是维护法律权威的内在要求。使大学生增强尊法、学法、守法、用法意识，弘扬社会主义法律精神，成为具有良好法律素质的社会主义事业建设者和接班人。

【实践方案】

1. 任课教师向学生讲清开展法律知识竞赛的目的、意义和具体要求。

2. 确定竞赛试题：主要内容包括有关法的一般知识：宪法、民法通则、刑法、公司法、合同法、劳动法、劳动合同法、婚姻法、继承法、治安管理处罚法、交通安全法、促进就业法及刑事与民事诉讼法等。每部法律出10～15道题。任课教师落实出题任务，每名同学都要参与出题。题型分概念题、选择题、判断题、简答题、案例分析题、视频找错题等。

3. 确定赛事规则：实行总积分排名制。第一轮：抢答积分制，积分排名前20进入第二轮。第二轮：必答与抢答相结合的积分制，排名前8进入第三轮。第三轮（决赛）：抽签与风险题相结合的积分制，风险题答对加分，答错从原有积分中扣分。

【考核评价】

1. 评价方式：任课教师根据学生的竞赛表现和出题情况，综合评定学生实践教学环节成绩。成绩分为四个等级：优秀、良好、及格和不及格。

2. 教师评语：

写一写

请把您出的题写在下面：

实践项目五

旁听法庭庭审

【目的要求】

通过旁听法庭审判,使学生亲身感受到法律的神圣与权威,接受一次具体的法治教育课,达到"审理一个案件,宣传一部法律,教育一片公民"的目的,在实现普法效果的同时,以实际案例来教育大学生要尊法、学法、守法、用法。

【实践方案】

1. 教师与所在地的某一级法院或司法局取得联系,就旁听事宜做好前期的安排工作。

2. 旁听前要向学生介绍法庭审理的案件情况及所用到的相关法律。学生要做好预习,包括相关的法律条文以及案例,在理论上做好准备。

3. 教师要向学生讲明庭审现场的纪律,包括不得大声喧哗、拍照等。

4. 旁听结束后,要求学生认真填写《公民参加旁听庭审意见反馈表》。

5. 教师可根据课时情况,安排学生返校后进行课堂讨论,以案说法,谈谈自己对庭审案件的思考。

【考核评价】

1. 评价方式:任课教师根据学生的旁听情况和《公民参加旁听庭审意见反馈表》的填写情况,以及学生课堂讨论表现,综合评定学生实践教学环节成绩。成绩分为四个等级:优秀、良好、及格和不及格。

2. 教师评语:_____

填一填

旁听庭审意见反馈表

姓名		专业班级	
时间		地点	
案件内容			
旁听意见			

名言解读背诵

1. 我确信，凡是合乎法律的，就是正义的。——苏格拉底
2. 正义就是只做自己的事而不兼做别人的事。——柏拉图
3. 对一切人的不加区别的平等就等于不平等。——柏拉图
4. 法治应当优于一人之治。——亚里士多德
5. 法律的意义在于对所有的人适用和有效。——西塞罗
6. 法律的制定不应当只是为了某种个别的利益而是应当以公民的普遍利益为目的。——托马斯·阿奎那
7. 法治的真实含义就是对一切政体下的权力都有所限制。——洛克
8. 要防止滥用权力，就必须以权力约束权力。我们可以有一种政制，不强迫任何人去做法律所不强制他做的事，也不禁止任何人去做法律所许可的事。——孟德斯鸠
9. 在专制政府中，国王便是法律。同样，在自由国家中，法律更应该成为国王，而不应该有其他情况。——潘恩
10. 法律必须被信仰，否则它将形同虚设。——哈罗德·J·伯尔曼
11. 法律不只是一整套规则，它是人们进行立法、裁判、执法和谈判的活动。它是分配权利与义务，并据以解决纷争、创造合作关系的活生生的程序。——哈罗德·J·伯尔曼
12. 人不仅是一种追求目的的动物，而且在很大程度也是一种遵循规则的动物。——哈耶克
13. 争取自由斗争的伟大目标，始终是法律面前人人平等。——哈耶克
14. 自由只能为了自由的缘故而被限制。——罗尔斯
15. 民主意味着形式上承认公民一律平等，承认大家都有决定国家制度和管理国家的平等权利。——列宁
16. 宪法就是一张写着人民权利的纸。——列宁
17. 法律是人民意志的自由而庄严的表现。——罗伯斯庇尔
18. 律者，所以定分止争也。——管子
19. 法，国之权衡也，时之准绳也。——吴兢
20. 带来安定的是两种力量：法律和礼貌。——歌德
21. 国因法律而昌，法律因人而贵。——日莲
22. 法令者，民之命也，为治之本也。——《商君书·定分》
23. 法者，治之端也。——荀况
24. 法分明，则贤不得夺不肖，强不得侵弱，众不得暴寡。——韩非
25. 法律必须依靠某种外部手段来使其机器运转，因为法律规则是不会自动执行的。——庞德
26. 法大行，则是为公是，非为公非。——刘禹锡
27. 规外求圆，无圆矣；法外求平，无平矣。——宋祁

28. 法治概念的最高层次是一种信念，相信一切法律的基础，应该是对于人的价值的尊重。——陈弘毅

29. 自由就是做法律许可范围内的事情的权利。——西塞罗

30. 由于有法律才能保障良好的举止，所以也要有良好的举止才能维护法律。——马基雅弗利

31. 世界上唯有两样东西能让我们的内心受到深深的震撼，一是我们头顶上灿烂的星空，一是我们内心崇高的道德法则。——康德

32. 法律是最低的道德要求。——法国谚语

33. 没有程序的正义就没有实体的正义。——法国谚语

34. 法不禁止即自由。——法国谚语

35. 法无授权不得为，法无禁止不得罚。——法国谚语

36. "一次不公正的裁判，其恶果甚至超过十次犯罪。因为犯罪虽是无视法律——好比污染了水流，而不公正的审判则毁坏法律——好比污染了水源。"——培根

37. 一切法律中最重要的法律，既不是刻在大理石上，也不是刻在铜表上，而是铭刻在公民的内心里。——卢梭

38. 一定要守法，不要破坏革命的法制。法律是上层建筑。我们的法律，是劳动人民自己制定的。它是维护革命秩序，保护劳动人民利益，保护社会主义经济基础，保护生产力的。我们要求所有的人都遵守革命法制。——毛泽东

39. 有法可依、有法必依、执法必严、违法必究。——邓小平

40. 把依法治国与以德治国紧密结合起来。——江泽民

41. 法律的生命力在于实施。——胡锦涛

42. 依法治国，首先是依宪治国；依法执政，关键是依宪执政。——习近平

43. 在一种民主制度中受穷，也比在专制统治下享受所谓幸福好，正如自由比受奴役好一样。——德谟克利特

44. 法律的目的是使人们生活得更好，可是要达到这个目的，一定要人们愿意幸福才行。对遵守法律的人，法律才是有效的。——德谟克利特

45. 在共和国政体之下，人人都是平等的。在专制政体之下，人人也都是平等的。在共和国，人人平等是因为每一个人"什么都是"；在专制国家，人人平等是因为每一个人"什么都不是"。——孟德斯鸠

46. 在一个国家里，也就是说，在一个有法律的社会里，自由仅仅是：一个人能够做他应该做的事情，而不被强迫做他不应该做的事情。——孟德斯鸠

47. 在一个法治政府之下，善良公民的座右铭是什么呢？那就是"严格地服从，自由地批判"。——边沁

48. 没有法，就只能是专断或无政府状态，暴力统治或混乱。——勒内·达维德

49. 法律对权利来讲是一种稳定器，而对于失控的权力来讲则是一种抑制器。——博登海默

50. 没有永恒的法律，适用于这一时期的法律决不适用于另一时期，我们只能力求为每种文明提供相应的法律制度。——柯勒

比一比

看谁解读得好、解读得多，请把你解读好的名言写出来：_____

_____

_____

看谁背诵得快、背诵得多，请把你知道的其他法律、法治学习的名言写下来：_____

_____

_____

_____

_____

学习实践收获

请从知识、能力、素质方面谈本章学习与实践的收获：_____

_____

_____

_____

_____

_____

_____

_____

_____

_____

_____

_____

参 考 文 献

[1] 习近平. 习近平谈治国理政第 1 卷［M］. 北京：外文出版社，2018.
[2] 习近平. 习近平谈治国理政第 2 卷［M］. 北京：外文出版社，2017.
[3] 习近平. 习近平在北京大学师生座谈会上的讲话［N］. 人民日报，2018－05－03：02 版.
[4] 中共中央文献研究室. 习近平关于实现中华民族伟大复兴的中国梦论述摘编［M］. 北京：中央文献出版社，2013.
[5] 中共中央宣传部. 社会主义核心价值体系学习读本［M］. 北京：学习出版社，2009.
[6] 陈勇. 思想道德修养与法律基础课疑难问题解析（修订版）［M］. 北京：高等教育出版社，2008.
[7] 刘书林. 思想道德修养与法律基础教师参考书（修订版）［M］. 北京：高等教育出版社，2008.
[8] 戴艳军，杨慧民. 思想道德修养与法律基础课教学案例解析（修订版）［M］. 北京：高等教育出版社，2008.
[9] 许汝罗，王永亮. 思想道德修养与法律基础学生辅学读本（修订版）［M］. 北京：高等教育出版社，2008.
[10] 黄焕初，符惠明. 思想道德修养与法律基础课实践教学参考书（修订版）［M］. 北京：高等教育出版社，2007.

绪　　论

综合能力训练

班级：_____　　姓名：_____　　学号：_____

一、名词解释

1. 中国特色社会主义新时代：

2. 精神上的"软骨病"：

3. 法治素养：

4. 有意义的人生：

二、填空题

5. 中国特色社会主义进入新时代，意味着近代以来久经磨难的中华民族迎来了从站起来、（　　　　）到（　　　　）的伟大飞跃。
6. 中国梦昭示着国家富强、（　　　　）、（　　　　）的美好前景。
7. 大学生应该以有理想、有（　　　　）、有（　　　　）为根本要求，成为走在时代前列的奋进者、开拓者、奉献者。
8. 有（　　　　）、有（　　　　）、有奋斗、有奉献的人生，才是有意义的人生。
9. 做有理想有本领有担当的时代新人，必须具备良好的（　　　　）素质和（　　　　）素养。

三、选择题

10. 我们处在的新时代是（　　）。

A. 社会主义革命时代　　　　　　　　B. 社会主义建设时代
C. 新民主主义革命时代　　　　　　　D. 中国特色社会主义新时代

11. 中国特色社会主义进入新时代，意味着（　　）在21世纪的中国焕发出强大生机活力。
A. 西方社会主义　　B. 民主社会主义　　C. 科学社会主义　　D. 社会民主主义

12. 下面关于中国梦的叙述，不正确的是（　　）。
A. 中国梦是历史的、现实的，也是未来的
B. 它昭示着国家富强、民族振兴、人民幸福的美好前景
C. 中国梦将在2020年全面实现
D. 它承载着全体中华儿女的共同向往

13. 时代新人要以（　　）为己任。
A. 生产发展　　　B. 思想解放　　　C. 个性发展　　　D. 民族复兴

14. 大学生的首要任务是（　　）。
A. 参加活动　　　B. 努力赚钱　　　C. 刻苦学习　　　D. 享受生活

15. 中国特色社会主义进入新时代，意味着（　　）。
A. 中华民族迎来了从站起来、富起来到强起来的伟大飞跃
B. 科学社会主义在21世纪的中国焕发出强大生机活力
C. 中国特色社会主义道路、理论、制度、文化不断发展
D. 中国实现了社会主义现代化强国

16. 下面关于中国梦的叙述，正确的是（　　）。
A. 中国梦是国家的、民族的，也是每一个中国人的
B. 只有每个人都为美好梦想而奋斗，才能汇聚起实现中国梦的磅礴力量
C. 当代大学生是民族复兴伟大进程的见证者和参与者
D. 中华民族伟大复兴终将在广大青年的接力奋斗中变为现实

17. 下面关于青年大学生的阐述，正确的是（　　）。
A. 青年一代有理想、有本领、有担当
B. 大学生是国家宝贵的人才资源，是民族的希望、祖国的未来
C. 大学生肩负着人民的重托、历史的重任
D. 新时代的大学生朝气蓬勃、好学上进、视野宽广、开放自信

18. 大学生真正成为担当民族复兴大任的时代新人，必须做到（　　）。
A. 要有崇高的理想信念　　　　　　　B. 要有高强的本领才干
C. 要有天下兴亡、匹夫有责的担当精神　D. 要有事不关己、高高挂起的心态

19. "思想道德修养与法律基础"课程针对大学生成长过程中面临的思想道德和法律问题，开展马克思主义的（　　）教育。
A. 世界观、人生观　　　B. 价值观　　　C. 道德观　　　D. 法治观

四、判断题

20. 我们处在社会主义建设新时代。
答：

21. 中国梦是国家的、民族的，也是每一个中国人的。
答：

22. 大学生应该以有理想、有本领、有担当为根本要求。
答：

23. 崇高的理想信念决定我们的方向和立场，也决定我们的精神状态和实际行动。
答：

24. 思想道德和法律是经济基础的重要组成部分，共同服务于一定的上层建筑。
答：

五、简答题

25. 中国特色社会主义新时代的本质内涵是什么？
答：

26. 为什么说中国梦是国家的、民族的，也是每一个中国人的？
答：

六、论述题

27. 大学生做有理想、有本领、有担当的时代新人都有哪些要求？

答：

第一章 人生的青春之问

综合能力训练

班级：_____ 姓名：_____ 学号：_____

一、名词解释

1. 人生目的：

2. 世界观：

3. 荣辱观：

4. 个人主义：

二、填空题

5. （　　　　　　）是人的本质属性。

6. （　　　　　　）是指人的生命及其实践活动对于社会和个人所具有的作用和意义。

7. 个人与社会的关系，最根本的是（　　　　　）与（　　　　　）的关系。

8. （　　　　　）、（　　　　　　）的思想以其科学而高尚的品质，代表了人类社会迄今最先进的人生追求。

9. 幸福都是（　　　　　）出来的。奋斗本身就是一种（　　　　　）。只有（　　　　　）的人生才称得上幸福的人生。

10. （　　　　　　　）是科学理论、创新思维的源泉，是检验真理的试金石，也是青年锻炼成长的有效途径。

三、选择题

11. 人类在脱离动物状态而转变为人的过程中，起决定性的作用的是（　　）。
A. 语言　　　　　B. 科技　　　　　C. 劳动　　　　　D. 直立行走

12. 在人类历史上第一次科学说明了人的本质的是（　　）。
    A. 达尔文　　　　B. 黑格尔　　　　C. 马克思　　　　D. 恩格斯
13. 人的生命及其实践活动对于社会和个人所具有的作用和意义指的是（　　）。
    A. 人生目的　　　B. 人生态度　　　C. 人生价值　　　D. 人生感悟
14. 人生观是（　　）的重要组成部分。
    A. 世界观　　　　B. 价值观　　　　C. 道德观　　　　D. 法律观
15. 人生观的核心是（　　）。
    A. 人生目的　　　B. 人生态度　　　C. 人生价值　　　D. 人生道路
16. 人生目的回答的是（　　）。
    A. 人应当怎样对待生活　　　　　　B. 人生态度问题
    C. 什么样的人生才有意义　　　　　D. 人为什么活着
17. 自强不息、敢为人先、百折不挠、坚忍不拔的精神所反映的人生态度是（　　）。
    A. 人生须认真　　B. 人生当务实　　C. 人生应乐观　　D. 人生要进取
18. 科学高尚的人生观是（　　）。
    A. 服务人民、奉献社会的人生观　　B. 拜金主义人生观
    C. 享乐主义人生观　　　　　　　　D. 个人主义人生观
19. 下面关于人生价值的标准及评价的阐述，不正确的是（　　）。
    A. 社会对于一个人的价值评判，主要是以他对社会所做的贡献为标准
    B. 个体对社会和他人的生存和发展贡献越大，其人生的社会价值也就越大
    C. 评价人生价值的大小主要是看一个人的自我价值实现程度
    D. 考察一个人的人生价值，要把个人对社会的贡献同他的能力以及与能力相对应的职责联系起来
20. 关于个人权利与承担社会责任的关系的阐述，不正确的是（　　）。
    A. 个人的权利是在社会中获得的，没有社会，个人的权利无从谈起
    B. 离开了个人对社会所承担的责任，个人的权利也就无从实现
    C. 享受个人权利与承担社会责任是统一的
    D. 在道德要求上，应该把是否享受个人权利作为承担社会责任的先决条件
21. 下面关于世界观与人生观关系的叙述，正确的有（　　）。
    A. 有什么样的世界观，就有什么样的人生观
    B. 正确的世界观，是正确的人生观的基础
    C. 没有正确的世界观，也就不可能有正确的人生观
    D. 如果一个人的人生观发生变化，往往会导致世界观发生变化
22. 人生观的主要内容包括（　　）。
    A. 人生目的　　　B. 人生态度　　　C. 人生价值　　　D. 人生信仰
23. 下面关于人生态度与人生观的叙述，正确的是（　　）。
    A. 人生态度是人生观的重要内容　　B. 人生态度决定人生观
    C. 人生态度对人生观产生重要影响　D. 人生态度是人生观的表现和反映
24. 人生要进取的人生态度表现出来的精神是（　　）。
    A. 因循守旧　　　B. 自强不息　　　C. 敢为人先　　　D. 百折不挠

25. 人生价值内在地包含了人生的（　　）。
A. 自我价值　　　B. 社会价值　　　C. 人生目的　　　D. 人生态度

26. 人生价值实现的个人条件有（　　）。
A. 自强不息的精神　　　　　　B. 良好的社会条件
C. 较高的综合素质　　　　　　D. 立足现实，坚守岗位

27. 下面关于人生价值的阐述，正确的是（　　）。
A. 人的社会性决定了人生的社会价值
B. 评价人生价值要掌握科学的标准与恰当的方法
C. 人们要在实践中努力实现自己的人生价值
D. 实现人生价值要从社会客观条件出发

28. 正确认识和对待人生发展过程中的得与失，正确的做法是（　　）。
A. 不要拘泥于个人利益的得失　　　B. 不要拘泥于他人利益的得失
C. 不要满足于一时的得　　　　　　D. 不要惧怕一时的失

29. 关于顺逆观的叙述，正确的是（　　）。
A. 在顺境中前进，使人们更容易接近和实现目标
B. 在逆境中奋斗，需要付出更大的努力和更多的艰辛才可能成功
C. 在逆境中奋斗，会有顺境中难以得到的获得感和成就感
D. 在人生旅途中没有永远的顺境，也没有永远的逆境

30. 当代大学生创造有意义的人生，应当采用的实践方式是（　　）。
A. 与历史同向　　　B. 与祖国同行　　　C. 与人民同在　　　D. 与利益同步

四、判断题

31. 世界观就是人们对生活在其中的世界的总体看法和根本观点。
答：

32. 人生目的是对"人为什么活着"这一人生根本问题的认识和回答。
答：

33. 没有社会价值，人生的自我价值就无法存在。
答：

34. 科学高尚的人生观是指以为人民服务为核心内容的人生观。
答：

35. 能力大，其人生价值就大；能力小，其人生价值就小。
答：

五、简答题

36. 人生态度与人生观是什么关系？如何端正人生态度？
答：

37. 如何理解正确的幸福观？
答：

六、论述题

38. 为什么要用科学高尚的人生观指引人生？
答：

第二章 坚定理想信念

综合能力训练

班级：_____ 姓名：_____ 学号：_____

一、名词解释

1. 科学的理想：

2. 信仰：

3. 我们的共同理想：

4. 社会理想：

二、填空题

5. 理想信念是人的精神世界的（　　　　　　），是人精神上的"钙"。

6. 信念是（　　　　　）、（　　　　　）和（　　　　　）的有机统一体，为人们矢志不渝、百折不挠地追求理想目标提供了强大的精神动力。

7. 马克思主义体现了（　　　　　）和（　　　　　）的统一。

8. （　　　　　）是实现社会主义现代化、指引中国人民创造自己美好生活的必由之路。

9. （　　　　　）是中国特色社会主义最本质的特征。

10. 坚持（　　　　　）与国家、民族的奋斗目标相统一，把（　　　　　）融入社会理想之中，在为实现社会理想而奋斗的过程中实现个人理想，这是大学生成长成才的必由之路。

三、选择题

11. 衡量一个人精神境界高下的重要标尺是（　　）。

A. 理想信念　　　B. 学历学位　　　C. 经济收入　　　D. 道德水准

12. 理想和信念总是相互依存。理想是信念所指的对象，信念则是理想实现的（　　）。
A. 保障　　　　　B. 基础　　　　　C. 条件　　　　　D. 基石

13. 马克思主义体现了（　　）的统一。
A. 时代性与客观性　B. 科学性和革命性　C. 唯心性与唯物性　D. 科学性与历史性

14. （　　）是共产党人的政治灵魂，是共产党人经受住任何考验的精神支柱。
A. 艰苦奋斗的作风
B. 追求真理，不懈努力的精神
C. 对马克思主义的信仰，对社会主义和共产主义的信念
D. 对党忠诚，全心全意为人民服务

15. 历史和现实都告诉我们，只有社会主义才能救中国，只有（　　）才能发展中国。
A. 共同富裕　　　B. 中国特色社会主义　　C. 共产主义　　　D. 市场经济

16. 在当代中国，坚持（　　），就是真正坚持科学社会主义。
A. 中国特色社会主义　B. 改革开放　　C. 四项基本原则　　D. 从严治党

17. （　　）是中国特色社会主义事业的领导核心。
A. 工人阶级　　　B. 人民群众　　　C. 人民代表大会　　　D. 中国共产党

18. 关于艰苦奋斗，以下说法正确的是（　　）。
A. 艰苦奋斗是老一辈的事，当代青年不需要艰苦奋斗
B. 讲艰苦奋斗，就不能讲物质利益
C. 艰苦奋斗是一时的权宜之计
D. 人类的美好理想，都离不开艰苦奋斗

19. "得其大者可以兼其小"说明的是（　　）。
A. 把个人理想融入国家和民族事业中才能成就一番事业
B. 大学生应该树立远大的理想信念
C. 理想和信念是相互依存的
D. 大学生要有广阔的胸怀

20. 远大的志向如太阳，唯其大，才有永不枯竭的热能；如灯塔，唯其高，才能照亮前进的航程。这说的是（　　）。
A. 立志当高远　　B. 立志做大事　　C. 立志须躬行　　D. 立志做大官

21. 理想的特征有（　　）。
A. 理想具有超越性　B. 理想具有实践性　C. 理想具有时代性　D. 理想具有稳定性

22. 信念的特征有（　　）。
A. 信念具有执着性　B. 信念具有时代性　C. 信念具有多样性　D. 信念具有科学性

23. 不论今后从事什么职业，大学生都要（　　），使理想信念之花结出丰硕的成长成才之果。
A. 把个人的奋斗志向同国家和民族的前途命运紧紧联系在一起
B. 把个人财富的多少和对社会的贡献联系在一起
C. 把个人的荣辱与自身的社会地位紧紧联系在一起
D. 把个人的学习进步同祖国的繁荣昌盛紧紧联系在一起

24. 大学生要信仰马克思主义是因为（　　）。
   A. 马克思主义诞生于一百多年前　　　B. 马克思主义体现了科学性和革命性的统一
   C. 马克思主义具有鲜明的实践品格　　D. 马克思主义具有持久生命力

25. 马克思主义坚持实现人民解放、维护人民利益的立场，以实现（　　）为己任，反映了人类对理想社会的美好憧憬。
   A. 人的自由而全面的发展　　B. 全人类解放　　C. 提高社会生产力　　D. 世界和平

26. 中国特色社会主义，既坚持了科学社会主义基本原则，又根据时代条件赋予其鲜明的中国特色，以全新的视野深化了对（　　）的认识，使我们国家快速发展起来，使我国人民生活水平快速提高起来。
   A. 共产党执政规律　　B. 社会主义建设规律　　C. 自然界发展规律　　D. 人类社会发展规律

27. 中国特色社会主义理论体系是（　　）。
   A. 指导党和人民沿着中国特色社会主义道路实现中华民族伟大复兴的正确理论
   B. 立于时代前沿、与时俱进的科学理论
   C. 马克思主义中国化的第一大理论成果
   D. 与毛泽东思想完全不同的崭新的理论体系

28. 关于共产主义社会，以下说法正确的有（　　）。
   A. 是物质财富极大丰富、实现按需分配的社会
   B. 是人的精神境界极大提高、每个人自由而全面发展的社会
   C. 只有在社会主义社会充分发展和高度发达的基础上才能实现
   D. 需要一代又一代人的不懈奋斗和持续努力才能实现

29. 关于理想与现实的关系，以下说法正确的是（　　）。
   A. 理想是遥不可及的　　　　　　　B. 理想和现实存在着对立的一面
   C. 理想与现实又是统一的　　　　　D. 理想是脱离现实的对未来的美好期望

30. 关于个人理想和社会理想，以下说法正确的是（　　）。
   A. 个人理想与社会理想的关系实质上是个人与社会关系在理想层面的反映
   B. 二者相互依存、相互制约、共同发展
   C. 个人理想以社会理想为指引
   D. 社会理想是对个人理想的凝练和升华

四、判断题

31. 理想一旦形成是不会改变的。
    答：

32. 我们所处的时代同马克思所处的时代相比发生了巨大而深刻的变化，马克思主义已经过时了。
    答：

33. 马克思主义是认识世界和改造世界的强大思想武器。
    答：

34. 中国特色社会主义，既是我们必须不断推进的伟大事业，又是我们开辟未来的根本保证。
答：

35. "理想很丰满，现实很骨感。"理想和现实是对立的。
答：

五、简答题

36. 为什么说理想信念是精神之"钙"？
答：

37. 大学生如何继承艰苦奋斗的精神？
答：

六、论述题

38. 结合自身实际，谈谈在实现中华民族伟大复兴进程中大学生肩负的责任。
答：

第三章 弘扬中国精神

综合能力训练

班级：_____ 姓名：_____ 学号：_____

一、名词解释

1. 中国精神：

2. 时代精神：

3. 爱国主义：

4. 国家安全：

二、填空题

5. （　　　　　　）是民族进步的灵魂、国家兴旺发达的动力。
6. 在当代中国，必须用（　　　　　　）引领各族人民心往一处想、劲往一处使。
7. （　　　　　　）是每个人都应当自觉履行的责任和义务，是对祖国的报答。
8. 文化是一个国家、一个民族的（　　　　　　）。（　　　　　　）常常被称为国家和民族的胎记，是一个国家民族得以延续的精神基因。
9. 在新的时代条件下，弘扬爱国主义精神，必须把维护（　　　　　　）和（　　　　　　）作为重要着力点和落脚点。
10. （　　　　　　）原则是两岸关系的政治基础。体现（　　　　　　）原则的"（　　　　　　）共识"明确界定了两岸关系的根本性质，是确保两岸关系（　　　　　　）发展的关键。

三、选择题

11. 在几千年历史长河中，中国人民始终革故鼎新、自强不息，开发和建设了祖国辽阔秀丽的大好河山,开拓了波涛万顷的辽阔海疆,开垦了物产丰富的广袤粮田,治理了桀骜不驯的千百条大江大河,战胜了数不清的自然灾害,建设了星罗棋布的城镇乡村。这体现的是( )。
　　A. 伟大创造精神　　B. 伟大奋斗精神　　C. 伟大团结精神　　D. 伟大梦想精神
12. ( )常常被称为国家和民族的胎记。
　　A. 政治文明　　B. 文化传统　　C. 经济制度　　D. 法治精神
13. ( )最符合包括台湾同胞在内的中华民族的根本利益。
　　A. 和平统一　　B. 务实进取　　C. 制造分裂　　D. 协商互动
14. 新时代的爱国主义必须坚持( )相统一。
　　A. 爱国主义和社会主义　　　　　　B. 爱国主义和资本主义
　　C. 爱国主义和党的领导　　　　　　D. 党的领导和社会主义
15. 弘扬新时代的爱国主义,必须坚持( ),维护国家发展主体性。
　　A. 热爱祖国　　B. 发展经济　　C. 立足民族　　D. 社会主义
16. 体现一个中国原则的( )明确界定了两岸关系的根本性质,是确保两岸关系和平发展的关键。
　　A. 一国两制　　B.《反分裂国家法》C. "多元一体"　　D. "九二共识"
17. ( )是国家生存与发展的安全保障。
　　A. 时代的精神　　B. 强大的国防　　C. 先进的科技　　D. 党的领导
18. 我们的先民很早就提出了"苟日新,又日新,日日新",这段话说明( )。
　　A. 中华民族是富有伟大梦想精神的民族　　B. 中华民族是勤劳勇敢的民族
　　C. 中华民族是富有创新精神的民族　　　　D. 中华民族是富有伟大团结精神的民族
19. ( )是我国赢得未来的必然要求。
　　A. 改革创新　　B. 理论创新　　C. 制度创新　　D. 文化创新
20. 王安石在《游褒禅山记》中所言:"而世之奇伟、瑰怪,非常之观,常在于险远,而人之所罕至焉,故非有志者不能至也。"这段话说明的意思是( )。
　　A. 要创新就要有强烈的创新意识　　B. 创新就是要走前人没有走过的路
　　C. 要创新就要有强烈的创新自信　　D. 创新表现为奋勇争先的责任感和使命感
21. 中国人民在长期奋斗中培育、继承、发展起来的伟大民族精神是( )。
　　A. 伟大创造精神　　B. 伟大奋斗精神　　C. 伟大团结精神　　D. 伟大梦想精神
22. 下面关于改革创新精神的阐述,正确的是( )。
A. 改革创新精神体现为突破陈规、大胆探索、敢于创造的思想观念
B. 改革创新精神体现为不甘落后、奋勇争先、追求进步的责任感和使命感
C. 改革创新精神体现为坚忍不拔、自强不息、锐意进取的精神状态
D. 改革创新精神就是有"敢啃硬骨头""敢涉险滩"的闯劲,有"咬定青山不放松"的韧劲,有"生命不息,奋斗不止"的拼劲
23. 下面关于中国精神的阐述,正确的有( )。
　　A. 实现中国梦必须弘扬中国精神　　B. 中国精神是凝聚中国力量的精神纽带
　　C. 中国精神是激发创新创造的精神动力　　D. 中国精神是推进复兴伟业的精神定力
24. 爱国主义的基本要求是( )。
　　A. 爱祖国的大好河山　　　　　　　B. 爱自己的骨肉同胞

C. 爱祖国的灿烂文化　　　　　　　　D. 爱自己的国家

25. 在现阶段,爱国主义主要表现为（　　）。
A. 献身于建设新时代中国特色社会主义伟大事业
B. 献身于实现中华民族伟大复兴中国梦的实践
C. 献身于促进祖国统一大业
D. 投身于个人梦想的实践

26. 下面关于爱国主义与爱社会主义的阐述,正确的有（　　）。
A. 爱国主义与爱社会主义是一致的
B. 爱国主义与爱社会主义是对立的
C. 在当代中国,爱国主义首先体现在对社会主义中国的热爱上
D. 爱国主义与爱社会主义毫无关系

27. 弘扬新时代的爱国主义精神,就要自觉维护全国各族人民大团结的政治局面,不断增强对伟大祖国、（　　）的认同,坚决维护国家主权、安全、发展利益,筑牢国家统一、民族团结、社会稳定的铜墙铁壁。
A. 中华民族　　　B. 中华文化　　　C. 中国共产党　　　D. 中国特色社会主义

28. 关于推进祖国统一,必须保持中国香港、澳门长期繁荣稳定的叙述,正确的是（　　）。
A. 要坚定不移贯彻"一国两制"方针　　B. 确保"一国两制"方针不会变、不动摇
C. 确保"一国两制"实践不变形、不走样　　D. 要始终依照宪法和基本法办事

29. 处理好民族问题的重要性表现在（　　）。
A. 促进民族团结是关系祖国统一和边疆巩固的大事
B. 促进民族团结是关系民族团结和社会稳定的大事
C. 促进民族团结是关系国家长治久安和中华民族繁荣昌盛的大事
D. 促进民族团结是关系社会经济高速发展的大事

30. 促进民族团结,要牢固树立正确的祖国观、民族观,增强对（　　）的认同。
A. 伟大祖国　　　B. 中华民族　　　C. 中华文化　　　D. 中国特色社会主义道路

四、判断题

31. 中华民族的传统是实现中华民族伟大复兴不可或缺的精神支撑和精神动力。
答：

32. 中国精神是兴国强国之魂。
答：

33. 纵观人类发展史,劳动始终是一个国家、一个民族发展的重要力量,也始终是推动人类社会进步的重要力量。
答：

34. 在不同的历史条件下所形成的爱国主义,却具有相同的特点。
答:

35. 一个有希望的民族不能没有英雄,一个有前途的国家不能没有先锋。
答:

五、简答题

36. 以爱国主义为核心的民族精神包含哪些内容?
答:

37. 新时代的大学生怎样树立改革创新的自觉意识?
答:

六、论述题

38. 结合自身实际,谈谈大学生应如何走在改革创新的时代前列。
答:

第四章 践行社会主义核心价值观

综合能力训练

班级：_____ 姓名：_____ 学号：_____

一、名词解释

1. 核心价值观：

2. 社会主义核心价值体系：

3. 勤学：

4. 明辨：

二、填空题

5. （　　　　　　　　）是当代中国精神的集中体现，凝结着全体人民共同的价值追求。

6. 社会主义核心价值体系主要包括（　　　　　　）、中国特色社会主义共同理想、以爱国主义为核心的民族精神和以（　　　　　　）为核心的时代精神、社会主义（　　　　　　）。

7. （　　　　　　）、民主、（　　　　　　）、和谐的价值追求回答了我们要建设什么样的国家的重大问题。

8. （　　　　　　）、敬业、（　　　　　　）、友善的价值追求回答了我们要培育什么样的公民的重大问题。

9. 大学生要注重把所学知识内化于心，形成自己的见解，专攻博览，努力掌握为祖国、为人民服务的真才实学，让（　　　　　　）、（　　　　　　）成为青春远航的动力。

三、选择题

10. 下面关于核心价值观的叙述，不正确的是（　　　）。

A. 核心价值观是全社会共同认可的价值观

B. 社会主义核心价值观是当代中国精神的集中体现
C. 社会主义核心价值观凝结着全体人民共同的价值追求
D. 核心价值观在社会思想观念体系中处于次要地位

11. 提出要积极培育和践行社会主义核心价值观的是（　　）。
   A. 党的十六大　　　B. 党的十七大　　　C. 党的十八大　　　D. 党的十九大

12. （　　）的价值追求回答了我们要建设什么样的国家的重大问题。
   A. 富强、平等、文明、和谐　　　　　B. 爱国、敬业、诚信、友善
   C. 自由、平等、公正、法治　　　　　D. 富强、民主、文明、和谐

13. （　　）的价值追求回答了我们要培育什么样的公民的重大问题。
   A. 富强、爱国、自由、诚信　　　　　B. 富强、民主、文明、和谐
   C. 爱国、敬业、诚信、友善　　　　　D. 自由、平等、公正、法治

14. （　　）是文化软实力的灵魂、文化软实力建设的重点。
   A. 国家竞争力　　　B. 综合国力　　　C. 核心价值观　　　D. 核心价值体系

15. （　　）是涵养社会主义核心价值观的重要源泉，是中华民族的精神命脉。
   A. 中国近现代历史　　　　　　　　　B. 中华优秀传统文化
   C. 中国改革开放实践　　　　　　　　D. 中国特色社会主义

16. （　　）是鸦片战争以来中国人民最伟大的梦想，是中华民族的最高利益和根本利益。
   A. 实现全面小康　　　　　　　　　　B. 实现共同富裕
   C. 实现中华民族伟大复兴　　　　　　D. 实现现代化

17. 社会主义核心价值观的先进性，体现在它是社会主义制度所坚持和追求的（　　）。
   A. 核心价值理念　　　　　　　　　　B. 共同富裕的理念
   C. 为人民服务的精神　　　　　　　　D. 爱国主义精神

18. 以马克思主义为理论基础、以社会主义运动为实践根据的社会主义核心价值观的根本特性是（　　）。
   A. 实践性　　　B. 社会性　　　C. 历史性　　　D. 人民性

19. "天下难事，必作于易；天下大事，必作于细。"这段话强调的是（　　）。
   A. 勤学　　　B. 修德　　　C. 明辨　　　D. 笃实

20. 社会主义核心价值观的基本内容是（　　）。
   A. 勤学、强技、明辨、强权　　　　　B. 富强、民主、文明、和谐
   C. 爱国、敬业、诚信、友善　　　　　D. 自由、平等、公正、法治

21. 社会主义核心价值体系主要包括（　　）。
   A. 马克思主义指导思想
   B. 中国特色社会主义共同理想
   C. 以爱国主义为核心的民族精神和以改革创新为核心的时代精神
   D. 社会主义荣辱观

22. 社会主义核心价值观把涉及（　　）的价值要求融为一体，体现了社会主义本质要求，继承了中华优秀传统文化，吸收了世界文明有益成果。
   A. 国家　　　B. 集体　　　C. 社会　　　D. 公民

23. （　　），这一价值追求回答了我们要培育什么样的公民的重大问题，涵盖了社会公德、职业道德、家庭美德、个人品德等各个方面，是每一个公民都应当遵守的道德规范。
   A. 爱国　　　　　　B. 敬业　　　　　　C. 诚信　　　　　　D. 友善

24. 培育和践行社会主义核心价值观，是有效（　　）的重大举措，是保证我国经济社会沿着正确的方向发展、实现中华民族伟大复兴的价值支撑，意义重大而深远。
   A. 整合我国社会意识　　　　　　B. 凝聚社会价值共识
   C. 解决和化解社会矛盾　　　　　　D. 聚合磅礴之力

25. 中华优秀传统文化强调（　　）。
   A. "民惟邦本"　　B. "天人合一"　　C. "和而不同"　　D. "国强必霸"

26. 正如习近平所说的，要"深入挖掘和阐发中华优秀传统文化（　　）的时代价值，使中华优秀传统义化成为涵养社会主义核心价值观的重要源泉"。
   A. 讲仁爱、重民本　　　　　　B. 守诚信、崇正义
   C. 尚和合、求大同　　　　　　D. 追个性、强资本

27. 社会主义核心价值观之所以彰显出强大的（　　），正因其深深地扎根于中国特色社会主义建设的生动实践之中。
   A. 判断力　　　　　B. 生命力　　　　　C. 吸引力　　　　　D. 感召力

28. 中国共产党反复强调中国共产党人的初心和使命，就是（　　）。
   A. 为党员谋幸福　　　　　　B. 为中国人民谋幸福
   C. 为世界各国人民谋幸福　　　　　　D. 为中华民族谋复兴

29. 下面的叙述，正确的是（　　）。
   A. 核心价值观其实就是一种德，既是个人的德，也是一种大德
   B. 核心价值观就是国家的德、社会的德。国无德不兴，人无德不立
   C. 一个人只有明大德、守公德、严私德，其才方能用得其所
   D. 要立志报效祖国、服务人民，这是大德，养大德者方可成大业

四、判断题

30. 核心价值观，承载着一个民族、一个国家的精神追求，体现着一个社会评判是非曲直的价值标准。
   答：

31. 2018年3月，十三届全国人大二次会议通过宪法修正案，把国家倡导社会主义核心价值观正式写入宪法，进一步凸显了社会主义核心价值观的重大意义。
   答：

32. 不同民族、不同国家由于其自然条件和发展历程不同，产生和形成的核心价值观也各有特点。
   答：

33. 大学生核心价值观的养成可以在短时间内完成。
答：

34. 一个人只有明大德、守公德、严私德，其才方能用得其所。
答：

五、简答题

35. 社会主义核心价值观的四个自信是什么？
答：

36. 为什么要扣好人生的第一粒扣子？
答：

六、论述题

37. 大学生如何做社会主义核心价值观的积极践行者？
答：

第五章　明大德守公德严私德

综合能力训练

班级：_____　　姓名：_____　　学号：_____

一、名词解释

1. 道德：

2. 中国革命道德：

3. 社会公德：

4. 家风：

二、填空题

5. 对待传统道德的问题上，要反对两种错误思潮。一种是（　　　　　），另一种是（　　　　　）。
6. （　　　　　）是社会主义道德的核心，（　　　　　）是社会主义道德的原则。
7. 在职业生活中，必须牢固树立"（　　　　　）、劳动最崇高、（　　　　　）、劳动最美丽"的观念。
8. 家庭美德以（　　　　　）、男女平等、夫妻和睦、（　　　　　）、邻里团结为主要内容，在维系和谐美满的婚姻家庭关系中具有重要而独特的功能。
9. 高尚道德品格的形成重在（　　　　　），贵在（　　　　　）。

三、选择题

10. 道德产生的主观条件是（　　）。
A. 经济基础　　　B. 上层建筑　　　C. 社会关系的形成　　D. 人的自我意识
11. 下面反映中华传统美德基本精神的观点，属于孔子的是（　　）。
A. "修己""克己"和"慎独"，"见贤思齐焉，见不贤而内自省"

B. 亲亲而仁民，仁民而爱物""善养吾浩然之气"
C. "兼相爱，交相利""吾日三省吾身"
D. "苟利国家生死以，岂因祸福避趋之"

12. 借鉴和吸收人类文明优秀道德成果，必须秉承正确的态度和科学的方法，要（　　）。
   A. 坚持马克思主义的立场、观点和方法　　B. 全盘肯定
   C. 全盘否定　　　　　　　　　　　　　　D. 复古论与虚无论

13. 习近平指出："每个人的力量是有限的，但只要我们万众一心、众志成城，就没有克服不了的困难；每个人的工作时间是有限的，但全心全意为人民服务是无限的。"下面叙述与这段话意思不符的是（　　）。
   A. 毫不利己、专门利人、无私奉献是为人民服务
   B. 顾全大局、先公后私、爱岗敬业、办事公道是为人民服务
   C. 遵纪守法、诚实劳动并获取正当的个人利益同样也是为人民服务
   D. 为人民服务只适于党员干部而不能推广到全体人民

14. 社会主义集体主义的最高层次的道德目标是（　　）。
   A. 无私奉献、一心为公　　　　B. 先公后私、先人后己
   C. 公私兼顾，不损公肥私　　　D. 先己后人、一心为己

15. 大学生应当自觉培养公德意识，养成遵守（　　）的良好行为习惯。
   A. 爱国主义　　B. 社会公德　　C. 为人民服务　　D. 集体主义

16. 我国公民道德建设的重点是（　　）。
   A. 爱国守法　　B. 诚实守信　　C. 团结互助　　D. 敬业奉献

17. "赠人玫瑰，手有余香。"这句话说明的道理是要求公民做到（　　）。
   A. 爱护公物　　B. 保护环境　　C. 助人为乐　　D. 遵纪守法

18. （　　）在社会道德建设中具有基础性作用。
   A. 家庭美德　　B. 个人品德　　C. 社会公德　　D. 中华美德

19. （　　）是社会风尚的重要体现。
   A. 经济发展状况　　B. 社会文明状况　　C. 科技创新状况　　D. 文化繁荣状况

20. 下面关于道德的叙述，正确的是（　　）。
   A. 道德是反映社会经济关系的特殊意识形态
   B. 道德是社会利益关系的特殊调节方式
   C. 道德同其他社会意识形态一样，是千古不变的
   D. 社会主义和共产主义道德是人类道德发展史上的一种崭新类型的道德

21. 道德的最基本的功能是（　　）。
   A. 认识功能　　B. 导向功能　　C. 调节功能　　D. 激励功能
   E. 规范功能

22. 中国古代的思想家大都认为，在塑造理想人格的过程中，最重要的就是要（　　）。
   A. 奋发向上　　B. 切磋践履　　C. 为人民服务　　D. 修身养性

23. 中国革命道德从一开始就特别强调要（　　），并认为这是对一切革命人士和先进分子的要求。
   A. 为群众服务　　B. 为大众谋幸福　　C. 为人民利益献身　　D. 为少数人谋幸福

24. 习近平在《摆脱贫困》中指出："一方面，个人离不开集体，集体把每个劳动者的智慧和力量凝聚在一起，形成巨大的创造力。另一方面，集体是由若干个人组成的，不调动个人的积极性，也就不会有集体的创造力。集体与个人，即'统'与'分'，是相互作用、相互依赖、互为前提的辩证统一关系。只有使二者有机地结合起来，才能使生产力保持旺盛的发展势头，偏废任何一方，都会造成大损失。"这段话深刻阐明了（　　）。

A. 在我国，国家利益、社会整体利益和个人利益是不能分割的

B. 国家利益、社会整体利益体现着个人根本的、长远的利益

C. 每个人的正当利益，又都是国家利益、社会整体利益不可分割的组成部分

D. 国家社会的兴衰与个人利益得失息息相关

25. 下面关于文明礼貌的叙述，正确的是（　　）。

A. 文明礼貌是调整和规范人际关系的行为准则

B. 它反映着一个人的道德修养，体现着一个民族的整体素质

C. 倡导讲文明、懂礼貌是树立中国人良好国际形象的迫切需要

D. 讲文明懂礼貌也是继承和弘扬中华民族传统美德、提高人们道德素质的迫切需要

26. 办事公道职业道德的基本要求是（　　）。

A. 公平、公正　　　B. 不损公肥私　　　C. 不以权谋私　　　D. 不假公济私

27. 下面关于积善成德的道德修养方法的阐述，正确的是（　　）。

A. "不积跬步，无以至千里；不积小流，无以成江海"

B. "骐骥一跃，不能十步；驽马十驾，功在不舍"

C. "锲而舍之，朽木不折；锲而不舍，金石可镂"

D. "勿以恶小而为之，勿以善小而不为"

28. 大学生学习道德模范，就是要学习他们（　　）。

A. 助人为乐、关爱他人的高尚情怀　　　B. 见义勇为、勇于担当的无畏精神

C. 敬业奉献、勤勉做事的职业操守　　　D. 孝老爱亲、血脉相依的至美真情

29. 大学生要做社会主义道德的示范者和引领者，促成（　　）的社会风尚

A. 知荣辱　　　B. 讲正气　　　C. 做奉献　　　D. 促和谐

四、判断题

30. 先天人性是道德起源的首要前提。

答：

31. 道德同其他社会意识形态不一样，是千古不变的。

答：

32. 集体主义促进和保障个人正当利益的实现，使个人的才能、价值得到充分的发挥。

答：

33. 诚实守信反映的是从业人员对待自己职业的一种态度，也是一种内在的道德需要。

答：

34. 优良的品质、高尚的人格是一蹴而就的。
答：

五、简答题

35. 什么是中华传统美德的基本精神？
答：

36. 如何锤炼高尚道德品格？
答：

六、论述题

37. 如何做一名向上向善、知行合一的新时代大学生？
答：

第六章　尊法学法守法用法

综合能力训练

班级：＿＿＿＿＿＿　　姓名：＿＿＿＿＿＿　　学号：＿＿＿＿＿＿

一、名词解释

1. 宪法：

2. 国家治理体系：

3. 中国特色社会主义法治体系：

4. 公平正义：

二、填空题

5. 宪法是治国安邦的（　　　　　　　），是党和人民意志的集中体现，是中国特色社会主义法律体系的（　　　　　　）。

6. 在我国，（　　　　　　）是社会主义民主政治的本质和核心。

7. 全面依法治国的总目标就是建设中国特色社会主义（　　　　　　　）、建设社会主义（　　　　　　）。

8. （　　　　　　）、严格执法、（　　　　　　）、全民守法十六字方针，展现了全面依法治国的基本格局。

9. （　　　　　　）是中国特色社会主义最本质的特征，是社会主义法治最根本的保证。

10. 在社会主义法治国家，（　　　　　　　）是依法治国的主体和力量源泉，坚持（　　　　　　）是依法治国的基本原则。

三、选择题

11. 下面关于法律的叙述，不正确的是（　　　）。

A. 法律是由国家创制和实施的行为规范　　B. 法律由一定的社会物质生活条件所决定
C. 法律是统治阶级意志的体现　　　　　　D. 法律是永恒存在的

12. （　　）是指有立法权的国家机关，依照法定职权和程序、制定规范性法律文件的活动，是法律运行的起始性和关键性环节。
A. 法律制定　　　B. 法律执行　　　C. 法律适用　　　D. 法律遵守

13. 2018年3月，（　　）全国人大一次会议根据党的十九届二中全会提出的建议，审议通过了《中华人民共和国宪法修正案》。
A. 十一届　　　B. 十二届　　　C. 十三届　　　D. 十四届

14. （　　）是基层民主的主要实现形式，是人民当家作主最有效、最广泛的途径。
A. 基层群众自治　　B. 人民代表大会制度　C. 民族区域自治制度　D. 多党合作制度

15. 中国特色社会主义法治体系本质上是中国特色社会主义（　　）的法律表现形式。
A. 道路　　　B. 制度　　　C. 理论　　　D. 文化

16. （　　）以增强全民法治观念，推进法治社会建设为目标。
A. 科学立法　　　B. 严格执法　　　C. 公正司法　　　D. 全民守法

17. 德治主要依靠培育和弘扬（　　）等途径来推进和实施。
A. 品德　　　B. 宪法　　　C. 法律　　　D. 道德

18. （　　）则奉个人的意志为最高权威，当法律的权威与个人的权威发生矛盾时，强调服从个人而非服从法律的权威。
A. 人治思维　　　B. 法治思维　　　C. 以德治国　　　D. 依法治国

19. 法律权威源自（　　）的内心拥护和真诚信仰。
A. 公民　　　B. 人民　　　C. 政府　　　D. 社会

20. （　　）是爱国行为，偷税等行为是违法的、可耻的。
A. 自觉守法　　　B. 自觉学法　　　C. 自觉用法　　　D. 自觉纳税

21. 下面关于我国社会主义法律的叙述，正确的是（　　）。
A. 我国社会主义法律体现了党的主张和少数人意志的统一
B. 我国社会主义法律是党领导人民当家作主的制度保障
C. 我国社会主义法律是新型的法律制度
D. 我国社会主义法律具有科学性和先进性

22. 为更好发挥宪法在新时代坚持和发展中国特色社会主义中的重大作用，需要对宪法做出适当修改，把党和人民在实践中取得的重大（　　）成果上升为宪法规定。
A. 道路创新　　　B. 理论创新　　　C. 实践创新　　　D. 制度创新

23. 民主集中制是集中全党全国人民集体智慧，实现（　　）的基本原则和主要途径。
A. 科学决策　　　B. 民主决策　　　C. 最高决策　　　D. 领导决策

24. 我国的程序法律部门包括（　　）。
A. 诉讼法　　　B. 非诉讼程序法　　　C. 行政法　　　D. 劳动法

25. 建设中国特色社会主义法治体系，能够有效推进党、国家、社会各项事务治理制度化、规范化、程序化，能够有效提高党（　　）水平。
A. 科学执政　　　B. 民主执政　　　C. 权力集中　　　D. 依法执政

26. 要把党的领导贯彻到依法治国全过程和各方面，坚持（　　）有机统一。

A. 党的领导　　　　B. 人民当家作主　　C. 依法治国　　　　D. 法律适用

27. （　　）是治国理政不可或缺的两种方式，如车之两轮或鸟之两翼，忽视其中任何一个，都将难以实现国家的长治久安。
A. 人治　　　　　　B. 专制　　　　　　C. 法治　　　　　　D. 德治

28. 法治思维的内涵丰富、外延宽广，主要表现为（　　）两个方面。
A. 价值取向　　　　B. 规则意识　　　　C. 自我意识　　　　D. 特权思想

29. 下面关于法律权利与法律义务的叙述，正确的有（　　）。
A. 法律权利的内容因社会制度和国家法律的不同而存在差异
B. 法律权利必须依法行使，法律义务必须依法设定
C. 法律权利的实现必须以相应法律义务的履行为条件
D. 有些法律权利和法律义务具有复合性的关系

30. 具体的法律责任主要包括（　　）。
A. 民事责任　　　　B. 行政责任　　　　C. 刑事责任　　　　D. 国际责任

四、判断题

31. 法律是统治阶级和被统治阶级意志的体现。
答：

32. 我国现行宪法即1982年宪法。
答：

33. 我国宪法实现了法律和人民权利的高度统一，具有显著优势、坚实基础、强大生命力。
答：

34. 宪法的生命在于制定，宪法的权威在于实施。
答：

35. 法律至上具体表现为法律的选择适用性、优先适用性和不可违抗性。
答：

五、简答题

36. 简述我国宪法的地位和基本原则。
答：

37. 如何理解中国特色社会主义法治道路？
答：

六、论述题

38. 大学生如何做到自觉尊法、学法、守法、用法？
答：